Tiptopf

**Interkantonales
Lehrmittel
für den
Hauswirtschafts-
unterricht**

schulverlag blmv AG | **Bern** |

Interkantonale Lehrmittelzentrale | **Rapperswil** |

Das interkantonale Lehrwerk für den Hauswirtschaftsunterricht umfasst:

Tiptopf (Kochen, Ernährung)   **schulverlag** blmv AG
Haushalten mit Pfiff (Haushaltkunde)   Lehrmittelverlag des Kantons Zürich

Autorinnengruppe	Ursula Affolter, Boll-Sinneringen BE
	Rosmarie Felder, Luzern LU
	Monika Jaun Urech, Worb BE
	Marianne Keller, Oerlingen ZH
	Ursula Schmid, Uster ZH

«essen und trinken»
Text und Konzeption:
Christine Dual-Fleckenstein, Zumikon
    Dipl. Ing. ETH, Ernährungswissenschafterin
Gabriele Emmenegger, Luzern
    Dipl. Seminarlehrerin HWS

Grafische Gestaltung	Eugen Götz-Gee,
	ADD Atelier Design+Druck AG, Bern
	in Zusammenarbeit mit Steven Götz, Bern
	(«essen und trinken»)
Illustrationen	Aufnahmen: Fernand Rausser, Bolligen
	Zeichnungen: Steven Götz, Bern
	Comics («essen und trinken»):
	Felice Bruno, Luzern
Satz und Fotolithos	Fischer Print, Münsingen
Druck	Stämpfli AG, Grafisches Unternehmen, Bern
Einband	Buchbinderei Burkhardt AG, Mönchaltorf, und
	Stämpfli AG, Grafisches Unternehmen, Bern
CD-ROM (clictopf)	SANA MEDIA
	Advesco-System-Learning GmbH, Schaffhausen
	Fischer Print, Münsingen
Herausgeber	Interkantonale Lehrmittelzentrale
	in Koproduktion mit dem
	Lehrmittelverlag des Kantons Zürich
ISBN 3-906721-15-9	Tiptopf mit CD-ROM clictopf

© **schulverlag** blmv AG – 16. Auflage 2003
Printed in Switzerland

Inhaltsübersicht

7	Wissenswertes am Anfang	10	Hygiene in der Küche
		11	Küchenfachausdrücke – eine Auswahl
		13	Gewusst wie …
		16	Rezeptdarstellung, Signete
		17	Abkürzungen, Masse und Gewichte
		18	Mengen pro Person
19	Grundsätze der Menüplanung	20	Einkaufen mit Köpfchen
		21	Gewusst was
		22	Das Auge isst mit
		23	Saisonnahrungsmittel
		26	Kluger Rat – Vorrat
		27	Reste – was nun?
		28	Zeit- und Arbeitsplanung
		30	Menüs ohne Fleisch
		31	Die idealste Zubereitungsart
33	Die Kunst des Würzens	34	Kräuter
		36	Gewürze
		38	Würzmischungen
39	Zubereitungsarten	40	Rohkost
		41	Sieden
		42	Dämpfen auf dem Siebeinsatz
		43	Dämpfen im eigenen Saft
		44	Dämpfen mit Zugabe von Flüssigkeit
		45	Dünsten
		46	Rösten
		47	Braten à la minute/Kurzbraten
		48	Braten mit Sauce
		49	Braten mit Jus auf dem Herd
		50	Braten mit Jus im Ofen
		51	Schwimmend backen/Frittieren
52	Teige	53	Angerührter Teig
		54	Hefeteig
		55	Geriebener Teig
		56	Gerührter Teig
		57	Gerührter Teig/Biskuitteig
		58	Brühteig
59	Dampfkochtopf		
60	Römertopf		

61	Rezepte	61	Suppen
		73	Saucen
		83	Fleisch/Geflügel/Fisch
		86	Fleisch
		112	Geflügel
		119	Fisch
		123	Eier
		135	Käse
		145	Hülsenfrüchte
		153	Salate
		165	Gemüse
		185	Kartoffeln/Kastanien
		188	Kartoffeln
		200	Kastanien
		201	Getreide
		225	Gebäck
		299	Früchte
		315	Cremen/Glacen
		318	Cremen
		325	Glacen
		329	Getränke
		337	Kleine Geschenke aus der Küche
		347	Konservieren
365	«essen und trinken»	368	Wissenswertes zu «essen und trinken»
		370	Die Nahrungsmittelpyramide
		372	Was sagt die Pyramide?
		373	Nährwert
		374	Gewusst wie viel?
		376	Die Pyramide ist flexibel
		377	Lustvoll essen und trinken
		378	Wasser und andere Getränke
		380	Früchte und Gemüse
		386	Getreideprodukte und Kartoffeln
		390	Milch und Milchprodukte
		394	Fisch, Fleisch, Eier und Hülsenfrüchte
		398	Öle und Fette
		402	Süsses und Zucker
		404	Dichte Daten für Denker
		406	Tabellen für tabellarische Talente
		408	Fakultative Fakten für Zahlenfans
		410	Energie
		414	Nahrungsüberfluss und Hunger
		418	Vorbeugen ist besser als Heilen
		420	Alternative Ernährungsformen
		424	Sinn und Unsinn von Diäten
		426	Essen: Wann, wie und wo?
		428	Trends von Teens und Twens
		430	Intensive Infos für Interessierte
		432	Essen und Trinken bringen Genuss
		434	Glossar
439	Sachwortregister		

Wissenswertes am Anfang

Hygiene in der Küche

Mikroorganismen (Kleinstlebewesen) kommen überall vor
Bereits innerhalb kurzer Zeit und bei idealen Lebensbedingungen
(Wärme, Feuchtigkeit, Nahrung, Sauerstoff) vermehren sie sich rasch
und scheiden teilweise giftige Stoffwechselprodukte aus
Mangelndes Wissen oder Fehlverhalten führen zu Lebensmittelverderb
oder verursachen Lebensmittelvergiftungen

Darum

Hände gründlich
mit Seife waschen

Saubere Kleider tragen

Lange Haare
zusammenbinden

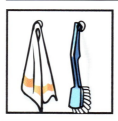

Arbeitsplatz
sauber halten

Tücher und Lappen
häufig wechseln

Einwandfreie,
saubere Arbeitsgeräte
verwenden

Eiternde oder offene
Wunden verbinden
Verschmutzte Verbände
wechseln

Speisereste
zugedeckt und kühl
aufbewahren
Möglichst rasch ver-
wenden (S. 27)
«Reste – was nun?»

Küchenfachausdrücke – eine Auswahl

ablöschen	Flüssigkeit zu gedämpften, gedünsteten, gerösteten oder gebratenen Nahrungsmitteln geben
abschmecken	Fertiges Gericht probieren und nach gewünschtem Geschmack nachwürzen
abschrecken	Gekochte oder blanchierte Nahrungsmittel sofort mit kaltem Wasser übergiessen
abwellen	Siehe blanchieren
al dente	Teigwaren kochen, so dass sie im Innern noch leicht hart sind
auskochen	Nahrungsmittel in kalter, ungewürzter Flüssigkeit aufsetzen und kochen lassen
Beize	Saure, gewürzte Flüssigkeit, die über Fleisch gegossen wird, um es leicht säuerlich und mürber zu machen und es zugleich einige Zeit zu konservieren
besteckte Zwiebel	Lorbeerblatt mit Nelken auf die Schnittfläche der halbierten Zwiebel stecken
blanchieren	Nahrungsmittel ins siedende Wasser geben, 2–3 Min. kochen
blind backen	Kuchenböden ohne Füllung backen
Bratengarnitur	Besteckte Zwiebel, Rüebli und evtl. Knochen
Croûtons	Hellbraun geröstete Brotwürfeli
Fond	Fleischsaft, der während des Bratens austritt und sich in der Pfanne bräunt
garen	Nahrungsmittel fertig kochen
Gelatine	Geschmackloser Knochenleim in Blatt- oder Pulverform zum Gelieren von Speisen
gelieren	Fest werden eines kalt gestellten Gerichtes nach Zugabe eines Geliermittels
gratinieren	Speisen bei starker Oberhitze im Ofen überbacken
Julienne	In feine Streifen geschnittene Nahrungsmittel
Jus	Fond, der mit Flüssigkeit aufgelöst wird
legieren (Legierung)	Suppen und Saucen mit verklopftem Eigelb und Rahm binden und verfeinern

marinieren (Marinade)	Gewürzte Flüssigkeit während einiger Zeit auf Nahrungsmittel einwirken lassen
mixen	Nahrungsmittel mit Mixer zerkleinern
panieren (Panade)	Nahrungsmittel in Mehl, Ei und Paniermehl wenden
passieren	Nahrungsmittel durch feines Sieb streichen
pasteurisieren	Flüssigkeit durch Erhitzen auf 75–85 °C und rasches Abkühlen keimarm machen
pochieren	Nahrungsmittel unter dem Siedepunkt ziehen lassen
pürieren	Nahrungsmittel mit Passe-vite oder Mixer zerkleinern
reduzieren (Reduktion)	Einkochen bis zur gewünschten Flüssigkeitsmenge
schmoren	Fleisch nach dem Anbraten in Jus oder Sauce leicht kochen lassen
toasten	Brotscheiben hellbraun rösten
tranchieren	Fleisch schneiden oder zerlegen
verfeinern	Speisen durch Zugabe von Rahm oder Butter verbessern
Wasserbad (Bain-marie)	In warmes Wasser gestelltes Gefäss, in welchem empfindliche Nahrungsmittel zubereitet, geschmolzen oder warm gehalten werden
ziehen lassen	Siehe pochieren

Gewusst wie ...

Schnittlauch kann auch mit der
Küchenschere geschnitten werden

Frische Champignons können rasch und
gleichmässig mit stabilem Eierschneider
geschnitten werden

Hart gekochte Eier können einmal längs
und einmal quer mit dem Eierschneider
in Würfeli geschnitten werden

Holzbrett vor Gebrauch abspülen, aus-
genommen für trockene Nahrungsmittel

Stark färbende oder saftende Nahrungsmittel sowie Früchte auf Kunststoffbrett
oder Teller schneiden

Knoblauch kann ungeschält gepresst
werden

Mandeln, Tomaten und Pfirsiche
zum Schälen kurze Zeit ins siedende
Wasser geben

Mandeln aus der Schale pressen

Bei Tomaten und Pfirsichen die Haut
mit dem Messer abziehen

Haselnüsse zum Schälen in
Gusseisenpfanne oder auf
Backblech hellbraun rösten;
Schale zwischen den Händen abreiben

Verbrennungen sofort unter kaltem
Wasser mindestens 15 Minuten kühlen

Tülle satt in Spritzsack stecken
Obere Hälfte des Spritzsackes
umschlagen
Nach dem Einfüllen Umschlag
zurückstülpen, zusammenraffen
Mit einer Hand die Masse nach unten
drücken, mit der anderen Hand
die Tülle führen

Geräte beim Kochen griffbereit halten

Schokolade schmelzen:
Schokoladestücke mit siedendem oder
sehr heissem Wasser übergiessen,
so dass sie vollständig bedeckt sind
Stehen lassen, bis die Schokolade
weich ist, dann das Wasser sorgfältig
abgiessen; sofort weiterverwenden

Hände können nach dem Rüsten
von Randen oder Würzen von Fischen
mit Zitronensaft gereinigt werden

Ausgerollte Teige können mit Hilfe des Wallholzes auf das Blech gegeben werden

Guetzliteige können zwischen Backtrennpapier oder Plastikfolie ausgewallt werden; braucht kein Mehl und klebt nicht

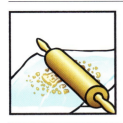

Trockenes Brot (für Paniermehl), Zwieback oder Biskuits können zwischen Backtrennpapier, Plastikfolie oder in Plastiksack mit dem Wallholz zerrieben werden

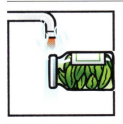

Schraubdeckel, die sich nicht öffnen lassen, kurz unter heisses Wasser halten

Feuchter Lappen unter Schüssel, Backform oder Kunststoffbrett verhindert das Wegrutschen

Rezeptdarstellung

Menge für 1 Pers.	Menge für 4 Pers.		

Milchmisch-getränk	50 g	200 g	Saisonfrüchte	vorbereiten, in Massbecher geben

	1 KL	1 EL	Zitronensaft	
Milchshake	½–1 KL	1–2 EL	Zucker	
	1½ dl	6 dl	Milch	beifügen, mixen Sofort servieren

Anstelle von Früchten und Zitronensaft 4 EL Sofortkaffee oder Scholadegetränk verwenden

Frappee

200 g	Vanille- oder Fruchtglace	mit den Früchten mixen

Signete

Tipp, Merkpunkt

Ableitung, Variante

Backrezept für kleine Menge

Backrezept für grössere Menge

Die angegebene Backzeit gilt für **vorgeheizten** Ofen

Backtemperatur und Backzeit sind Richtwerte

Gebrauchsanweisung beachten, da verschiedene Modelle im Handel sind

Abkürzungen

kg	=	Kilogramm	Msp	=	Messerspitze
g	=	Gramm	∅	=	Durchmesser
l	=	Liter	Min.	=	Minuten
dl	=	Deziliter	Std.	=	Stunden
cl	=	Zentiliter	kML	=	kleiner SIH-Masslöffel
EL	=	Esslöffel			(1 kML = ½ gML)
KL	=	Kaffeelöffel	gML	=	grosser SIH-Masslöffel

Masse und Gewichte

Massbecher	=	½ l, 1 l	1 dl	=	6 EL
Masstasse	=	2½ dl	1 EL	=	3 KL

	KL	EL	gML	Masstasse
Salz	6 g	20 g	25 g	
Zucker	5 g	15 g	16 g	200 g
Mehl	3 g	10 g	10 g	150 g
Stärkemehl	3 g	10 g	10 g	
Öl oder Fett	5 g	15 g	15 g	
Reis		20 g	20 g	200 g
Griess oder Mais		10 g	13 g	180 g
Vanillezucker	1 Päcklein à 10 g	= 1 EL		
Backpulver	1 Päcklein à 18 g	= 2 EL		

Die Menge gilt immer für **gestrichene** Löffel oder Masstassen

Mengen pro Person

Suppe	Vorspeise	2 – 2½ dl
	Hauptgericht	3 – 4 dl
Saucen		½ – 1 dl
Fleisch	Gehacktes, Leber, Kutteln, Voressen, Geschnetzeltes, Plätzli	80 – 120 g
	Braten	150 – 200 g
	Fleisch mit Knochen	150 – 200 g
Fisch	Fische, ganz	200 – 220 g
	Fischfilets	100 – 120 g
Salate, ungerüstet	Kopfsalat, Endivien	50 – 80 g
	Kresse, Nüsslisalat	30 g
	andere Gemüse, roh	100 – 150 g
Gemüse, ungerüstet		150 – 200 g
Kartoffeln, ungerüstet	Salzkartoffeln	150 g
	Kartoffelstock, Schalenkartoffeln, Kartoffelsalat, Bratkartoffeln, Rösti	200 – 250 g
Getreideprodukte	Teigwaren: Beilage	50 – 80 g
	Hauptgericht	100 – 120 g
	Reis, Mais, Griess	50 – 80 g
	Mehl: Omeletten	50 g
	Knöpfli/Spätzli	80 g
	Brot	100 – 150 g
Früchte, ungerüstet	roh	100 – 150 g
	gekocht	150 – 200 g
Cremen		1½ dl
Getränke	Tee, Milch	2 – 2½ dl

Grundsätze der Menüplanung

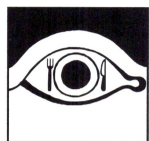

Einkaufen mit Köpfchen

- Der Einkaufszettel verleitet weniger zu Spontankäufen

- Preisvergleiche lohnen sich

- Das Teuerste ist nicht immer das Beste

- Saisonnahrungsmittel sind preiswerter

- Von Sonderangeboten sinnvoll profitieren

- Selber machen lohnt sich häufig

- Jede Verpackung kostet Geld

- Mengen richtig berechnen

- Produktionsweise hinterfragen

- Herkunft beachten

Gewusst was

sparsam

genug

nach Appetit

grosszügig

bei jeder
Gelegen-
heit

© Dual/Emmenegger

Die Nahrungsmittelpyramide zeigt uns, von welchen Nahrungsmittelgruppen wir wie viel essen dürfen. Täglich sollten alle Gruppen berücksichtigt werden, dies garantiert eine abwechslungsreiche Ernährung. Aus der Spitze können wir in kleinen Mengen geniessen; aus dem unteren Teil grosszügig und bei jeder Gelegenheit.

Das Auge isst mit

   Farben und Formen innerhalb des Menüs variieren

Passendes Geschirr wählen

Geschirr nicht überfüllen, besser zu gross als zu klein wählen

Auf Platten und Tellern geordnet anrichten

Wenn nötig Ränder reinigen

Garnituren rechtzeitig planen

In Geschmack und Farbe passende Garnitur wählen

Saisonnahrungsmittel

 Gewisse inländische Nahrungsmittel sind nur während einer bestimmten Zeit (Saison) erhältlich, z. B. Früchte, Gemüse, Wild, Fisch

In der Saison gekaufte Früchte und Gemüse sind preiswerter

Früchte und Gemüse, in ihrer Saison verwendet, sind aromatischer

Ausgereifte, frisch geerntete Früchte und Gemüse enthalten mehr Nährstoffe, vor allem Vitamine und Mineralstoffe

Zum Konservieren Saisonfrüchte und -gemüse verwenden

Jede Frucht zu ihrer Zeit – inländisches Angebot

	Jan.	Febr.	März	April	Mai	Juni	Juli	Aug.	Sept.	Okt.	Nov.	Dez.
Äpfel-Frühsorten												
Klarapfel							■	■				
Summerred								■	■	■		
Gravensteiner									■	■	■	
Primerouge									■	■		
Äpfel-Herbstsorten												
Cox Orange									■	■	■	■
Goldparmäne									■	■	■	■
Kidds Orange	■								■	■	■	■
Spartan	■								■	■	■	■
Elstar	■	■							■	■	■	■
Berner Rosen	■								■	■	■	■
Rubinette	■								■	■	■	■
Sauergrauech									■	■	■	■
Äpfel-Lagersorten												
Gala	■	■	■	■					■	■	■	■
Boskoop	■	■	■	■	■					■	■	■
Jonathan	■	■	■	■	■					■	■	■
Jonagold	■	■	■	■	■	■				■	■	■
Golden Delicious	■	■	■	■	■	■				■	■	■
Idared	■	■	■	■	■	■					■	■
Maigold	■	■	■	■	■	■	■			■	■	■
Glockenapfel	■	■	■	■	■	■	■				■	■
Birnen												
Frühe Trévoux								■	■			
Williams								■	■	■		
Gute Luise	■	■	■						■	■	■	■
Conférence	■	■	■	■						■	■	■
Kaiser Alexander	■	■	■							■	■	■
Erdbeeren						■	■	■				
Kirschen						■	■					
Aprikosen							■	■	■			
Himbeeren							■	■	■	■		
Johannisbeeren							■	■				
Brombeeren								■	■			
Zwetschgen								■	■	■		
Quitten										■	■	

Quelle: Eidgenössische Forschungsanstalt Wädenswil, 2002

Jedes Gemüse zu seiner Zeit – inländisches Angebot

	Jan.	Febr.	März	April	Mai	Juni	Juli	Aug.	Sept.	Okt.	Nov.	Dez.
Auberginen						█	█	█	█			
Blumenkohl						█	█	█	█	█		
Bohnen							█	█	█			
Broccoli						█	█	█	█	█		
Brüsseler/Chicorée	█	█	█	█	█					█	█	█
Chinakohl	█					█	█	█	█	█	█	█
Cicorino rosso	█					█	█	█	█	█	█	█
Eisbergsalat, echter					█	█	█	█	█	█		
Endivien						█	█	█	█	█	█	
Erbsen						█	█					
Fenchel					█	█	█	█	█	█	█	
Gurken					█	█	█	█	█	█		
Kabis, weiss und rot	█	█	█	█	█	█	█	█	█	█	█	█
Kefen					█	█		█	█			
Kohlrabi/Rübkohl				█	█	█	█	█	█	█	█	
Kopfsalat/Kraussalat				█	█	█	█	█	█	█		
Krachsalat/Batavia					█	█	█	█	█	█		
Krautstiele					█	█	█	█	█	█	█	
Kresse	█	█	█	█	█	█	█	█	█	█	█	█
Kürbis	█	█						█	█	█	█	█
Lattich				█	█	█	█	█	█	█	█	
Lattughino/Lollo/Eichblatt					█	█	█	█	█	█		
Lauch, grün und gebleicht	█				█	█	█	█	█	█	█	█
Nüsslisalat	█	█	█	█	█	█			█	█	█	█
Peperoni/Paprika						█	█	█	█	█		
Radiesli				█	█	█	█	█	█	█		
Randen	█	█	█	█	█	█		█	█	█	█	█
Rettich					█	█	█	█	█	█	█	█
Rhabarber				█	█	█						
Rosenkohl									█	█	█	█
Rüebli/Karotten	█	█	█	█	█		█	█	█	█	█	█
Schnittsalat				█	█	█	█	█	█	█		
Schwarzwurzeln	█	█	█	█				█	█	█	█	█
Sellerie, Knollen	█	█	█	█	█	█		█	█	█	█	█
Spargeln				█	█	█						
Spinat				█	█	█	█	█	█	█	█	
Tomaten						█	█	█	█	█		
Topinambur	█	█	█	█	█						█	█
Wirz	█	█	█	█	█		█	█	█	█	█	█
Zucchetti					█	█	█	█	█	█		
Zuckerhut	█					█	█	█	█	█	█	█
Zuckermais							█	█	█	█		
Zwiebeln	█	█	█	█	█	█		█	█	█	█	█

Quelle: Schweiz. Zentralstelle für Gemüsebau Oeschberg, 2002

Kluger Rat – Vorrat

Dank Vorrat: Unvorhergesehener Besuch ist auch bei Tisch willkommen

Verhinderter Einkauf – kein Problem

Mangelndes Angebot und vorübergehender Preisanstieg belasten das Budget nicht

Empfohlene Vorratsmenge pro Person: 14 kg

Grundvorrat: 2 kg Zucker

2 kg Reis und/oder Teigwaren

2 kg Öl und/oder Fett

Ergänzungsvorrat: Nahrungsmittel, die mit dem Grundvorrat zusammen abwechslungsreiche Mahlzeiten ergeben

Gut haltbare Produkte aus allen Nahrungsmittelgruppen

Persönliche Essgewohnheiten berücksichtigen

Nach Bedarf Säuglings- und Diätprodukte

Zusätzlich: Wasser, Getränke, Reinigungsmittel, Abfallsäcke, Zündhölzer, Hausapotheke, Hygieneartikel

Vorräte kühl, trocken und dunkel lagern

Verfalldatum beachten

Nach dem Datum ordnen, damit ältere Produkte zuerst verbraucht werden

Vorräte in die Menüplanung einbeziehen und Verbrauchtes sofort ersetzen

Reste – was nun?

Reste, die falsch aufbewahrt werden,
verderben innerhalb kurzer Zeit
Sie werden ungeniessbar oder sogar gesundheitsschädigend: Lebensmittelvergiftungen!

Nicht aufbewahren:

Spinatgerichte
Pilzgerichte
Gerichte mit Mayonnaise
Rohes Hackfleisch

Richtig aufbewahren:

Gekochte Nahrungsmittel	Angeschnittene Nahrungsmittel	Angebrochene Packungen

Auskühlen lassen Gut zudecken	Schnittfläche abdecken oder Nahrungsmittel verpacken	Gut verschliessen Büchsenkonserven umleeren
Kühl aufbewahren	Kühl aufbewahren Brot trocken aufbe-wahren – nie in Plastik-sack	Kühl aufbewahren

Reste rasch und sinnvoll in den Menüplan
einbeziehen

Kühlschranktemperatur richtig einstellen und
kontrollieren

Zeit- und Arbeitsplanung

Wer gut organisiert

– liest Rezepte genau durch

– berechnet ausser Kochzeit auch Vorbereitungs- und Anrichtezeit

– plant Zeit zum Auskühlen oder Ruhenlassen der Gerichte

– plant in Geschmack und Farbe passende Garnituren

– reserviert sich Zeit zum Aufräumen und Tischdecken

– nimmt Kraft und Zeit sparende Geräte zu Hilfe

– überwacht Gerichte während der Kochzeit

– denkt an das Vorheizen des Backofens
  und an das rechtzeitige Abschalten von Herdplatten und Backofen

– bereitet Rohkost so spät wie möglich vor dem Essen zu

– wärmt Geschirr nach Bedarf vor

– kann auch improvisieren!

Beispiel einer Zeit- und Arbeitsplanung

Schweinsbraten	Kochzeit	70 Min.
Gedämpfte Rüebli	Dämpfzeit	30 Min.
Bratkartoffeln	Kochzeit	30 Min.
Kopfsalat		
Vanillecreme		

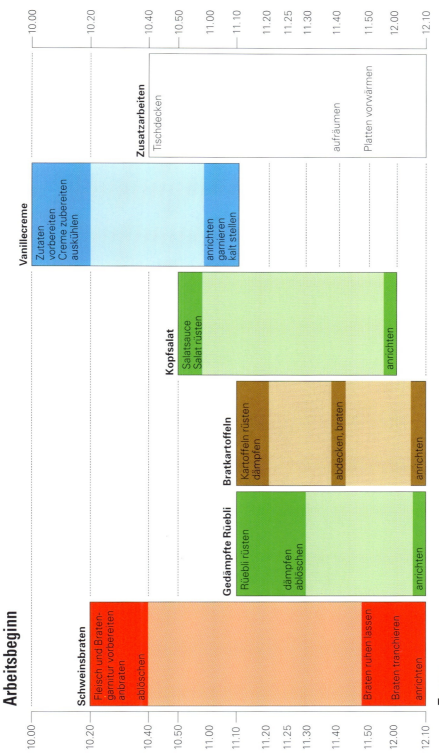

Arbeitsbeginn

Schweinsbraten
Fleisch und Bratengarnitur vorbereiten anbraten
ablöschen
Braten ruhen lassen
Braten tranchieren
anrichten

Gedämpfte Rüebli
Rüebli rüsten
dämpfen ablöschen
anrichten

Bratkartoffeln
Kartoffeln rüsten dämpfen
abdecken, braten
anrichten

Kopfsalat
Salatsauce Salat rüsten
anrichten

Vanillecreme
Zutaten vorbereiten Creme zubereiten auskühlen
anrichten garnieren kalt stellen

Zusatzarbeiten
Tischdecken
aufräumen
Platten vorwärmen

Essen

10.00
10.20
10.40
10.50
11.00
11.10
11.20
11.25
11.30
11.40
11.50
12.00
12.10

10.00
10.20
10.40
10.50
11.00
11.10
11.20
11.25
11.30
11.40
11.50
12.00
12.10

Menüs ohne Fleisch

Weisst du ... dass es nicht jeden Tag Fleisch braucht?

Weisst du ... dass auch mit kleineren Fleischportionen der Proteinbedarf gedeckt wird?

Weisst du ... dass Fleisch durch andere proteinhaltige Nahrungsmittel ersetzt werden kann, z. B. durch Fisch, Milch- und Milchprodukte, Eier, Hülsenfrüchte (Seiten 390–397)?

Menübeispiele mit Rezepten aus dem Tiptopf

Blattsalat mit Sonnenblumenkernen	Vollreis
	Pilzragout
Gemüsekuchen/Gemüsewähe	Mischsalat
	Früchtefrappee

Kartoffelgratin Savoyer Art	Minestrone mit Reibkäse
Nüsslisalat mit Ei	Nussbrot
Apfelsalat mit Baumnüssen	Saisonfrucht

Spaghetti napoletana	Blattsalat
Saisonsalat mit Mozzarella	
	Pochierte Eier auf Toast
	Tomatensauce

Gemüsehirsotto	Kartoffel-Gemüserösti
Blattsalat	Saisonsalat
Quarkcreme mit Früchten	Milchshake

Fotzelschnitten	Tortilla
Fruchtkompott	Saisonsalat
Milch	

Kartoffel-Reibeküchlein	Chili con verdura
Salatteller	Knoblauchbrot
	Jogurtköpfli mit Beerensauce

Die idealste Zubereitungsart

soll vitamin- und mineralstoffschonend sein

soll fettarm sein

soll Abwechslung in den Menüplan bringen

deshalb:	Vermehrt Rohkost servieren
	Dampfkochtopf einsetzen
	Dämpfen statt Sieden
	Nahrungsmittel knapp weich kochen
	Nicht zu oft frittieren
	Wenig Öl oder Fett beim Braten, Dämpfen und Dünsten verwenden

Die Kunst des Würzens

Die Verwendung von Gewürzen ist schon seit dem Altertum üblich
und hat in der Geschichte eine wichtige Rolle gespielt
Gewürze galten als Zahlungs- und Tauschmittel
Pfefferkörner beispielsweise wurden mit Gold aufgewogen,
man verkaufte sie stückweise, sorgsam abgezählt

Laut Lebensmittelverordnung sind Gewürze «kräftig riechende oder
schmeckende Pflanzenteile, die Lebensmitteln zur Erhöhung
des Wohlgeschmacks zugegeben werden»

Aromastoffe der Kräuter und Gewürze sind vor allem ätherische Öle
Neben diesen mild-würzigen bis feurig-scharfen Stoffen
enthalten die Kräuter und Gewürze auch weitere wertvolle Bestandteile
wie Mineralstoffe und Vitamine

Qualität und Frische sind bei Kräutern und Gewürzen wichtig

Getrocknet sollen sie nicht länger als ein Jahr
aufbewahrt werden, sie verlieren an Geschmack und Farbe

Kräuter und Gewürze nur in kleinen Mengen einkaufen

Gut verschlossen, trocken, wenn möglich im Dunkeln
aufbewahren

Gewürzstreuer nie direkt über dampfende Gerichte halten

Nicht überwürzen, der Eigengeschmack der Gerichte
sollte erhalten bleiben

Passende Kräuter und Gewürze auswählen,
nicht zu viele miteinander mischen

Kräuter

Name	Verwendungsmöglichkeiten
Basilikum	Tomatengerichte, Pizza, Pesto
Bohnenkraut	Bohnen, Kefen, Hülsenfrüchte, Pilze
Borretsch	Gurkensalat, Kräutersauce, Pilze
Dill	Gurken, Zucchetti, Fisch, Kartoffeln
Estragon	Grüner Salat, Kräuterbutter, Kräutersauce, Essigkonserven
Kerbel	Rüebli, Gemüsesuppe, Salat
Liebstöckel (Maggikraut)	Suppen, Saucen
Majoran	Kartoffelsuppe, Tomatengerichte, Pizza, Kräuterbutter
Oregano (Wilder Majoran)	Wie Majoran
Petersilie	Pikante Gerichte
Pfefferminze	Gurkensalat, Lammfleisch, Tee, Bowle
Rosmarin	Schweinefleisch, Lammfleisch, Geflügel, Tomatengerichte
Salbei	Leber, Saltimbocca, Tee
Schnittlauch	Pikante Gerichte
Thymian	Fleisch, Ratatouille, Bohnen

Kräuter sind frisch und getrocknet, ganz und gemahlen im Handel erhältlich

Kräuter wenn möglich frisch verwenden

Ganze, getrocknete Kräuter verlieren den Geschmack weniger als gemahlene

Borretsch

Liebstöckel

Rosmarin

Pfefferminze

Basilikum

Kerbel

Dill

Schnittlauch

Oregano

Salbei

Estragon

Bohnenkraut

Thymian

Petersilie

Majoran

Gewürze

Name	Pflanzenteil	Verwendungsmöglichkeiten
Anis	Samen	Gebäcke, Tee
Cayennepfeffer	Schote	Fleischgerichte, Saucen
Chilipulver	Mischung aus Pfeffer, Paprika, Nelken, Kümmel, Knoblauch, Oregano	Fleischgerichte
Curry	Mischung aus 12–30 verschiedenen Gewürzen, u. a. Kurkuma, Pfeffer, Paprika, Ingwer, Kardamom, Muskat, Zimt, Nelken	Saucen, Reis, Geflügel, Fleischgerichte
Ingwer	Wurzel	Gebäcke, Getränke
Kardamom	Samen	Gebäcke
Koriander	Samen	Fleischmarinade, Gebäcke
Kümmel	Samen	Käse-, Zwiebel-, Kartoffel-, Kohlgerichte, Kutteln, Rüebli, Gebäcke
Lorbeer	Blatt	Warme Saucen, besteckte Zwiebel
Macis	Samenmantel der Muskatnuss	Warme Saucen, Kartoffel-, Käsegerichte, Lebkuchen
Muskat	Samenkern	Warme Saucen, Kartoffel-, Käsegerichte, Spinat
Nelken	Blütenknospen	Besteckte Zwiebel, Gebäcke, Punsch
Paprika	Schote	Fleisch-, Käse-, Kartoffelgerichte
Pfeffer	Beeren	Vielseitig
grün	unreif geerntet, ungeschält, in Flüssigkeit eingelegt oder getrocknet	
schwarz	unreif geerntet, ungeschält, an der Sonne getrocknet	
weiss	reif geerntet, geschält, getrocknet	
Safran	Blütennarben einer Krokusart	Reis, Gebäcke
Vanille	Schote	Süsse Gerichte, Gebäcke, Getränke
Zimt	Rinde	Süsse Gerichte, Gebäcke, Getränke

 Gewürze sind meistens getrocknet, ganz und gemahlen im Handel erhältlich

Pfeffer und Muskat wenn möglich frisch mahlen oder reiben

Würzmischungen

Vanillezucker	Zucker mit Zusatz von echtem, fein geriebenem Vanillemark
Vanillinzucker	Zucker mit Zusatz von chemisch hergestelltem Vanillearoma
Senf	Zutaten bestimmen Geschmack, Schärfe und Aroma Enthält je nach Produkt u. a. verschiedene Sorten von Senfkörnern und weitere Zutaten wie Essig, Wein, Kochsalz, Zucker, Gewürze, Kräuter
Streuwürze	Salzersatz Enthält je nach Produkt u. a. Kochsalz, Gewürze, Geschmacksverstärker (Glutamat), pflanzliches Fett
Flüssigwürze	Salzersatz Enthält je nach Produkt u. a. Wasser, Kochsalz, Weinsäure, Geschmacksverstärker (Glutamat), Gewürzextrakt
Bouillon	Würfel, Pulver oder Flüssigkeit Enthält je nach Produkt u. a. Fleisch-, Geflügel-, Gemüseextrakt, Kochsalz, Gewürze, Kräuter
Bratensauce	Würfel, Paste oder Pulver Enthält je nach Produkt u. a. Fleisch- und Pflanzenextrakt, Kochsalz, Geschmacks- verstärker (Glutamat), Stärke, Fett
Sojasauce	Asiatische Würzsauce Zutaten und Herstellung bestimmen Geschmack und Aroma Enthält je nach Produkt u. a. Wasser, Extrakt aus fermentierten Sojabohnen, Weizen, Salz, Zucker
Worcestershiresauce	Englische Würzsauce Enthält u. a. Malzessig, Melasse, Zucker, Salz, Tamarindenmus, Sherry, Gewürze, Kräuter
Sambal Oelek	Scharfe asiatische Würzpaste Enthält u. a. Chilischoten, Wasser, Salz, Essig
Tabasco	Scharfe mexikanische Würzsauce Enthält u. a. Chilischoten, Essig, Salz

Zubereitungsarten

Rohkost

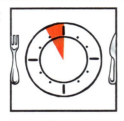

Möglichst kurz vor dem Essen
zubereiten

Unzerkleinert gründlich waschen

Bei Ungeziefer Gemüse kurze Zeit
in Salzwasser legen

Früchte und Gemüse nur wenn nötig,
dann jedoch sparsam schälen

Zerkleinerte Früchte und Gemüse
direkt in die Sauce geben und
sofort mischen

Beim Stehenlassen zudecken

**Bei schonender Zubereitung
der Rohkost bleiben
Vitamine und Mineralstoffe
am besten erhalten**

Sieden

Flüssigkeit in Pfanne geben

Zudecken

Auf grosser Stufe aufkochen

Würzen

Nahrungsmittel beifügen

Auf kleiner Stufe mit oder ohne Deckel kochen

In der siedenden, gewürzten Flüssigkeit werden die Nahrungsmittel weniger ausgekocht

Blanchieren

Arbeitsablauf wie beim Sieden

Nahrungsmittel jedoch nur während 2–3 Min. kochen

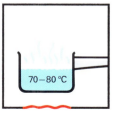

Pochieren

Nahrungsmittel ziehen lassen, Flüssigkeit darf nicht sieden

Auskochen

Nahrungsmittel in der kalten, ungewürzten Flüssigkeit aufkochen

In der kalten, ungewürzten Flüssigkeit werden die Nahrungsmittel ausgekocht. Farb-, Geschmack- und Nährstoffe gehen in die Flüssigkeit über

Dämpfen auf dem Siebeinsatz

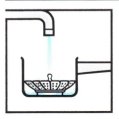

Wasser bis zum Siebeinsatz einfüllen

Nahrungsmittel auf Siebeinsatz geben

Würzen

Pfanne zudecken

Auf grosser Stufe aufkochen

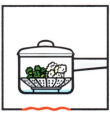

Auf kleiner Stufe zugedeckt gar dämpfen

Vitamine und Mineralstoffe bleiben besser erhalten, weil das Nahrungsmittel im Dampf und nicht im Wasser gart

für stark wasserhaltige Früchte und Gemüse, z. B.

**Dämpfen
im eigenen
Saft**

Für Früchte wenig Flüssigkeit
in Pfanne geben

Für Gemüse wenig Öl oder Butter

Vorbereitete Nahrungsmittel beifügen

Würzen

Pfanne zudecken

Auf grosser Stufe erwärmen,
bis es zischt

Sofort auf kleine Stufe zurückschalten

Dämpfen

**Nahrungsmittel zieht Saft –
ablöschen erübrigt sich**

Auf kleiner Stufe zugedeckt
gar dämpfen

Dämpfen mit Zugabe von Flüssigkeit

für wenig wasserhaltige Gemüse, z. B.

Wenig Öl oder Butter in Pfanne geben

Vorbereitete Nahrungsmittel beifügen

Würzen

Pfanne zudecken

Auf grosser Stufe erwärmen, bis es zischt

Sofort auf kleine Stufe zurückschalten

Dämpfen

Nahrungsmittel von Zeit zu Zeit schütteln

Geruch- und Geschmackstoffe entwickeln sich

Farbe wird intensiver

Gemüse fällt zusammen

Nahrungsmittel mit wenig Flüssigkeit ablöschen, bis der Pfannenboden bedeckt ist

Auf kleiner Stufe zugedeckt gar dämpfen

für Getreideprodukte, z. B.

Dünsten

Wenig Öl oder Butter in Pfanne geben

Auf grosser Stufe erwärmen

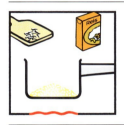

Nahrungsmittel beifügen

Sofort auf kleine Stufe zurückschalten

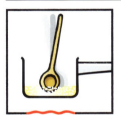

Nahrungsmittel unter ständigem Rühren dünsten

Geruch- und Geschmackstoffe entwickeln sich

Nahrungsmittel wird glasig, klebt leicht am Pfannenboden

Nahrungsmittel ablöschen

Würzen

Auf kleiner Stufe mit oder ohne Deckel kochen

Rösten

Nahrungsmittel in Chromnickelstahl- oder Gusseisenpfanne geben

Wird mit Öl oder Fett geröstet, zuerst Öl oder Fett erhitzen, dann das Nahrungsmittel zugeben

Auf grosser Stufe erhitzen, bis das Nahrungsmittel leicht Farbe annimmt

Auf mittlere Stufe zurückschalten Nahrungsmittel unter ständigem Rühren gleichmässig braun rösten

Zucker ohne Rühren rösten, Pfanne leicht schwenken

Mit Öl oder Fett	**Nahrungsmittel mittelbraun rösten Sie bleiben beim Ablöschen in der Farbe gleich**
Ohne Öl oder Fett	**Nahrungsmittel hellbraun rösten Sie dunkeln beim Ablöschen nach**
	Zucker rösten, bis er schäumt

Pfanne wegziehen

Sofort mit heissem Wasser ablöschen Rasch zudecken

Nahrungsmittel, die nicht abgelöscht werden, sofort aus der Pfanne nehmen

Fleisch
evtl. mit Zitronensaft beträufeln
evtl. mit Senf bestreichen
evtl. in Mehl wenden
evtl. panieren (vorher würzen)

**Braten
à la minute**

Kurzbraten

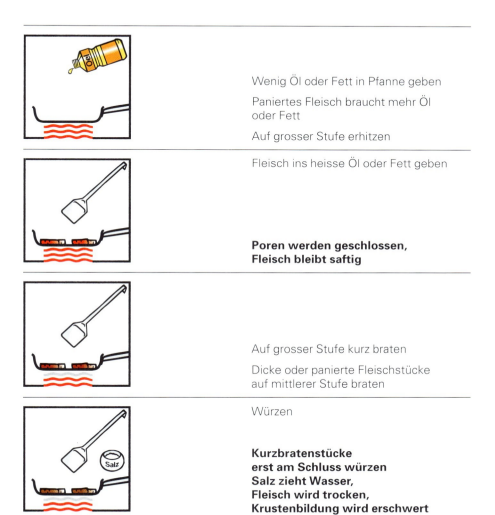

Wenig Öl oder Fett in Pfanne geben

Paniertes Fleisch braucht mehr Öl
oder Fett

Auf grosser Stufe erhitzen

Fleisch ins heisse Öl oder Fett geben

**Poren werden geschlossen,
Fleisch bleibt saftig**

Auf grosser Stufe kurz braten

Dicke oder panierte Fleischstücke
auf mittlerer Stufe braten

Würzen

**Kurzbratenstücke
erst am Schluss würzen
Salz zieht Wasser,
Fleisch wird trocken,
Krustenbildung wird erschwert**

Braten mit Sauce

Grosse Fleischstücke
vor dem Anbraten würzen

Evtl. Bratengarnitur vorbereiten

Je nach Fleischstück Bratpfanne oder
Brattopf verwenden

Wenig Öl oder Fett in Pfanne geben

Auf grosser Stufe erhitzen

Fleisch ins heisse Öl oder Fett geben
**Poren werden geschlossen,
Fleisch bleibt saftig**
Auf grosser Stufe Fleisch auf
allen Seiten braten
Grosse Fleischstücke auf
mittlerer Stufe braten
Evtl. Bratengarnitur zugeben, mitbraten

Mehl über das Fleisch stäuben,
evtl. rösten

Grosse Fleischstücke aus der Pfanne
nehmen, dann erst Mehl rösten

Pfanne wegziehen

Mit heissem Wasser ablöschen
Sofort zudecken

Würzen

Auf kleiner Stufe zugedeckt schmoren

Wenn nötig Wasser nachgiessen
Sauce vor dem Anrichten abschmecken,
evtl. absieben

**Braten
mit Jus auf
dem Herd**

Fleisch würzen

Knochen abspülen

Bratengarnitur vorbereiten

Wenig Öl oder Fett in Pfanne geben

Auf grosser Stufe erhitzen

Fleisch ins heisse Öl oder Fett geben

**Poren werden geschlossen,
Fleisch bleibt saftig**

Knochen und Bratengarnitur zugeben

Auf mittlerer Stufe Fleisch auf
allen Seiten braten

Pfanne wegziehen

Fond mit heissem Wasser auflösen
Sofort zudecken

Auf kleiner Stufe zugedeckt schmoren

Wenn nötig Wasser nachgiessen

Jus vor dem Anrichten abschmecken,
evtl. absieben

**Braten
mit Jus
im Ofen**

Ofen vorheizen

Fleisch würzen

Knochen abspülen

Bratengarnitur vorbereiten

In Brattopf oder Braisière legen

Wenig Öl oder Fett
in kleiner Pfanne erhitzen
Für fettiges Fleisch Wasser erhitzen

Über das Fleisch giessen

**Poren werden geschlossen,
Fleisch bleibt saftig**

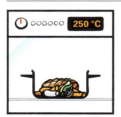

Brattopf oder Braisière
in den vorgeheizten Ofen schieben

Fleisch braten

Von Zeit zu Zeit übergiessen

Öl abschöpfen

Fond mit heissem Wasser auflösen

Brattopf oder Braisière
wieder in den Ofen schieben
Hitze reduzieren
Fleisch von Zeit zu Zeit
mit dem Jus übergiessen
Wenn nötig Wasser nachgiessen
Jus vor dem Anrichten abschmecken,
evtl. absieben

Arbeitsplatz zweckmässig einrichten

Mögliche Unfallquellen beachten

Vorsicht Brandgefahr!

**Schwimmend
backen**

Frittieren

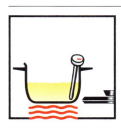

Hocherhitzbares Öl oder Fett wählen

Gebrauchtes Öl oder Fett
nie mit neuem ergänzen

Öl oder Fett bis knapp zur Hälfte
in Pfanne geben

Auf grosser Stufe bis zur gewünschten
Temperatur erhitzen, maximal 200 °C

Frittiergut ins heisse Öl oder Fett
geben

Portionenweise frittieren,
damit das Öl oder Fett
nicht zu stark abgekühlt wird

Frittiergut ab und zu bewegen oder
wenden, damit es gleichmässig braun
wird

Frittiergut sehr gut abtropfen

Rückstände entfernen, bevor neues
Frittiergut ins Öl oder Fett gegeben wird

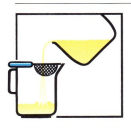

Öl oder Fett kann bei sorgfältigem
Gebrauch mehrmals verwendet werden

Gebrauchtes, leicht ausgekühltes Öl
absieben oder filtrieren

Altöl an Sammelstelle abgeben

Teige

Zutaten vorbereiten

Arbeitsgeräte richten

Mehl in Schüssel geben

Salz beifügen

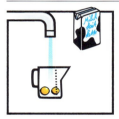

Eier und Wasser/Milch im Massbecher
gut mischen

Mehl mit der Flüssigkeit von der Mitte aus
anrühren

Zugedeckt bei Zimmertemperatur ca. 30 Min.
ruhen lassen

Omelettenteig Ausbackteig	**Knöpfliteig Spätzliteig**	**Strudelteig Nudelteig**
Beim Ausback-teig nach dem Ruhenlassen Eischnee sorg-fältig darunter ziehen	Teig klopfen, bis er glatt ist, Blasen wirft und in Fetzen von der Kelle reisst	Teig kneten, bis er glatt und geschmeidig ist Unter heiss ausge-spülter Schüssel ruhen lassen

Hefeteig

Zutaten vorbereiten

Arbeitsgeräte richten

Fingerringe abziehen

Mehl in Schüssel geben

Salz/Zucker beifügen

Weiche Butter mit Messer oder Teigkarte zerkleinern

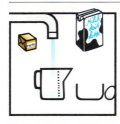

Hefe mit kalter oder lauwarmer Flüssigkeit auflösen

Evtl. Ei beifügen

Mehl mit der Flüssigkeit von der Mitte aus anrühren

Teig gut kneten oder klopfen, bis   **– die Oberfläche glatt ist**
– der Teig geschmeidig ist
– der Schnitt Bläschen aufweist

Zugedeckt an der Wärme um das Doppelte aufgehen lassen

Geriebener Teig

Zutaten vorbereiten

Arbeitsgeräte richten

Fingerringe abziehen

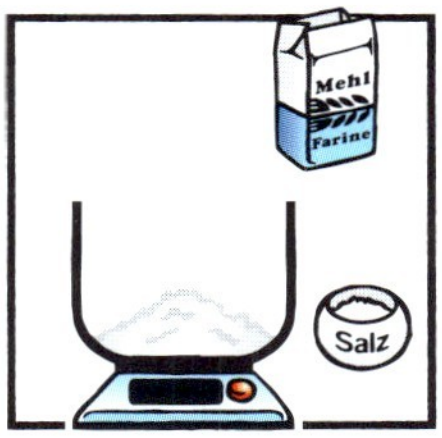

Mehl in Schüssel oder auf Tisch geben

Salz beifügen

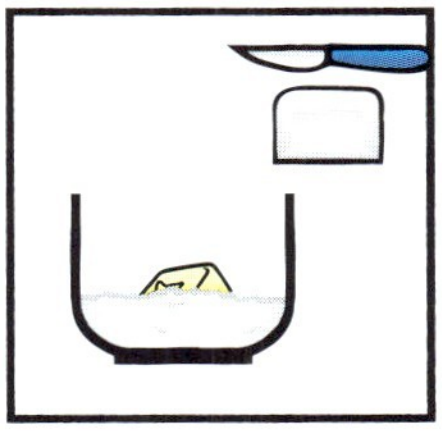

Kalte Butter mit Messer oder Teigkarte
zerkleinern

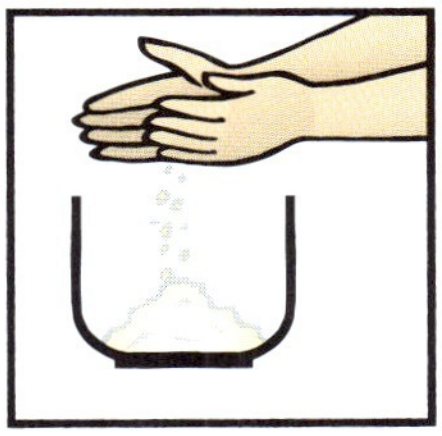

Butter und Mehl mit den Fingern
sorgfältig verreiben, bis die Masse
gleichmässig fein ist

Rasch arbeiten

Evtl. Zucker beifügen

Kalte Flüssigkeit in die Vertiefung geben

Teig sorgfältig und rasch
zusammenfügen

Zugedeckt an der Kälte ca. 30 Min.
ruhen lassen

Gerührter Teig

Zutaten vorbereiten

Arbeitsgeräte richten

Backformen vorbereiten

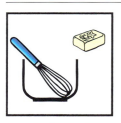

Weiche Butter mit Schwingbesen oder Kelle rühren, bis sich Spitzchen bilden

Eier, Zucker und Salz zugeben

Mit dem Handrührwerk Butter, Eier, Zucker und Salz im gleichen Arbeitsgang rühren

Rühren, bis die Masse hell ist

Aromen beifügen

Ausnahmen:
Kandierte Früchte, Rosinen, ganze Nüsse und Schokoladewürfeli erst nach dem Mehl beifügen

Mehl und evtl. Backpulver zusammen dazusieben, verrühren

Guetzliteige rasch zusammenfügen Zugedeckt an der Kälte mindestens 30 Min. ruhen lassen

Zutaten vorbereiten

Arbeitsgeräte richten

Backformen vorbereiten

**Gerührter
Teig
Biskuitteig**

Wird mit dem Handrührwerk gearbeitet,
zuerst Eiweiss zu Schnee schlagen

Eigelb, Zucker, Salz und evtl. Wasser
in Schüssel geben

**Rühren, bis die Masse hell und
schaumig ist**

Aromen beifügen

Eiweiss zu Schnee schlagen

Lagenweise mit dem gesiebten Mehl
auf die schaumig gerührte Masse geben

Sorgfältig darunter ziehen

Brühteig

Zutaten vorbereiten

Arbeitsgeräte richten

Wasser, Butter, Salz und evtl. Zucker
in kleiner Pfanne aufkochen

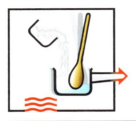

Pfanne wegziehen

Mehl im Sturz zugeben, kräftig rühren

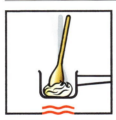

Auf mittlerer Stufe weiterrühren

Abbrühen, bis	– **der Teig sich vom Pfannenboden löst**
	– **der Teig zusammenhängend und glatt ist**
	– **sich Bodensatz bildet**

Leicht auskühlen lassen

Eier einzeln aufschlagen, verklopfen,
nacheinander unter die Brühteigmasse rühren

| So viele Eier zugeben, bis | – **der Teig glänzt und geschmeidig ist** |
| | – **der Teig in Fetzen von der Kelle reisst** |

Zeitsparend

Energiesparend

Nährstoffschonend

→ **⅕ der normalen Kochzeit berechnen**

 Gebrauchsanweisung beachten,
da verschiedene Modelle im Handel sind

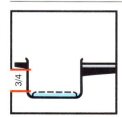

Einfüllen

Topf nie mehr als ¾-hoch füllen

Bei stark schäumenden oder quellenden
Nahrungsmitteln (z. B. Hülsenfrüchte)
Topf nur zur Hälfte füllen

Bei Dämpfen auf dem Siebeinsatz:
Wasser bis zum Siebeinsatz einfüllen

Schliessen

Ventil kontrollieren

Deckel auflegen, Markierung beachten,
Griffe übereinander schieben

Je nach Modell Ventil aufschrauben

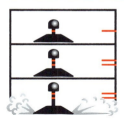

Kochen

Auf grosser Stufe erhitzen
Erster roter Ring → Hitze reduzieren
Zweiter roter Ring → Beginn der Kochzeit
(⅕ der normalen Kochzeit)
Zweiter Ring muss ständig
sichtbar sein
Überdruck → Pfanne wegziehen
Hitze reduzieren

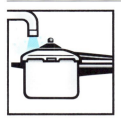

Öffnen

Topf erst öffnen, wenn das Ventil ganz
gesunken und kein Druck mehr vorhanden ist
Auf kalte Platte stellen
oder
unter fliessendem Wasser abkühlen
oder
durch Dampfdruckknopf Dampf entweichen lassen

Reinigen und versorgen

Gummidichtung nach jedem Gebrauch
waschen und trocknen
Ventil von Zeit zu Zeit gründlich reinigen

Deckel umgekehrt auf den Topf legen

Römertopf

Zubereiten im eigenen Saft → **intensiver Eigengeschmack**

Fettarme Zubereitung → **ideal für Diät**

Backofen bleibt sauber

Vor jedem Gebrauch 15–20 Min.
in Wasser legen

Nur im Backofen, nie auf dem Herd
verwenden

Der Römertopf erträgt keine grossen
Temperaturunterschiede

→ In den kalten Ofen schieben,
   dann Temperatur auf 220 °C
   einstellen

→ Heissen Topf immer auf Tuch
   oder Brett stellen

→ Während der Zubereitung
   nie kalte Flüssigkeit zugeben

¼ mehr Kochzeit berechnen

Ist stärkere Bräunung erwünscht,
die letzten 15–30 Min. der Kochzeit
abgedeckt fertig braten

Mit heissem Wasser und Bürste reinigen

Kein Scheuermittel verwenden

Rezepte

Suppen

Gemüse-bouillon

1 l	kaltes Wasser	in Pfanne geben
1	Rüebli	
½	Lauch	
¼	Wirz	
¼	Sellerie	vorbereiten, grob schneiden, beifügen
1	besteckte Zwiebel	
evtl.	Petersilienstängel	zugeben, aufkochen Auf kleiner Stufe zugedeckt leicht kochen Kochzeit 1 Std. Bouillon absieben
1½ KL	Salz	würzen

Anstelle von selbst gemachter Bouillon Bouillonwürfel oder -pulver verwenden

Bouillon mit Teigwaren

4 EL	Teigwaren	in die fertige Bouillon geben Kochzeit 2–5 Min.

Bouillon mit Gemüsejulienne

200 g	Saisongemüse	vorbereiten, in Julienne schneiden, in die fertige Bouillon geben, aufkochen

Bouillon mit Croûtons

2	Brotscheiben	in Würfeli schneiden, hellbraun rösten Fertige Bouillon darüber giessen Sofort servieren

Bouillon mit Flädli

1	Omelette	in feine Streifen schneiden Fertige Bouillon darüber giessen

1	4	Scheiben Toastbrot	hellbraun rösten	**Zuppa Pavese**
1	4	pochierte Eier (S.128) oder Spiegeleier	zubereiten Auf die Brotscheiben anrichten	
1 EL	4 EL	Reibkäse	darüber streuen	
2 dl	8 dl	heisse Bouillon	dazugiessen Sofort servieren	

7 dl	Bouillon	aufkochen	**Einlaufsuppe**
2 EL	Mehl		
´ dl	Milch	anrühren In die siedende Bouillon einrühren Kochzeit 20 Min.	
1	frisches Ei		
evtl. 2 EL	Rahm	in Suppenschüssel gut verklopfen Heisse Suppe unter ständigem Rühren dazugiessen	
	Petersilie oder Schnittlauch	schneiden, beifügen	

Gemüse-suppe	½ EL	1 EL	Öl oder Butter	in Pfanne geben

½ kleine	1	Zwiebel Kräuter	
60 g	250 g	Saisongemüse	vorbereiten, schneiden, beifügen
wenig	wenig	Salz oder Streuwürze, Pfeffer	würzen, zudecken Auf grosser Stufe erwärmen, bis es zischt Sofort auf kleine Stufe zurückschalten, dämpfen Von Zeit zu Zeit schütteln
2 dl	8 dl	Wasser oder Bouillon	ablöschen, aufkochen Auf kleiner Stufe kochen Kochzeit 20–30 Min.

Kartoffelsuppe

250 g	Anstelle von Saisongemüse Kartoffeln	waschen, schälen, abspülen, schneiden
2 EL	Rahm	verfeinern
evtl.	Majoran, Kerbel	schneiden, darüber streuen

Suppen pürieren

Reibkäse dazuservieren

Kürbissuppe	1 EL	Öl oder Butter	in Pfanne geben

½ evtl. 1	Zwiebel Knoblauchzehe	schneiden, beifügen
600 g evtl. 1	Kürbis Rüebli	vorbereiten, schneiden, zugeben
wenig	Salz oder Streuwürze, Pfeffer	würzen, zudecken Auf grosser Stufe erwärmen, bis es zischt Sofort auf kleine Stufe zurückschalten, dämpfen Von Zeit zu Zeit schütteln

3–4 dl	Wasser oder Bouillon	ablöschen, aufkochen Auf kleiner Stufe kochen Kochzeit 30–40 Min. Suppe fein pürieren Wieder aufkochen
½–1 dl	Rahm	verfeinern Suppe anrichten
wenig	Kürbiskerne	darüber streuen

Rahm schlagen, Suppe garnieren

Anstelle von Kürbiskernen Croûtons dazuservieren

Tomatensuppe

1 EL	Öl oder Butter	in Pfanne geben
1 1 4	Zwiebel Knoblauchzehe Basilikumblätter	schneiden, beifügen
1 kg	Tomaten	waschen, Stielansatz ausschneiden, schneiden, zugeben
1 KL wenig 1 Prise evtl. 1 EL	Salz oder Streuwürze Pfeffer, Paprika Zucker Tomatenpüree	würzen, zudecken Auf grosser Stufe erwärmen, bis es zischt Sofort auf kleine Stufe zurückschalten, dämpfen
2 dl	Wasser	ablöschen, aufkochen Auf kleiner Stufe kochen Kochzeit 30–40 Min. Suppe fein pürieren, durch Sieb streichen Wieder aufkochen
½–1 dl	Rahm	verfeinern Suppe anrichten
	Basilikumblätter	in feine Streifen schneiden, darüber streuen

Tomaten durch Pelati ersetzen

Rahm schlagen, Suppe garnieren

Croûtons dazuservieren

Griesssuppe mit Lauch

½ EL	1 EL	Öl oder Butter	erwärmen
¾ EL	3 EL	Griess	beifügen
wenig	½	Lauch	rüsten, waschen, schneiden, zugeben Sofort auf kleine Stufe zurückschalten, unter ständigem Rühren dünsten
2 dl	8 dl	Wasser oder Bouillon	ablöschen, aufkochen
evtl.	evtl.	Salz oder Streuwürze	würzen Auf kleiner Stufe kochen Kochzeit 30 Min.

 Griess durch Haferflocken oder Hirse ersetzen

Cremesuppe

½ EL	2 EL	Öl oder Butter	erwärmen
½ EL	3 EL	Mehl	beifügen Sofort auf kleine Stufe zurückschalten, unter ständigem Rühren dünsten
1 dl	4 dl	Wasser oder Bouillon	
1 dl	4 dl	Milch	ablöschen, unter ständigem Rühren aufkochen
evtl.	evtl.	Salz oder Streuwürze	
wenig	wenig	Pfeffer, Muskat	würzen Auf kleiner Stufe kochen Kochzeit 10–20 Min.
	1	frisches Eigelb	
1 EL	2 EL	Rahm	in Suppenschüssel gut verklopfen Heisse Suppe unter ständigem Rühren dazugiessen

Kräutercremesuppe

| viel | frische Kräuter | schneiden |
| | | In die fertige Suppe geben |

Spargelcremesuppe

Milch und Wasser durch Spargelsud ersetzen

| 100 g | Spargelspitzen | in Stücke schneiden |
| | | In der Suppe erhitzen |

Pilzcremesuppe

| 150 g | Champignons | waschen, rüsten, schneiden |
| | | Mit dem Mehl dünsten |

Basler Mehlsuppe

1 EL	3 EL	Öl oder Fett	erhitzen
1½ EL	6 EL	Mehl	beifügen
			Auf mittlerer Stufe unter ständigem Rühren mittelbraun rösten
2½ dl	1 l	Wasser	sofort ablöschen, aufkochen
½ kleine	½	besteckte Zwiebel	zugeben
wenig	1 KL	Salz oder Streuwürze	
wenig	wenig	Pfeffer	
evtl.	evtl.	Kümmel	würzen
			Auf kleiner Stufe kochen
			Kochzeit 60 Min.

Mehl ohne Öl oder Fett rösten

Reibkäse dazuservieren

Bündner Gerstensuppe

1 EL	Öl oder Fett	erwärmen
50 g	Rollgerste	beifügen
1	Rüebli	
wenig	Sellerie	
½	Lauch	
½	Zwiebel	vorbereiten, schneiden, zugeben
		Sofort auf kleine Stufe zurückschalten, unter ständigem Rühren dünsten
1½ l	Wasser	ablöschen, aufkochen
1	besteckte Zwiebel	
1	Kalbsfuss	
100 g	geräuchertes Schweinefleisch	beifügen
½ EL	Salz oder Streuwürze	
wenig	Pfeffer	würzen
		Auf kleiner Stufe kochen
		Kochzeit 2–3 Std.
		Fleisch in kleine Würfel schneiden, wieder in die Suppe geben
2 EL	Rahm	verfeinern
	Schnittlauch oder Petersilie	schneiden, darüber streuen

50 g	Borlottibohnen	
	Wasser	8–12 Std. einweichen
		Einweichwasser abgiessen
evtl. 50 g	Speckwürfeli	glasig braten
evtl.	Öl oder Fett	beifügen
1	Zwiebel	
1	Knoblauchzehe	
1	Rüebli	
¼	Sellerie	
½	Lauch	
¼	Wirz	
1	Kartoffel	
4	Tomaten	
	Basilikum,	
	Thymian, Salbei	vorbereiten, schneiden, zugeben, zudecken
		Sofort auf kleine Stufe zurückschalten, dämpfen
		Von Zeit zu Zeit schütteln
1 l	Wasser	ablöschen
	eingeweichte	
	Borlottibohnen	beifügen, aufkochen
		Auf kleiner Stufe kochen
		Kochzeit 1–1½ Std.
½ EL	Salz oder	
	Streuwürze	
wenig	Pfeffer	würzen
2 EL	Teigwaren, z. B.	
	Makkaroni oder	
1 EL	Mittelkornreis, z. B.	
	Vialone, Arborio	in den letzten 20 Min. mitkochen
100 g	geriebener	
	Parmesan	dazuservieren

Minestrone

Gulasch-	1 EL	Öl oder Fett	erhitzen
suppe	300 g	Rindfleisch, 1-cm-Würfel	anbraten
	4	Zwiebeln	
	1	Knoblauchzehe	schneiden, zugeben Sofort auf kleine Stufe zurückschalten, unter ständigem Rühren dünsten
	1 l	Wasser oder Bouillon	ablöschen, aufkochen
	evtl.	Salz oder Streuwürze	
	1–2 KL	Paprika	
	wenig	Pfeffer, Kümmel	würzen Auf kleiner Stufe kochen Kochzeit 2–3 Std.
	2	Kartoffeln	
	300 g	Tomaten	
	evtl. 1	Peperoni	
	evtl. 1	Rüebli	vorbereiten, schneiden In den letzten 40 Min. mitkochen

Sauerrahm dazuservieren

Saucen

Salatsaucen (S. 156)

Vinaigrette	wenig	Salz oder Streuwürze, Pfeffer
	evtl.	Senf
	3 EL	Essig
	4 EL	Öl zu einer Salatsauce verrühren
	½	Zwiebel
	1–2	Knoblauchzehen
		Kräuter, z. B. Petersilie, Schnittlauch, Estragon, Kerbel
	2	Cornichons
	1	hart gekochtes Ei fein schneiden
		Unter die Sauce mischen

 Wenig Kapern und fein gewürfelte Tomate zugeben

Cornichons durch Essiggurke ersetzen

Quarksauce	125–150 g	Mager- oder Rahmquark
	1–3 EL	Milch oder Rahm
	wenig	Salz oder Streuwürze, Senf, Zitronensaft gut verrühren

Kräuterquarksauce

	viel	Kräuter, z. B. Petersilie, Schnittlauch, Estragon, Kerbel fein schneiden
		Unter die Quarksauce mischen

Quarksauce Tataren-Art

	½	Zwiebel
	1	hart gekochtes Ei
	1	Tomate
	2	Cornichons
	evtl. ¼	Peperoni
		Petersilie fein schneiden
		Unter die Quarksauce mischen
	1 KL	Kapern zugeben

Mayonnaise

1	frisches Eigelb	
wenig	Salz oder Streuwürze, Pfeffer, Senf	in kleiner Schüssel gut verrühren
1–1½ dl	Öl	unter ständigem Rühren tropfenweise zugeben Wird die Mayonnaise dick, kann das Öl im Faden beigefügt werden
½–1 EL	Zitronensaft oder Essig	zugeben, wenn die Mayonnaise dick wird Abschmecken

Geschlagenes Eiweiss oder 1–2 EL Quark darunter ziehen

Wird die Mayonnaise mit dem Mixstab zubereitet, kann das ganze Ei verwendet und das Öl rascher zugegeben werden

Gerinnt die Mayonnaise, ein Eigelb in eine Schüssel geben und die geronnene Mayonnaise unter ständigem Rühren tropfenweise beifügen

Aus Mayonnaise zubereitete Saucen und Gerichte rasch verwerten

Mayonnaise nicht auf Vorrat zubereiten

Tatarensauce

½	Zwiebel	
1	hart gekochtes Ei	
1	Tomate	
2	Cornichons	
evtl. ¼	Peperoni	
	Petersilie	fein schneiden Unter die Mayonnaise mischen
1 KL	Kapern	zugeben

Mayonnaise Aurora

1–2 EL	Ketchup oder Tomatenpüree	
wenig	Cayennepfeffer, Paprika	unter die Mayonnaise mischen

Currymayonnaise

½–˝ EL	Curry	zur Mayonnaise geben
evt. ½	Apfel	fein dazuraffeln, sofort mischen
½ dl	Rahm	schlagen, darunter ziehen

Kräuter-butter

50 g	weiche Butter	rühren, bis sich Spitzchen bilden
wenig	Salz oder Streuwürze, Pfeffer, Zitronensaft	würzen
	Kräuter, z. B. Petersilie, Schnittlauch, Majoran, Liebstöckel, Estragon, Kerbel, Basilikum	fein schneiden, zugeben, mischen

Kräuterbutter kühl stellen;
wenn formbar, zu einer Rolle formen

Kräuterbutter ½ cm dick ausstreichen, kalt stellen, mit heiss abgespülten Förmchen ausstechen

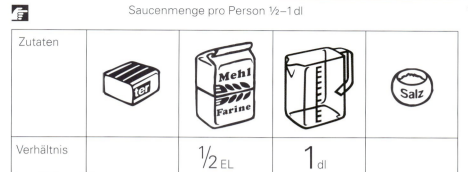

Zutaten				
Verhältnis		½ EL	1 dl	

Saucenmenge pro Person ½–1 dl

---

1 dl	3 dl	Flüssigkeit, z. B. Wasser, Milch, Fleisch- oder Gemüsebouillon	aufkochen
½ EL	2 EL	Mehl	
½ dl	1 dl	kalte Flüssigkeit	anrühren In die siedende Flüssigkeit einrühren, weiterrühren, bis es kocht Auf kleiner Stufe kochen
evtl.	evtl.	Salz oder Streuwürze	
wenig	wenig	Muskat	würzen Kochzeit 10–20 Min.
½ EL	2 EL	Rahm	verfeinern

Gedünstete Sauce				
10 g	30 g	Butter	schmelzen
½ EL	2 EL	Mehl	beifügen Sofort auf kleine Stufe zurückschalten, unter ständigem Rühren dünsten
1½ dl	4 dl	kalte Flüssigkeit, z. B. Wasser, Milch, Fleisch- oder Gemüsebouillon	ablöschen, unter ständigem Rühren aufkochen Auf kleiner Stufe kochen
evtl.	evtl.	Salz oder Streuwürze	
wenig	wenig	Muskat	würzen Kochzeit 10–20 Min.

 Nach Belieben mit wenig Rahm verfeinern

Béchamelsauce

Gedünstete Sauce mit Milch zubereiten

Käsesauce/Sauce Mornay

3 EL	Reibkäse	
3 EL	Rahm	unter die fertige Béchamelsauce mischen

Currysauce

1–2 EL	Curry	mit dem Mehl dünsten

Kräutersauce

Eingerührte oder gedünstete Sauce mit Bouillon zubereiten

viel	Kräuter, z. B. Petersilie, Dill, Estragon	schneiden Unter die fertige Sauce mischen

Kapernsauce

Eingerührte oder gedünstete Sauce mit Bouillon zubereiten

1–2 EL	Kapern	
wenig	Zitronensaft	unter die fertige Sauce mischen

Champignonsauce

200 g	Champignons	
evtl. ½	Zwiebel	
evtl.	Kräuter	vorbereiten, schneiden Mit dem Mehl dünsten
4 dl	Bouillon	ablöschen

1 EL	Öl oder Fett	in Pfanne geben	**Sauce napoletana**
1	Zwiebel		
2	Knoblauchzehen		**Tomaten-sauce**
	Petersilie, Majoran, Basilikum		
evtl. ½	Peperoni	schneiden, beifügen	
500 g	Tomaten	waschen, Stielansatz ausschneiden, evtl. schälen, schneiden, zugeben	
½ KL	Salz oder Streuwürze		
wenig	Pfeffer, Paprika		
1 Prise	Zucker	würzen, zudecken Auf grosser Stufe erwärmen, bis es zischt Sofort auf kleine Stufe zurückschalten, dämpfen Dämpfzeit 30–40 Min.	
1–2 EL	Tomatenpüree	in den letzten 20 Min. mitdämpfen	

1–2 EL	Öl oder Fett	erhitzen	**Sauce bolognese**
300 g	gehacktes Rindfleisch	auf grosser Stufe braten	
1	Rüebli		
wenig	Sellerie		
1–2	Zwiebeln		
2	Knoblauchzehen		
	Kräuter, z. B. Petersilie, Basilikum, Majoran, Oregano	schneiden, zugeben Sofort auf kleine Stufe zurückschalten, unter ständigem Rühren dünsten	
4	Tomaten	waschen, evtl. schälen, schneiden, beifügen	
1 EL	Mehl		
3 EL	Tomatenpüree	zugeben, mischen	
4–5 dl	Wasser oder Bouillon	ablöschen	
evtl.	Salz oder Streuwürze		
wenig	Pfeffer, Paprika		
1	Lorbeerblatt	würzen Kochzeit 1–1½ Std.	

 Tomaten durch Pelati ersetzen, weniger Flüssigkeit verwenden

Sauce	4 EL	Essig	in kleine Pfanne geben
hollandaise	½	Zwiebel	schneiden, beifügen
	evtl.	Petersilienstängel	
	5	Pfefferkörner	
	1	Lorbeerblatt	zugeben
			Aufkochen, zur Hälfte reduzieren
	1 EL	kaltes Wasser	beifügen, in kleine Schüssel absieben
	2	frische Eigelb	zugeben
			Im heissen, aber nicht kochenden Wasserbad schaumig schlagen
	80–100 g	Butter	schmelzen, leicht auskühlen lassen Unter ständigem Schlagen nach und nach beifügen, bis die Sauce cremig ist
	wenig	Salz oder Streuwürze	
	evtl.	Zitronensaft	abschmecken Sofort servieren

Gerinnt die Sauce, 1–2 EL eiskaltes Wasser beifügen; rühren, bis sie wieder glatt ist

Fleisch

Geflügel

Fisch

Siedfleisch mit Gemüse

Sud

2 l	kaltes Wasser	in Pfanne geben
2	Knochen	abspülen, beifügen
1	ungeschälte, besteckte Zwiebel	
1	Knoblauchzehe	zugeben, aufkochen 15 Min. auskochen
1 EL	Salz	würzen

Fleisch und Gemüse

600 g	Rindfleisch	in den kochenden Sud geben Auf kleiner Stufe zugedeckt leicht kochen Kochzeit 2–3 Std.
600 g	Gemüse, z. B. Rüebli, Sellerie, Wirz, Lauch, Kohlrabi/Rübkohl	vorbereiten, ganz lassen oder in grössere Stücke schneiden In den letzten 30–40 Min. mitkochen Fleisch quer zur Faser tranchieren, anrichten Mit wenig heisser Fleischbrühe übergiessen Gemüse daneben legen

Geeignete Fleischstücke:
Fettarm: Schulter, abgedeckter Rücken, Hohrücken, abgedecktes Federstück, Schenkel, Hals
Fettreich: Brust, Lempen, Hohrückendeckel, Federstück

Die Fleischbrühe evtl. entfetten, absieben, mit «Brotdünkli» oder einer anderen Bouilloneinlage (S. 64) servieren

Senffrüchte, sauersüsse Früchte, Mixed Pickles, Vinaigrette (S. 76) oder Quarksauce (S. 76) dazuservieren

Grössere Siedfleischstücke bleiben saftiger

Siedfleisch für Salat oder kalte Platte verwenden

Pot au feu

600 g	Rindfleisch, 4-cm-Würfel	in den Sud geben Kochzeit 1½–2 Std.
600 g	Gemüse	vorbereiten, in mundgerechte Stücke schneiden In den letzten 30 Min. mitkochen Mit der Fleischbrühe als Eintopf servieren

Würste

	Würste	in heisses, aber nicht siedendes Wasser legen Auf kleiner Stufe abgedeckt ziehen lassen Kochzeit:

Wienerli, Frankfurterli	10 Min.
Schweinswürstchen	15 Min.
Blut- und Leberwurst, Schüblig	20–30 Min.
Saucisson, Berner Zungenwurst	30–40 Min.

Sud

1 l	kaltes Wasser	in Pfanne geben
2	Knochen	abspülen, beifügen
1	besteckte Zwiebel Petersilienstängel	
1	kleines Stück Zitronenschale	zugeben, aufkochen 15 Min. auskochen
1 KL	Salz	würzen

Weisses Kalbs- voressen

	Sud (S. 87)	zubereiten
400–500 g	Kalbsvoressen	in den kochenden Sud geben Auf kleiner Stufe zugedeckt leicht kochen Kochzeit 40–50 Min. Fleisch herausnehmen, Sud absieben
	Sauce	
30 g	Butter	schmelzen
2 EL	Mehl	beifügen Sofort auf kleine Stufe zurückschalten, unter ständigem Rühren dünsten
4 dl	Sud	ablöschen, unter ständigem Rühren aufkochen Auf kleiner Stufe kochen Kochzeit 10–20 Min.
2 EL	Rahm	verfeinern
wenig	Zitronensaft	abschmecken
		Fleisch zugeben, erhitzen
	Petersilie	schneiden, darüber streuen

Kalbsvoressen durch 600 g Geflügelstücke ohne Haut ersetzen
Kochzeit 30–40 Min.

	Sud (S. 87)	zubereiten	**Brätkügeli an weisser Sauce**
evtl ½	Zwiebel		
evtl. wenig	Petersilie	schneiden, evtl. dünsten, in Schüssel geben	
400 g	Kalbsbrät	beifügen, mischen Brät in den ausgespülten Dressiersack einfüllen, mit dem Messer Kügeli direkt in den kochenden Sud abschneiden Auf kleiner Stufe leicht kochen Kochzeit 5–10 Min. Brätkügeli herausnehmen, Sud absieben	

Sauce

30 g	Butter	schmelzen
2 EL	Mehl	beifügen Sofort auf kleine Stufe zurückschalten, unter ständigem Rühren dünsten
4 dl	Sud	ablöschen, unter ständigem Rühren aufkochen Auf kleiner Stufe kochen Kochzeit 10–20 Min.
evtl. wenig	Zitronensaft	abschmecken
		Brätkügeli zugeben, erhitzen

Anstelle von Kalbsbrät 4 rohe Bratwürste verwenden. Kügeli direkt in den Sud geben

Sauce mit 1 frischen Eigelb und 2 EL Rahm legieren

Nach Belieben 150 g Champignons 10 Min. in der Sauce mitkochen

Brätkügeli an weisser Sauce mit Pilzen als Pastetlifüllung verwenden

Rindsplätzli im Saft Zigeunerart

1 EL	Öl oder Fett	in Pfanne geben
4	Rindsplätzli	
½ KL	Salz oder Streuwürze	
wenig	Pfeffer, Paprika, Senf	würzen
4	Specktranchen	in Streifen schneiden
150 g	Champignons	
½	Peperoni	
1	Tomate	
1	Zwiebel Petersilie, Thymian, Basilikum	vorbereiten, schneiden, lagenweise mit dem Fleisch in Pfanne geben, zudecken Auf grosser Stufe erwärmen, bis es zischt Sofort auf kleine Stufe zurückschalten, dämpfen Dämpfzeit 1–1½ Std. Plätzli nach der halben Dämpfzeit wenden

Geeignete Fleischstücke:
Stotzen, Schulter

Rindsplätzli durch Schweinsplätzli vom Hals ersetzen
Dämpfzeit 30–40 Min.

Nach Belieben mit Kohlrabi/Rübkohl, Rüebli, Stangensellerie ergänzen

Gratinierte Kutteln an Tomatensauce

1 EL	Öl oder Fett	in Pfanne geben
1	Zwiebel	
1	Knoblauchzehe	schneiden, beifügen
400 g	Kutteln	zugeben
½ KL	Salz oder Streuwürze	
wenig	Pfeffer, Paprika	
evtl. wenig	Kümmel	würzen, zudecken Auf grosser Stufe erwärmen, bis es zischt Sofort auf kleine Stufe zurückschalten, dämpfen Von Zeit zu Zeit schütteln

	½–1 dl	Wasser oder Bouillon	ablöschen
	400 g	Pelati	
	1 EL	Tomatenpüree	beifügen, mischen Dämpfzeit 30–40 Min.
	3 EL	Rahm	verfeinern Kutteln in eingefettete Gratinform geben
	4 EL	Reibkäse	darüber streuen Gratinieren Obere Ofenhälfte 250 °C 10–15 Min.

Pelati durch geschälte Tomaten ersetzen

½ EL	1–2 EL	Öl oder Fett	erhitzen	**Plätzli nature**
1	4	Plätzli	auf grosser Stufe beidseitig kurz braten Bratzeit 3–5 Min.	
wenig	½ KL	Salz oder Streuwürze		
wenig	wenig	Pfeffer, Paprika	würzen Sofort servieren	

Geeignete Fleischstücke:
Schwein: Hals, Nierstück, Eckstück, Huft, Nuss
Kalb: Stotzen, Nierstück
Truthahn: Brust
Poulet: Brüstchen

Schweinssteak

	4	Steaks à 150 g	auf mittlerer Stufe braten Bratzeit 8–10 Min.

Schweinskotelett

	4	Koteletts à 150 g	auf mittlerer Stufe braten Bratzeit 15 Min.

Panierte Plätzli

1	4	Plätzli	
wenig	wenig	Zitronensaft	beträufeln
wenig	½ KL	Salz oder Streuwürze	
wenig	wenig	Pfeffer, Paprika	würzen

Panade

½ EL	2 EL	Mehl	
wenig	1	verklopftes Ei	
1 EL	4 EL	Paniermehl	einzeln in Teller vorbereiten Plätzli nacheinander in Mehl, Ei und Paniermehl wenden, gut andrücken
1 EL	3 EL	Öl oder Fett	erhitzen Plätzli auf mittlerer Stufe beidseitig goldbraun braten Bratzeit 6–8 Min.
		Zitronenscheiben oder -schnitze Petersilie	garnieren

Geeignete Fleischstücke:
Schwein: Nierstück, Eckstück, Huft, Nuss
Kalb: Stotzen, Nierstück (Wienerschnitzel)
Truthahn: Brust
Poulet: Brüstchen

Cordon bleu

4	Schweins- oder Kalbsplätzli	vom Metzger aufschneiden lassen
wenig	Zitronensaft	beträufeln
½ KL	Salz oder Streuwürze	
wenig	Pfeffer, Paprika	würzen
2	Schinkentranchen	halbieren
4	dünne Käsescheiben	mit dem Schinken in die Plätzli legen Mit Zahnstocher zusammenstecken Panieren und braten wie panierte Plätzli

Cordon bleu unpaniert braten

2–3	8–12	dünne Kalbs-plätzli à 30 g	
wenig	½ KL	Salz oder Streuwürze	
wenig	wenig	Pfeffer	würzen
1–2	4–6	Rohschinken-tranchen	halbieren, auf die Plätzli legen
2–3 kleine	8–12 kleine	Salbeiblätter	darauf legen Mit Zahnstocher zusammenstecken
1 EL	1–2 EL	Öl oder Fett	erhitzen Saltimbocca auf grosser Stufe beidseitig kurz braten Bratzeit 2–3 Min.

Saltimbocca

Kalbsplätzli durch Schweinsplätzli ersetzen

Stecchini alla ticinese

		Anstelle von Rohschinken	
	4	Specktranchen	auf die Plätzli legen, aufrollen Mit Zahnstocher zusammenstecken Bratzeit 3–5 Min.

2–3	8–12	dünne Kalbs-plätzli à 30 g	
wenig	wenig	Zitronensaft	beträufeln
wenig	½ KL	Salz oder Streuwürze	
wenig	wenig	Pfeffer, Paprika	würzen
1 EL	2 EL	Mehl	Plätzli darin wenden
1	2	Eier	in Teller verklopfen
2 EL	4 EL	geriebener Sbrinz oder Parmesan	zugeben, mischen Plätzli darin wenden
1 EL	2 EL	Öl oder Fett	erhitzen Piccata auf mittlerer Stufe beidseitig goldbraun braten Bratzeit 3–4 Min.

Piccata

Kalbsplätzli durch Schweinsplätzli ersetzen

Rahm-schnitzel

1	4	Schweins- oder Kalbsplätzli	
wenig	wenig	Zitronensaft	beträufeln
½ EL	2 EL	Mehl	Plätzli darin wenden
½ EL	1–2 EL	Öl oder Fett	erhitzen Plätzli auf grosser Stufe beidseitig kurz braten Bratzeit 3–4 Min.
wenig	½ KL	Salz oder Streuwürze	
wenig	wenig	Pfeffer, Paprika	würzen, Plätzli warm stellen
½ dl	1½ dl	Bouillon	ablöschen, zur Hälfte einkochen
½ dl	1–1½ dl	Rahm	zugeben, aufkochen Plätzli beifügen, kurz in der Sauce erhitzen

150 g geschnittene Champignons vor dem Ablöschen im restlichen Öl dünsten

Spiessli

100 g	400 g	kleine Fleisch-stücke	an Spiessli stecken
½ EL	1–2 EL	Öl oder Fett	erhitzen Spiessli auf mittlerer Stufe auf allen Seiten kurz braten Bratzeit 5–8 Min.
wenig	½ KL	Salz oder Streuwürze	
wenig	wenig	Pfeffer, Paprika, Rosmarin	würzen

Geeignete Fleischstücke:
Rind-, Kalb-, Schweine-, Lamm-, Geflügelfleisch, Leber, Niere, Specktranchen, Cipollata

Zucchetti, Perlzwiebeln, Champignons, blanchierte Peperoni, Äpfel, Ananas, Bananen, Dörrpflaumen abwechslungsweise mit dem Fleisch an Spiessli stecken

Geschnetzelte Leber

½ EL	1–2 EL	Öl oder Fett	erhitzen
100 g	300–400 g	geschnetzelte Leber	auf grosser Stufe kurz braten, herausnehmen
½ kleine	1	Zwiebel	schneiden, zugeben Sofort auf kleine Stufe zurückschalten, unter ständigem Rühren dünsten
½ dl	1–1½ dl	Bouillon	ablöschen
wenig	wenig	Zitronensaft oder Essig	
evtl.	evtl.	Salz oder Streuwürze, Pfeffer	abschmecken Leber beifügen, kurz in der Sauce erhitzen Sofort servieren

 Salbei, Thymian oder Basilikum schneiden, mitdünsten

Nach Belieben mit Rahm verfeinern

Hackplätzli

½	2	Brotscheiben	zerkleinern, in heissem Wasser einweichen
½ kleine	1	Zwiebel	
evtl.	evtl. 1	Knoblauchzehe	
		Petersilie	fein schneiden, evtl. dünsten In Schüssel geben
100 g	400 g	gehacktes Rindfleisch	
¼	1	Ei	beifügen
wenig	½ KL	Salz oder Streuwürze	
wenig	wenig	Pfeffer, Paprika, Rosmarin, Thymian	würzen
		eingeweichtes Brot	überflüssiges Wasser sehr gut auspressen Brot fein zerdrücken, zugeben Gut kneten, bis die Masse zusammenhält Gleichmässig dicke Plätzli formen
evtl. wenig	evtl. wenig	Mehl	Plätzli darin wenden
½–1 EL	1–2 EL	Öl oder Fett	erhitzen Hackplätzli auf mittlerer Stufe beidseitig braten, bis sie innen nicht mehr roh sind Bratzeit 10–15 Min.

....

Anstelle von Brot 2 EL Paniermehl oder Getreideflocken darunter mischen

Rindfleisch durch gemischtes Hackfleisch ersetzen

Tomaten- und Käsescheiben auf die gebratenen Hackplätzli legen, zugedeckt weiterbraten, bis der Käse geschmolzen ist, mit Pfeffer, Paprika, Muskat würzen

Hamburger

4	Hackplätzli	zubereiten
4	runde Brötchen	halbieren, hellbraun rösten
4	Salatblätter	auf die Brötchen legen
1	Tomate	
1	Essiggurke Zwiebel	vorbereiten, in Scheiben oder Ringe schneiden, mit den Hackplätzli in die Brötchen geben

....

Ketchup dazuservieren

Bratwürste

	4	Bratwürste	einstechen
	1EL	Öl oder Fett	erhitzen Bratwürste auf mittlerer Stufe braten Bratzeit 10–15 Min.

 Schweinsbratwürste 15–20 Min. braten

Geröstete Zwiebelringe dazuservieren

Bratwürste mit Sauce

1		4	Bratwürste	einstechen
½ EL		1EL	Öl oder Fett	erhitzen Bratwürste auf mittlerer Stufe braten Bratzeit 10 Min. Herausnehmen
½ kleine		1–2	Zwiebeln	in feine Ringe schneiden, im restlichen Öl mittelbraun rösten
½ EL		1EL	Mehl	darüber stäuben, mittelbraun rösten
1 dl		2 dl	Wasser oder Bouillon	ablöschen Bratwürste zugeben Auf kleiner Stufe schmoren Kochzeit 15–20 Min.
evtl.		evtl.	Salz oder Streuwürze, Pfeffer	abschmecken

**Rindfleisch-
vögel**

1	4	grosse, dünne Rindsplätzli	
wenig	½ KL	Salz oder Streuwürze	
wenig	wenig	Pfeffer, Thymian	
evtl.	evtl.	Senf	würzen

....

Füllung

1	4	Specktranchen	auf die Plätzli legen
½ kleine	1	Zwiebel Petersilie	schneiden, darauf verteilen
wenig	1	Cornichon	
wenig	1	Rüebli	
wenig	1	Brotscheibe	in Stängeli schneiden, darauf legen, satt einrollen Mit Zahnstocher zusammenstecken

....

1 EL	1–2 EL	Öl oder Fett	erhitzen Fleischvögel auf mittlerer Stufe rundum braten
1 kleine	1	Bratengarnitur	beifügen, mitbraten, herausnehmen
½ EL	1 EL	Mehl	im restlichen Öl mittelbraun rösten
1½–2 dl	3–4 dl	Wasser oder Bouillon	ablöschen Fleischvögel und Bratengarnitur zugeben Auf kleiner Stufe zugedeckt schmoren Kochzeit 1–1½ Std.
evtl.	evtl.	Salz oder Streuwürze, Pfeffer, Thymian	abschmecken

....

Füllung durch 150 g Brät und 50 g Schinkenwürfeli ersetzen

Ragout	½–1 EL	1–2 EL	Öl oder Fett	erhitzen
Voressen	100 g	400 g	Ragout/Voressen	auf grosser Stufe auf allen Seiten braten
	1 kleine	1	Bratengarnitur	beifügen, mitbraten
	½ EL	1 EL	Mehl	darüber stäuben, mittelbraun rösten
	1½–2 dl	3–4 dl	Wasser oder Bouillon	ablöschen
	evtl.	evtl.	Salz oder Streuwürze, Pfeffer, Majoran, Rosmarin	würzen

würzen
Auf kleiner Stufe zugedeckt schmoren
Kochzeit:

Kalbfleisch	¾–1 Std.
Kaninchenfleisch	¾–1 Std.
Lammfleisch	¾–1 Std.
Schweinefleisch	1–1¼ Std.
Rindfleisch	1½–2 Std.

Wenn nötig Wasser nachgiessen

....

Geeignete Fleischstücke:
Kalb und Lamm: Schulter, Hals, Brust
Schwein: Schulter, Schenkel
Rind: Schulter, Hals, Lempen, Schenkel

2 Tomaten und 100 g Pilze vorbereiten, schneiden
In den letzten 15 Min. mitkochen

Geschnet-	½ EL	1–2 EL	Öl oder Fett	erhitzen
zeltes	100 g	400 g	Geschnetzeltes	auf grosser Stufe braten
	½ kleine	½–1	Zwiebel	schneiden, zugeben Sofort auf kleine Stufe zurückschalten, unter ständigem Rühren dünsten
	1 KL	1 EL	Mehl	darüber stäuben, mischen
	1–1½ dl	2–3 dl	Wasser oder Bouillon	ablöschen

evtl.	evtl.	Salz oder Streuwürze, Pfeffer,Thymian, Rosmarin	würzen
			Auf kleiner Stufe zugedeckt schmoren
			Kochzeit:
			Kalbfleisch 5– 8 Min.
			Schweinefleisch 15–20 Min.
			Rindfleisch 30–40 Min.
			Wenn nötig Wasser nachgiessen
evtl. ½–1 EL	evtl. 2–3 EL	Rahm	verfeinern

150 g geschnittene Champignons mit den Zwiebeln dünsten

Geschnetzeltes mit Curry

	1–2 EL	Curry	mit dem Mehl zugeben

				Geschnet- zeltes Rindfleisch Tessiner Art
wenig	50 g	Speckwürfeli	glasig braten, herausnehmen	
evtl.	evtl.	Öl oder Fett	beifügen, erhitzen	
100 g	400 g	geschnetzeltes Rindfleisch	auf grosser Stufe braten	
½ kleine	1	Zwiebel	schneiden, zugeben Sofort auf kleine Stufe zurückschalten, unter ständigem Rühren dünsten	
1 KL	1 EL	Mehl	darüber stäuben, mischen	
1–1½ dl	2 dl	Wasser oder Bouillon	ablöschen	
evtl.	evtl.	Salz oder Streuwürze, Pfeffer, Paprika, Oregano	würzen Speckwürfeli beifügen Auf kleiner Stufe zugedeckt schmoren Kochzeit 30–40 Min.	
1	4	Tomaten	evtl. schälen, schneiden In den letzten 15 Min. mitkochen	

Tomaten durch Pelati ersetzen

Nach Belieben mit geschnittenen Pilzen und Peperoni ergänzen

Chinesisches Rindfleisch mit Gemüse

	Marinade	
1 EL	Sojasauce	
½ EL	Essig	
wenig	Pfeffer	in Schüssel geben, gut mischen
400 g	Rindfleisch, 1-cm-Streifen	beifügen, mischen Zugedeckt ca. 30 Min. marinieren
1–2 EL	Öl	erhitzen Fleisch zugeben, auf grosser Stufe kurz braten Bratzeit 2 Min. Herausnehmen, zugedeckt warm stellen
evtl.	Öl	erhitzen
4–5	Mu-Err-Pilze	einweichen, gut abtropfen, in feine Streifen schneiden
1	Zwiebel	
1	rote Peperoni	
1 kleine	Zucchetti	
100 g	Champignons	vorbereiten, schneiden Pilze und Gemüse zugeben Sofort auf kleine Stufe zurückschalten, unter ständigem Rühren dünsten
1–2 dl	Bouillon	ablöschen
1 KL	Stärkemehl, z. B. Maizena, Epifin	
½ dl	Wasser	anrühren Einrühren, aufkochen Fleisch beifügen, kurz erhitzen
evtl.	Salz oder Streuwürze, Pfeffer	abschmecken

Geeignete Fleischstücke:
Huft, Filetspitz

Hackfleisch

½ EL	1 EL	Öl oder Fett	erhitzen
100 g	400 g	Hackfleisch	auf grosser Stufe braten
½ kleine wenig	1	Zwiebel Petersilie, Majoran, Thymian	schneiden, zugeben Sofort auf kleine Stufe zurückschalten, unter ständigem Rühren dünsten
1 KL	1 EL	Mehl	darüber stäuben, mischen

1–1½ dl	2 dl	Wasser oder Bouillon	ablöschen
evtl.	evtl.	Salz oder Streuwürze, Pfeffer, Paprika	würzen Auf kleiner Stufe zugedeckt schmoren Kochzeit 15–20 Min. Wenn nötig Wasser nachgiessen

---

Kalbshaxen
Ossibuchi

4	kleine Kalbshaxen	
½ KL	Salz oder Streuwürze	
wenig	Pfeffer, Majoran, Thymian	würzen
1 EL	Mehl	Kalbshaxen darin wenden
1–2 EL	Öl oder Fett	erhitzen Fleisch auf mittlerer Stufe beidseitig braten, herausnehmen
1	Zwiebel	
1	Knoblauchzehe	
1	Rüebli	
¼	Sellerie	
½	Lauch	
2	Tomaten	vorbereiten, schneiden, zugeben Sofort auf kleine Stufe zurückschalten, unter ständigem Rühren dünsten
1–2 EL	Tomatenpüree	beifügen, mischen
3 dl	Wasser oder Bouillon	ablöschen Fleisch zugeben Auf kleiner Stufe zugedeckt schmoren Kochzeit 1½ Std. Wenn nötig Wasser nachgiessen

....

Gremolata

	Petersilie	
1	Knoblauchzehe	fein schneiden, über die angerichteten Kalbshaxen streuen
½	Zitrone	Schale darüber raffeln

....

Kalbshaxen durch Schweinshaxen ersetzen

Anstelle von Kalbshaxen 4 Kalbsbrustschnitten/Tendrons verwenden
Kochzeit 1–1¼ Std.

Stufato

Italienischer
Schmorbraten

800 g	Rindsbraten	
1 KL	Salz oder Streuwürze	
wenig	Pfeffer, Paprika, Rosmarin, Thymian, Senf	würzen
2 EL	Öl oder Fett	erhitzen Fleisch auf mittlerer Stufe auf allen Seiten braten
2	Knochen	abspülen, beifügen, mitbraten Braten und Knochen herausnehmen
1	Zwiebel	
1	Knoblauchzehe	
½	Lauch	
2	Rüebli	
¼	Sellerie	
2	Tomaten	
evtl. ½	Peperoni	vorbereiten, schneiden, zugeben Sofort auf kleine Stufe zurückschalten, unter ständigem Rühren dünsten
1–2 EL	Tomatenpüree	beifügen, mischen
3 dl	Wasser oder Bouillon	ablöschen Fleisch zugeben Auf kleiner Stufe zugedeckt schmoren Kochzeit 1½–2 Std. Wenn nötig Wasser nachgiessen
evtl.	Salz oder Streuwürze, Paprika, Pfeffer	abschmecken Braten 5 Min. zugedeckt ruhen lassen Quer zur Faser tranchieren Schuppenartig anrichten Einen Teil des Gemüses darauf verteilen, den Rest dazuservieren

....

Geeignete Fleischstücke:
Stotzen, Hohrücken, Schulter

Hackbraten

2	Brotscheiben	zerkleinern, in heissem Wasser einweichen
1	Zwiebel	
1	Knoblauchzehe	
	Petersilie	fein schneiden, evtl. dünsten In Schüssel geben
250 g	gehacktes Rindfleisch	
250 g	gehacktes Schweinefleisch	
100 g	Kalbsbrät	
1	Ei	beifügen
½ KL	Salz oder Streuwürze	
wenig	Pfeffer, Paprika, Rosmarin, Thymian	würzen
	eingeweichtes Brot	überflüssiges Wasser sehr gut auspressen Brot fein zerdrücken, zugeben Gut kneten, bis die Masse zusammenhält Braten formen
evtl. wenig	Mehl	Braten darin wenden
2 EL	Öl oder Fett	erhitzen Hackbraten auf mittlerer Stufe rundum braten
1	Bratengarnitur	zugeben, mitbraten
1 dl	Wasser oder Bouillon	ablöschen, Fond auflösen Auf kleiner Stufe zugedeckt schmoren Kochzeit 50–60 Min. Wenn nötig Wasser nachgiessen Braten 5 Min. zugedeckt ruhen lassen Tranchieren Schuppenartig anrichten Jus absieben, in Sauciere dazuservieren

Anstelle von Brot 2 EL Paniermehl oder Getreideflocken darunter mischen

Hackbraten als Braten mit Jus im Ofen zubereiten

Hackbraten in Schweinsnetz einwickeln (Netzbraten)

Braten

Ofen auf 250 °C vorheizen

800 g	Braten	
1 KL	Salz oder Streuwürze	
wenig	Pfeffer, Rosmarin	
evtl.	Senf	würzen
		Fleisch in Brattopf oder Braisière legen
1	Bratengarnitur	zugeben
	Knochen	abspülen, beifügen
½–1 dl	Öl oder Fett	in kleiner Pfanne erhitzen, über das Fleisch giessen

Brattopf oder Braisière
in den vorgeheizten Ofen schieben
Fleisch braten
Von Zeit zu Zeit übergiessen
Bratzeit:

Kalbfleisch	50 – 70 Min.
Lammfleisch	50 – 70 Min.
Schweinefleisch	60 – 80 Min.
Rindfleisch	80 –100 Min.

Nach 30 Min. Öl abschöpfen

1½–2 dl	Wasser oder Bouillon	ablöschen, Fond auflösen

Hitze auf 180 °C reduzieren
Fleisch von Zeit zu Zeit mit Jus
übergiessen
Wenn nötig Wasser nachgiessen
Braten 5 Min. zugedeckt ruhen lassen
Quer zur Faser tranchieren
Schuppenartig anrichten
Jus absieben, in Sauciere dazuservieren

....

Geeignete Fleischstücke:
Kalb: Schulter, Brust, Nuss, Nierstück
Lamm: Schulter, Gigot
Schwein: Hals, Schulter, Eckstück, Nuss, Nierstück
Rind: Stotzen, Schulter, Hohrücken

Bei Verwendung von fettreichen Fleischstücken,
anstelle von Öl mit siedendem Wasser übergiessen

Fleischstücke als Braten mit Jus auf dem Herd
oder als Braten mit Sauce zubereiten

		Ofen auf 250 °C vorheizen
600 g	Kalbsbrust	vom Metzger aufschneiden lassen
1 KL	Salz oder Streuwürze	
wenig	Pfeffer, Thymian, Rosmarin	innen und aussen würzen

Gefüllte Kalbsbrust

Füllung

1	Brotscheibe	zerkleinern, in heissem Wasser einweichen
1	Zwiebel Petersilie	fein schneiden, evtl. dünsten In Schüssel geben
1	Schinkentranche	in Julienne schneiden, beifügen
150 g	Kalbsbrät	
1	Ei	zugeben
	eingeweichtes Brot	überflüssiges Wasser sehr gut auspressen Brot fein zerdrücken, beifügen Gut mischen

Kalbsbrust füllen, mit Küchenschnur
zunähen
Zubereiten wie Braten (S. 106)
Bratzeit 1–1¼ Std.

Gulasch

wenig	50 g	Speckwürfeli	glasig braten, herausnehmen
evtl.	evtl.	Öl oder Fett	zugeben, erhitzen
100 g	400 g	Rindfleisch, 2-cm-Würfel	auf grosser Stufe auf allen Seiten braten
100 g	400 g	Zwiebeln	
1	2	Knoblauchzehen	
evtl. ¼	evtl. 1	Peperoni	vorbereiten, schneiden, beifügen Sofort auf kleine Stufe zurückschalten, unter ständigem Rühren dünsten
evtl. 1 KL	evtl. 1–2 EL	Tomatenpüree	zugeben, mischen
1½–2 dl	2–3 dl	Wasser oder Bouillon	ablöschen
evtl.	evtl.	Salz oder Streuwürze	
¼ KL	1–2 KL	Paprika	
wenig	wenig	Pfeffer	würzen Speckwürfeli beifügen Auf kleiner Stufe zugedeckt schmoren Kochzeit 1½–2 Std.
100 g	400 g	Kartoffeln	waschen, schälen, abspülen, in gleichmässige Würfel schneiden In den letzten 30 Min. mitkochen Wenn nötig Wasser nachgiessen

Geeignete Fleischstücke:
Schulter, Stotzen, Schenkel

Szegediner Gulasch

1 EL	Öl oder Fett	erwärmen
400 g	Schweinefleich, 2-cm-Würfel	beifügen Sofort auf kleine Stufe zurückschalten, unter ständigem Rühren dünsten
2	Zwiebeln	
1	Knoblauchzehe	schneiden, zugeben
300 g	Sauerkraut	beifügen, mitdünsten
2 dl	Bouillon	ablöschen

	1–2 KL	Paprika	
	evtl.	Salz oder Streuwürze, Pfeffer	würzen
			Auf kleiner Stufe zugedeckt schmoren
			Kochzeit 1¼ Std.
			Wenn nötig Wasser nachgiessen
	3 EL	Rahm oder Sauerrahm	verfeinern

....

Geeignete Fleischstücke:
Schulter, Schenkel

Pilaw

½ EL	1 EL	Öl oder Fett	erhitzen
100 g	400 g	Lamm- oder Rindfleisch, 1½-cm-Würfel	auf grosser Stufe auf allen Seiten braten
½ kleine	1	Zwiebel	
½	1	Knoblauchzehe	schneiden, beifügen
			Sofort auf kleine Stufe zurückschalten, unter ständigem Rühren dünsten
½ EL	2 EL	Tomatenpüree	zugeben, mischen
1½ dl	2½ dl	Wasser oder Bouillon	ablöschen
evtl.	evtl.	Salz oder Streuwürze, Pfeffer, Paprika, Rosmarin	würzen

Auf kleiner Stufe zugedeckt schmoren
Kochzeit:
Lammfleisch: 40–50 Min.
Rindfleisch: 1¼–1½ Std.

50 g	200 g	Mittelkornreis, z. B. Vialone, Arborio	
1–1½ dl	4–5 dl	Bouillon	zugeben
			In den letzten 20 Min. mitkochen
			Von Zeit zu Zeit rühren
1 EL	4 EL	Reibkäse	vor dem Anrichten darunter mischen

....

Geeignete Fleischstücke:
Lamm: Schulter, Brust, Hals
Rind: Schulter, Stotzen, Schenkel

Chili con carne

150 g	rote Bohnen	
	Wasser	8–12 Std. einweichen
		Einweichwasser abgiessen
1 EL	Öl oder Fett	erhitzen
300 g	Rindfleisch, 1-cm-Würfel	auf grosser Stufe auf allen Seiten braten
1	Zwiebel	
1	Knoblauchzehe	schneiden, beifügen
		Sofort auf kleine Stufe zurückschalten, unter ständigem Rühren dünsten
1 EL	Mehl	darüber stäuben, mischen
400 g	Pelati	
1 EL	Tomatenpüree	
	eingeweichte Bohnen	zugeben, mischen
3 dl	Wasser	beifügen
1–2 KL	Chilipulver	
wenig	Cayennepfeffer	würzen
		Auf kleiner Stufe zugedeckt schmoren
		Kochzeit 1–1½ Std.
		Wenn nötig Wasser nachgiessen
½ KL	Salz oder Streuwürze	abschmecken

Geeignete Fleischstücke:
Schulter, Stotzen

Rindfleischwürfel durch Hackfleisch ersetzen
und Bohnen aus der Büchse verwenden
Kochzeit 15–20 Min.

Pelati durch geschälte Tomaten ersetzen

Irish Stew

1 EL	Öl oder Fett	erhitzen
400 g	Lammvoressen	auf grosser Stufe auf allen Seiten braten
2	Zwiebeln	
2	Knoblauchzehen	
2	Rüebli	
½	Lauch	
¼	Sellerie	
¼	Weisskabis oder Wirz	vorbereiten, schneiden, beifügen
		Sofort auf kleine Stufe zurückschalten, unter ständigem Rühren dünsten

3 dl	Wasser oder Bouillon	ablöschen
evtl.	Salz oder Streuwürze, Pfeffer, Thymian, Kümmel	würzen Auf kleiner Stufe zugedeckt schmoren Kochzeit 1–1½ Std.
300 g	Kartoffeln	waschen, schälen, abspülen, in gleichmässige Würfel schneiden In den letzten 30 Min. mitkochen

Geeignete Fleischstücke:
Schulter, Brust

Lammvoressen durch Schweinsvoressen ersetzen

Paella

600 g	Pouletstücke	
1 KL	Salz oder Streuwürze	
wenig	Pfeffer, Paprika, Thymian	würzen
1–2 EL	Öl oder Fett	erhitzen Pouletstücke auf mittlerer Stufe auf allen Seiten braten, herausnehmen
1	Zwiebel	
2	Knoblauchzehen	
1–2	Peperoni	
2	Tomaten	vorbereiten, schneiden, beifügen Sofort auf kleine Stufe zurückschalten, unter ständigem Rühren dünsten
2 dl	Hühnerbouillon	ablöschen Pouletstücke zugeben Auf kleiner Stufe zugedeckt schmoren Kochzeit 30–40 Min.
200 g	Mittelkornreis, z. B. Vialone, Arborio	
5 dl	Hühnerbouillon	
½–1 KL	Safran	beifügen In den letzten 20 Min. mitkochen Von Zeit zu Zeit rühren
200 g	Erbsen	beifügen In den letzten 5 Min. erhitzen

Paella mit Schweinefleischwürfeln, Cipollata, Speck,
Kaninchenragout, Fisch, Tintenfisch, Crevetten, Muscheln
zubereiten

Pouletsalat

1 Portion		Mayonnaise (S. 77)	zubereiten
1–2 EL		Essig	
½		Orange, Saft	
wenig		Cayennepfeffer	
1–2 EL		Curry	zugeben, mischen
1		Orange	
1		Apfel	
¼		Sellerie	vorbereiten, schneiden, sofort mit der Sauce mischen
200–300 g		geschnetzeltes Pouletfleisch	braten, beifügen
2 EL		Rosinen	zugeben
2 EL		Mandelstifte	hellbraun rösten, beifügen

 Auf Salatblätter anrichten, mit Früchten garnieren

Pouletfleisch an Kräuterrahmsauce

½ EL	1–2 EL	Öl oder Fett	erhitzen
100 g	400 g	geschnetzeltes Pouletfleisch	auf grosser Stufe kurz braten Bratzeit 3 Min.
wenig	wenig	Salz oder Streuwürze, Pfeffer	würzen
1 dl	1–1½ dl	Hühnerbouillon	ablöschen, zur Hälfte einkochen
2 EL	1 dl	Rahm	beifügen, aufkochen
wenig	wenig	Zitronensaft	abschmecken
		Schnittlauch oder Estragon	schneiden, einen Teil in die Sauce, den Rest über das angerichtete Fleisch geben

 Geschnetzeltes Pouletfleisch durch Pouletbrüstchen oder Trutenschnitzel ersetzen
Bratzeit 10–15 Min.

½ EL	1 EL	Öl oder Fett	erhitzen
1	4	Pouletbrüstchen	auf mittlerer Stufe beidseitig braten Bratzeit 10–15 Min.
wenig	wenig	Salz oder Streuwürze, Pfeffer	
wenig	½ KL	Senf	würzen, Pouletbrüstchen zugedeckt warm stellen
1 dl	1½ dl	Hühnerbouillon	ablöschen, zur Hälfte einkochen
½ EL	1–2 EL	grobkörniger Senf	zugeben, mischen
2–3 EL	1–1½ dl	Rahm	beifügen, aufkochen Pouletbrüstchen zugeben, kurz in der Sauce erhitzen

**Poulet-
brüstchen
an Senf-
rahmsauce**

Anstelle von Pouletbrüstchen geschnetzeltes Geflügelfleisch
oder Kalbsplätzli verwenden
Bratzeit 3–4 Min.

Pouletbrüstchen an Zitronensauce

	Anstelle von grobkörnigem Senf	
1–2 EL	Zitronensaft	zugeben

Nasi Goreng

1 Portion	Trockenreis (S. 204)	zubereiten
1–2 EL	Öl oder Fett	erhitzen
400 g	geschnetzeltes Pouletfleisch	auf grosser Stufe kurz braten, herausnehmen
2	Zwiebeln	
2	Knoblauchzehen	
½	Peperoni	vorbereiten, schneiden, beifügen Sofort auf kleine Stufe zurückschalten, unter ständigem Rühren dünsten
½ KL	Salz oder Streuwürze	
1–2 KL	Curry	
½–1 KL	Sambal Oelek	
1 EL	Sojasauce	würzen
100 g	Schinken	in Julienne schneiden, zugeben Fleisch und Reis beifügen, alles zusammen kurz braten, anrichten
evtl. 1–2	Omeletten (S. 218)	zubereiten Aufrollen, fein schneiden, darüber verteilen
evtl. 1 KL	Kokosflocken	
evtl. 2 EL	Erdnüsse	hellbraun rösten, darüber streuen

 Nach Belieben Kroepoek, Pommes chips, Mango-Chutney, sauersüsse Früchte, Ananasstücke oder geröstete Mandeln dazuservieren

 Bami goreng

200 g	Anstelle von Trockenreis chinesische Nudeln (S. 210)	zubereiten

Chinesisches Ananaspoulet

	Marinade	
3 EL	Stärkemehl, z. B. Maizena, Epifin	
2 EL	Öl	
3 EL	Sojasauce	
wenig	Pfeffer	in Schüssel geben, gut mischen
4	Pouletbrüstchen	in 1-cm-Streifen schneiden, beifügen, mischen Zugedeckt ca. 30 Min. marinieren
1–2 EL	Öl	erhitzen Pouletstreifen zugeben, auf grosser Stufe kurz braten
4	Ananasscheiben	in 1-cm-Stücke schneiden, beifügen Auf kleiner Stufe zugedeckt schmoren Kochzeit 10 Min. Poulet und Ananas herausnehmen, zugedeckt warm stellen
wenig	Öl	erwärmen
2	Knoblauchzehen	schneiden, zugeben Sofort auf kleine Stufe zurückschalten, unter ständigem Rühren dünsten
1 dl	Ananassaft	
½ dl	Wasser	ablöschen
1–2 EL	Sojasauce	beifügen
1 KL	Stärkemehl, z. B. Maizena, Epifin	
1 EL	kaltes Wasser	anrühren Einrühren, aufkochen Poulet und Ananas zugeben, kurz erhitzen
evtl.	Salz oder Streuwürze, Pfeffer	abschmecken

Chicken Curry

600 g	Pouletstücke	
1 KL	Salz oder Streuwürze	
1 KL	Curry	würzen
1–2 EL	Öl oder Fett	erhitzen Pouletstücke auf mittlerer Stufe auf allen Seiten braten, herausnehmen
1	Zwiebel	schneiden, beifügen
1	Apfel	fein dazuraffeln
1–2 EL	Curry	
wenig	Cayennepfeffer	zugeben Sofort auf kleine Stufe zurückschalten, unter ständigem Rühren dünsten
3–4 dl	Hühnerbouillon	ablöschen, aufkochen Pouletstücke beifügen Auf kleiner Stufe zugedeckt schmoren Kochzeit 30–40 Min.
2 EL	Rahm	verfeinern

 Nach Belieben gebratene Apfelscheiben und
gebratene Ananas- oder Bananenstücke dazuservieren

		Ofen auf 220 °C vorheizen	**Gebratenes Poulet**
1	Poulet	ausspülen, trocknen	
1 KL	Salz oder Streuwürze		
wenig	Pfeffer, Paprika	innen und aussen würzen	
1 kleiner	Zweig Rosmarin		
20 g	Butter	ins Poulet geben Flügel und Schenkel an den Körper binden Poulet in Brattopf oder Braisière legen	
1	Bratengarnitur	beifügen	
3 EL	Öl oder Fett	in kleiner Pfanne erhitzen, über das Poulet giessen Brattopf oder Braisière in den vorgeheizten Ofen schieben Poulet braten Von Zeit zu Zeit übergiessen Bratzeit 40–50 Min. Poulet tranchieren	

Tranchieren

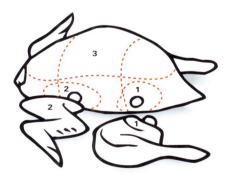

1. Schenkel etwas nach aussen ziehen,
   die Haut durchschneiden,
   die Schenkel am Gelenk ausbrechen,
   durchschneiden

2. Flügel mit etwas Brustfleisch abschneiden

3. Brust mit der Schere vom Rücken trennen

4. Rücken und Brust quer in 2–3 Stücke teilen

Poulet auf Gemüsebett im Römertopf

Römertopf 15–20 Min. in Wasser legen

3	Rüebli	
½–1	Lauch	
1–2	Zwiebeln	
1–2	Kohlrabi/Rübkohl	vorbereiten, grob schneiden, in Römertopf geben
wenig	Salz oder Streuwürze	würzen
1	Poulet	ausspülen, trocknen
1 KL	Salz oder Streuwürze	
wenig	Pfeffer, Paprika	innen und aussen würzen
2	Knoblauchzehen	schneiden
1	Rosmarinzweig	mit dem Knoblauch ins Poulet geben Evtl. Flügel und Schenkel an den Körper binden Poulet auf Gemüse legen
1	Rosmarinzweig	
2	Thymianzweige	beifügen Zugedeckt in den kalten Ofen schieben Untere Ofenhälfte 220 °C 70–90 Min. In den letzten 10–15 Min. Deckel wegnehmen und abgedeckt fertig braten Poulet tranchieren (S. 117)

Poulet durch 600 g Pouletstücke ersetzen
Kochzeit 50–60 Min.

2 l	kaltes Wasser	in Pfanne geben	**Fischsud**

1	besteckte Zwiebel	
wenig	Petersilienstängel, Dill	beifügen, aufkochen 15 Min. auskochen
1 EL	Salz	
½	Zitrone, Saft	würzen

Forellen blau

Fangfrische Forellen nur mit nassen Händen anfassen, damit der anhaftende Schleim unversehrt bleibt. Er bewirkt, dass der Fisch beim Pochieren blau wird

....

4	Forellen à 200 g	sorgfältig in den Sud legen, sie sollen davon bedeckt sein Auf kleiner Stufe abgedeckt 8–10 Min. pochieren Fischfleisch ist milchig weiss Rückenflosse lässt sich leicht lösen
	Zitrone Petersilie	garnieren

....

Nach Belieben geschmolzene Butter oder Sauce hollandaise (S. 82) dazuservieren

Gedämpfte Fischfilets

400 g	Fischfilets	
wenig	Zitronensaft	beträufeln
wenig	Salz oder Streuwürze, Pfeffer	würzen
1	Zwiebel Petersilie	schneiden, in Gratinform geben, Fischfilets darauf legen
½ dl	Bouillon	beifügen
	Butterflöckli	darüber verteilen, zudecken Dämpfen Untere Ofenhälfte 180 °C 15 – 25 Min.
3 EL	Rahm	zugeben Fischfilets in den letzten 5 Min. abgedeckt dämpfen
	Petersilie, Dill	schneiden, darüber streuen

 Hellbraun geröstete Mandelscheibchen darüber streuen

Gedämpfte Fischfilets in der Pfanne auf dem Herd zubereiten

Fischfilets mit Curry

1–2 KL	Curry	Fischfilets würzen

Fischfilets auf Lauchbett

	Anstelle von Zwiebeln und Kräutern	
1	Lauch	rüsten, längs halbieren, in Julienne schneiden

Fischfilets mit Champignonsauce

½ Portion	Champignonsauce (S. 80)	zubereiten Über die gedämpften Fischfilets verteilen

400 g	dünne Fischfilets	breite Filets längs halbieren	
wenig	Zitronensaft	beträufeln	
wenig	Salz oder Streuwürze, Pfeffer	würzen	

Füllung

1	Ei	
1–2 EL	Milch	
wenig	Salz, Pfeffer	gut mischen
1	Brotscheibe	zerkleinern, zugeben, einweichen Fein zerdrücken
1	Zwiebel Petersilie, Dill, Estragon	fein schneiden, evtl. dünsten, beifügen
1 EL	Reibkäse	zugeben, mischen

Füllung auf die Fischfilets geben, aufrollen, in Gratinform stellen

1 dl	Bouillon	beifügen
	Butterflöckli	darüber verteilen, zudecken Dämpfen Untere Ofenhälfte 180 °C 20–30 Min.
3 EL	Rahm	
2 EL	Reibkäse	darüber verteilen Gratinieren Obere Ofenhälfte 250 °C 5–10 Min.

Gefüllte Fisch- röllchen

Geeignete Fischfilets:
Egli, Felchen, Flunder, Sole (Seezunge)

---

400 g	Fischfilets	zubereiten wie panierte Plätzli (S. 92) Bratzeit 4–6 Min.	

Panierte Fischfilets

Fischfilets wie Piccata (S. 93) zubereiten

Gebratene Fische	4	Fische à 200 g
	wenig	Zitronensaft	beträufeln

Gebratene Fische	4	Fische à 200 g	
	wenig	Zitronensaft	beträufeln
	wenig	Salz oder Streuwürze, Pfeffer	würzen
	2 EL	Mehl	Fische darin wenden
	2–3 EL	Bratbutter	erhitzen Fische auf mittlerer Stufe beidseitig braten Bratzeit 8–12 Min. Rückenflosse lässt sich leicht lösen
		Zitronenscheiben oder -schnitze	garnieren

Ganze Fische durch Fischfilets oder Fischtranchen ersetzen
Bratzeit 3–6 Min.

Fischfilets Müllerinnen-Art

400 g	Fischfilets	zubereiten wie gebratene Fische
½	Zitrone, Saft	darüber träufeln
	Petersilie	schneiden, darüber streuen
30 g	Butter	schwach erhitzen, darüber giessen

Fischfilets Grenobler Art

400 g	Fischfilets	zubereiten wie gebratene Fische
wenig	Butter	schwach erhitzen
	Petersilie, Schnittlauch	schneiden, zugeben
1	Zitrone	schälen, in kleine Würfel schneiden, beifügen
1–2 KL	Kapern	zugeben Auf kleiner Stufe 2–3 Min. dünsten Über die gebratenen Fischfilets verteilen

Eier

Gekochte Eier

Frische Eier verwenden
Dem Wasser wenig Essig beifügen
Eier sorgfältig ins siedende Wasser geben
Eier müssen vom Wasser bedeckt sein
Ohne Deckel bei mittlerer Stufe kochen
Kochzeit ab Siedepunkt berechnen

Weiche Eier	**Wachsweiche Eier**	**Harte Eier**
Kochzeit 3 Min.	Kochzeit 6 Min.	Kochzeit 8–10 Min.

Hart gekochte Eier
nach dem Kochen
sofort mit kaltem
Wasser abschrecken

Gekochte Eier an Sauce

4–8	frische Eier	wachsweich oder hart kochen, schälen, halbieren, in flache Platte legen
1 Portion	Curry-, Kräuter-, Kapernsauce (S. 80) oder Sauce napoletana (S. 81)	zubereiten, über die Eier giessen

Eiersalat

4–8	frische Eier	hart kochen, schälen, in Scheiben schneiden
1 Portion	Vinaigrette (S. 76) oder Essig-Öl-Salatsauce (S. 156, 157)	zubereiten, darüber giessen

4	frische Eier	hart kochen, schälen, längs oder quer halbieren, Eigelb herauslösen, durch ein feines Sieb streichen oder mit einer Gabel fein zerdrücken
20 g	weiche Butter	
wenig	Salz oder Streuwürze, Pfeffer, Zitronensaft	zugeben, mischen Masse mit Dressiersack oder Kaffeelöffel in die Eihälften füllen

Gefüllte Eier

Butter durch 2 EL Mayonnaise oder Rahmquark ersetzen

2–4 Sardellenfilets oder wenig Schinken oder Kräuter sehr fein hacken, unter die Masse mischen

Masse mit wenig Tomatenpüree, Ketchup oder Paprika abschmecken und färben

Pochierte Eier	2 l Wasser 1–1½ dl Essig	in weiter Pfanne aufkochen
Verlorene Eier	4–8 frische Eier	einzeln in Tasse aufschlagen und sorgfältig ins leicht siedende Essigwasser gleiten lassen Eiweiss sorgfältig um das Eigelb legen 3–4 Min. pochieren Mit Drahtkelle herausnehmen

Pochierte Eier auf Toast

4–8	Brotscheiben	hellbraun rösten
4–8	frische Eier	pochieren Auf die Brotscheiben legen
1 Portion	Sauce napoletana (S. 81) oder Kräutersauce (S. 80)	zubereiten Eier mit wenig Sauce überziehen, restliche Sauce dazuservieren

Pochierte Eier Florentiner Art

½–1 Portion	Blattspinat (S. 171)	zubereiten In eingefettete Gratinform oder Portionenförmchen geben
4–8	frische Eier	pochieren Auf den Spinat legen
½–1 Portion	Käsesauce (S. 80)	zubereiten, darüber verteilen Gratinieren Obere Ofenhälfte 250 °C 5–10 Min.

wenig	Butter	4 Souffléförmchen einfetten
4 EL	Rahm	in die Förmchen verteilen
4	frische Eier	sorgfältig in die Förmchen aufschlagen
wenig	Salz oder Streuwürze, Pfeffer, Muskat, Paprika	würzen Förmchen in Pfanne stellen, heisses Wasser bis zur halben Förmchenhöhe dazugiessen 8–10 Min. pochieren Eiweiss muss fest sein, Eigelb noch weich Sofort servieren

Eier im Töpfchen

Fein geschnittene Fleisch- oder Gemüsereste,
gedämpfte Pilze, Zwiebeln, Kräuter oder Spinat vor den Eiern
in die Förmchen geben

Eier im Töpfchen im Wasserbad im Backofen pochieren
Untere Ofenhälfte
200 °C

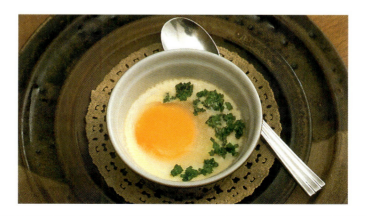

Rührei	2	8	frische Eier	
	2 EL	8 EL	Milch	
	2 Prisen	½ KL	Salz oder Streuwürze	
	wenig	wenig	Pfeffer, Muskat	gut mischen
	wenig	20 g	Butter	in Bratpfanne schmelzen Eimasse zugeben, mit der Bratschaufel hin und her schieben, bis die Eimasse flockig, aber noch leicht feucht ist

Rührei mit Kräutern

	viel	Kräuter, z. B. Petersilie, Dill, Schnittlauch	schneiden Unter die Eimasse mischen

Rührei mit Käse

	2 EL	Reibkäse	unter die Eimasse mischen

Rührei mit Schinken

	100 g	Schinken oder Speck	schneiden, glasig braten, Eimasse zugeben

Französische Omelette
Eieromelette

	1 Ome-lette	2–4 Ome-letten		
	2	8	frische Eier	
	2 EL	8 EL	Milch	
	wenig	½ KL	Salz oder Streuwürze	
	wenig	wenig	Pfeffer, Muskat	gut mischen
	wenig	wenig	Butter	in Bratpfanne schmelzen Eimasse zugeben, mit der Bratschaufel gelegentlich hin und her schieben, bis die Eimasse leicht flockig ist Ohne zu rühren goldgelb backen, die Oberfläche muss feucht bleiben Omelette überschlagen Sofort servieren

Französische Omelette mit Schinken und Kräutern

	50 g	Schinken Kräuter, z. B. Petersilie, Dill, Schnittlauch	schneiden Unter die Eimasse mischen

Gefüllte französische Omelette

½ Portion	gedämpfte Pilze (S.172) oder Blattspinat (S.171) oder Tomatengemüse (S.170)	zubereiten Füllung auf die gebackenen Omeletten verteilen, Omeletten überschlagen

Omelette nach Bauernart

evtl. 50 g	Speck oder Schinken	fein schneiden, glasig braten, herausnehmen
wenig	Öl oder Fett	erhitzen
4	Schalenkartoffeln (S.188)	zubereiten, schälen, in Würfeli schneiden, braten
1	Zwiebel	
1–2	Knoblauchzehen	
200 g	Saisongemüse	fein schneiden, zugeben Sofort auf kleine Stufe zurückschalten, unter ständigem Rühren dünsten Speck oder Schinken beifügen
wenig	Salz oder Streuwürze	würzen
6–8	frische Eier	
6–8 EL	Milch	
½ KL	Salz oder Streuwürze	
wenig	Pfeffer, Muskat, Paprika	
evtl. 50 g	Reibkäse	gut mischen, über das Gemüse giessen Fertigbacken wie französische Omelette (S.130)

 Omelette je nach Dicke überschlagen

Gemüsereste verwenden

Tortilla

	Omelette nach Bauernart	zubereiten Mit Hilfe eines Tellers stürzen
1 EL	Öl oder Fett	erhitzen Omelette wieder zugeben, zweite Seite backen

Ostereier färben

Chemische Farben sind heute in verschiedenen Variationen und allen Farbtönen erhältlich, Gebrauchsanweisung beachten

Besonders schöne Farbtöne erhalten wir durch Naturfarben

Rottöne	**Blautöne**	**Gelbtöne**	**Brauntöne**	**Grüntöne**
Rotholz	Blauholz	Gelbholz	Zwiebelschalen	Spinat
Sandelholz		Safran	Kaffeesatz	Brennnessel-blätter
Zwiebelschalen mit Essig			Schwarztee	
Krappwurzel			Nussschalen	

 Die natürlichen Farbstoffe mit kaltem Wasser aufsetzen und so lange kochen, bis ein kräftiger Sud entsteht; bei Hölzern 2–3 EL pro 1 Liter Wasser verwenden

Farbbäder mit Holz, Blättern usw. werden mit Vorteil abgesiebt

Die rohen Eier werden direkt im Farbbad gekocht
Ausgeblasene Eier legt man so lange in das kalte Farbbad, bis sie den gewünschten Farbton angenommen haben

Abdecken

Blätter, Blüten oder
Scherenschnitte mit
Eiweiss oder Wasser
anfeuchten und auf
die Eier kleben

Mit Strumpfgewebe
befestigen, in beliebi-
gem Farbbad färben

Eier in Seidenreste
einwickeln, abbin-
den, in siedendem
Wasser hart kochen

Ostereier verzieren

Ätzen

Die Eier werden
mit Vorteil dunkel
eingefärbt

Feder, Holzstäbchen
oder feinen Pinsel
in Zitronensäure oder
Essig eintauchen
und Ornamente auf
das Ei zeichnen

Säurereste sofort mit
weichem Lappen
oder Haushaltpapier
abtupfen

Bemalen

Gefärbte oder
Natureier
mit Wasser- oder
Plakatfarben
bemalen

Farbe und Glanz werden intensiver, wenn die Eier nach
dem Färben mit Öl oder Speckschwarte eingerieben werden

Käse

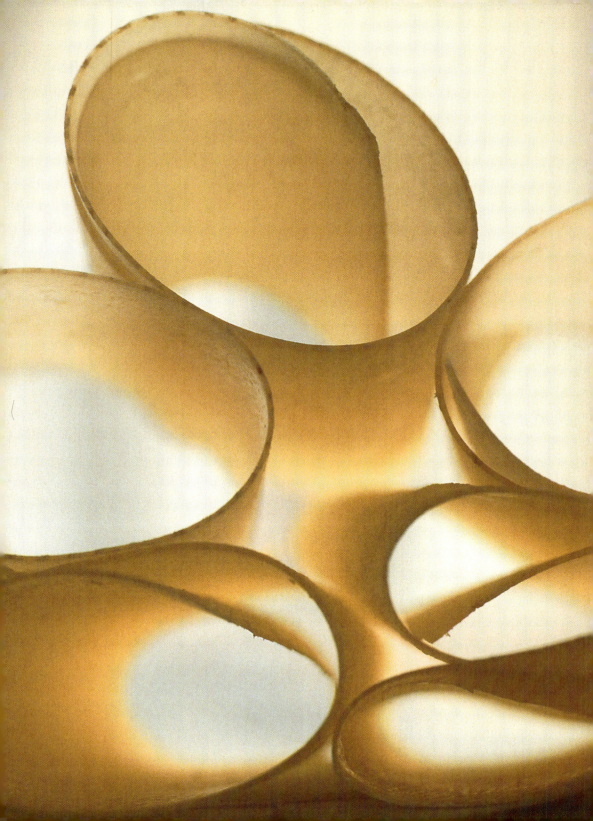

Käseplatte

	Käsemenge pro Person 100–150 g
	Eine richtig zusammengestellte Käseplatte besteht aus Hart-, Halbhart-, Weich- und Frischkäse
	Käse in ganzen Stücken anrichten Bei grosser Personenzahl ist es vorteilhaft, Käse in Portionenstücke zu schneiden
Garnituren:	Birnen, Trauben, Melonen, Kirschen, Feigen, Datteln Nüsse Essigzwiebeln, Essiggurken Radiesli, Tomaten, Petersilie
Beilagen:	Schalenkartoffeln Verschiedene Brotsorten Kümmel- oder Salzbretzeli Butter Senf, Pfeffer, Kümmel

Käsesalat

	1 Portion	Essig-Öl-Salatsauce (S.156,157) oder Vinaigrette (S.76)	zubereiten
	250 g	Käse, z. B. Greyerzer, Appenzeller	grob raffeln oder fein schneiden, mischen
	evtl.	Zwiebel, Kräuter	schneiden, zugeben

Mit Tomaten oder Petersilie garnieren

Käse-Fleisch-Salat

	100 g	Siedfleisch oder Wurst	
	1–2	Essiggurken	schneiden, zugeben

Käse-schnitten

2–3	8–12	Brotscheiben, 1 cm dick	
1 EL	4–6 EL	Milch	beträufeln
50 g	200 g	Reibkäse	
½	2	frische Eier	
1 EL	4 EL	Milch	
wenig	wenig	Salz oder Streuwürze, Pfeffer, Muskat, Paprika	mischen Brotscheiben auf einer Seite bestreichen
1 EL	2 EL	Öl oder Fett	in Bratpfanne erhitzen Brotscheiben mit der bestrichenen Seite nach unten in Pfanne geben, beidseitig goldgelb backen oder Backen Obere Ofenhälfte 250 °C 5–10 Min. Sofort servieren

Brot- oder Käsereste verwenden

Toast Pomodoro

2	8	Scheiben Toastbrot, 1 cm dick	
2	8	Specktranchen	
60 g	250 g	Käse z. B. Greyerzer, Raclettekäse	in Scheiben schneiden, auflegen
1	2	Tomaten	in Scheiben schneiden, darauf legen
wenig	wenig	Salz oder Streuwürze, Oregano, Basilikum	würzen
evtl.	evtl.	Sardellenfilets	darauf legen Backen Obere Ofenhälfte 220 °C 10–15 Min. Sofort servieren

Toast Hawaii

2	8	Scheiben Toastbrot, 1 cm dick	
wenig	wenig	weiche Butter	bestreichen
1	4	Schinkentranchen	halbieren, auflegen
2	8	Ananasscheiben	
60 g	250 g	Käse z. B. Greyerzer, Raclettekäse	in Scheiben schneiden, darauf legen Backen Obere Ofenhälfte 220 °C 10–15 Min.
2	8	Herzkirschen	darauf legen Sofort servieren

				Toast
2	8	Scheiben Toastbrot, 1 cm dick		**Williams**
wenig	wenig	weiche Butter	bestreichen	
60 g	250 g	Appenzellerkäse	in Scheiben schneiden, auflegen	
2	8	Kompottbirnen		
2	8	Specktranchen	darauf legen Backen Obere Ofenhälfte 220 °C 10–15 Min. Sofort servieren	

			Ramequin
250 g	Brot	in 1 cm dicke Scheiben schneiden	
30 g	weiche Butter	bestreichen	
200 g	Käse, z. B. Greyerzer, Raclettekäse	in Scheiben schneiden Abwechslungsweise ziegelartig in eingefettete Gratinform schichten	
4–5 dl	Milch		
4	frische Eier		
wenig	Salz oder Streuwürze, Pfeffer, Paprika, Muskat	gut mischen, darüber giessen Backen Untere Ofenhälfte 200 °C 25–35 Min.	

Ramequin mit Schinken und Tomaten

4–5	Schinkentranchen	vierteln
2–3	Tomaten	in Scheiben schneiden Abwechslungsweise mit Brot und Käse einschichten

Käsesoufflé	10 g	30 g	Butter	schmelzen
Käseauflauf	1 EL	4 EL	Mehl	beifügen Sofort auf kleine Stufe zurückschalten, unter ständigem Rühren dünsten
	1 dl	4 dl	Milch	ablöschen, unter ständigem Rühren aufkochen Auf kleiner Stufe kochen Kochzeit 2 Min.
	wenig wenig	½ KL wenig	Salz Muskat, Paprika, Pfeffer	 würzen Leicht auskühlen lassen
	1 40 g	4 150 g	frische Eigelb Reibkäse	 zugeben, mischen
	1	4	Eiweiss	zu Schnee schlagen, sorgfältig darunter ziehen In eingefettete Auflaufform oder Portionenförmchen geben Backen Untere Ofenhälfte 180 °C

Grosse Menge		40–50 Min.
Kleine Menge		20–25 Min.
Sofort servieren		

 Dem ungeschlagenen Eiweiss eine Messerspitze
Backpulver beifügen

Soufflémasse für gefüllte Gemüse verwenden

1 l	Milch	auf 85 °C erhitzen (pasteurisieren), gelegentlich umrühren, auf 45 °C abkühlen	**Jogurt**
2 EL	Jogurt nature	unter Rühren zugeben, in vorgewärmte Gläser, Tassen oder Krug einfüllen Während 4–6 Std. bei konstanter Wärme (40 °C) z. B. im Wasserbad, mit Kaffeewärmer bedeckt oder in Wolldecke verpackt ruhig stellen Anschliessend kühl stellen	

 Bei Verwendung von pasteurisierter Milch muss die Milch
nur noch auf 45 °C erhitzt werden

Zur Weiterimpfung kann jeweils etwas Jogurt zurück-
behalten werden. Von Zeit zu Zeit muss frisches Jogurt
verwendet werden, um Fehlgärungen zu vermeiden

Schokoladejogurt

3–4 EL	Schokoladepulver	zur warmen Milch geben

Mokkajogurt

2–3 EL	Sofortkaffee	zur warmen Milch geben

Fruchtjogurt

200 g	Früchte	rüsten, zerkleinern oder pürieren Unter das fertige Jogurt mischen

Hülsenfrüchte

Hülsen-
früchte
zubereiten

Hülsenfrüchte erlesen, waschen

Hülsenfrüchte in kaltem Wasser einweichen

Einweichwasser abgiessen, Hülsenfrüchte sind dadurch besser verdaulich

Hülsenfruchtart	Einweichen in kaltem Wasser	Kochen
Bohnen rot, schwarz, weiss	8–12 Std.	60–90 Min.
Borlottibohnen, Soissonbohnen	8–12 Std.	60–90 Min.
Erbsen gelb, grün, ungeschält	8–12 Std.	60 Min.
Kichererbsen	8–12 Std.	60 Min.
Linsen braun, grün	–	30–45 Min.
Sojabohnen	8–12 Std.	120 Min.

Erbsensuppe

150 g	gelbe Erbsen Wasser	8–12 Std. einweichen Einweichwasser abgiessen
1 l	Wasser	
1	besteckte Zwiebel eingeweichte Erbsen	in Pfanne geben
1	Knochen	abspülen, beifügen, aufkochen Auf kleiner Stufe zugedeckt kochen Kochzeit 1 Std.
½	Zwiebel	
1	Rüebli	
½	Lauch	
¼	Sellerie	vorbereiten, schneiden In den letzten 30 Min. mitkochen
2 KL	Salz oder Streuwürze	
wenig	Pfeffer, Majoran, Thymian, Basilikum, Rosmarin	würzen
2 EL	Rahm	verfeinern

 Anstelle von gelben Erbsen Linsen verwenden
Kochzeit 30–45 Min.

Nach Belieben gesalzenes, geräuchertes Fleisch mitkochen

Croûtons dazuservieren

200 g	Kichererbsen	
	Wasser	8–12 Std. einweichen
		Einweichwasser abgiessen
6 dl	Wasser	
1	besteckte Zwiebel	
	eingeweichte Kichererbsen	in Pfanne geben, aufkochen
		Auf kleiner Stufe zugedeckt kochen
		Kochzeit 1 Std.
		Kichererbsen gut abtropfen
2 Portionen	französische Salatsauce (S. 156, 158)	zubereiten
		Warme Kichererbsen beifügen, mischen

Kicher- erbsensalat

. . . .

Nach Belieben mit Peperoni, Tomaten, Zucchetti bereichern

Anstelle von französischer Salatsauce Essig-Öl-Salatsauce (S. 156, 157) oder italienische Salatsauce (S. 156, 158) verwenden

Roter Bohnensalat

	Anstelle von Kichererbsen	
200 g	rote Bohnen	verwenden
		Kochzeit 1–1½ Std.

. . . .

Nach Belieben mit Äpfeln und Nüssen bereichern

Rote Bohnen ganz oder teilweise durch andere Bohnen ersetzen

Linsensalat

	Anstelle von Kichererbsen	
200 g	Linsen	verwenden
		Kochzeit 30–45 Min.

Chili con verdura

200 g	schwarze Bohnen	
	Wasser	8–12 Std. einweichen
		Einweichwasser abgiessen
6 dl	Wasser	
	eingeweichte	
	Bohnen	in Pfanne geben, aufkochen
		Auf kleiner Stufe zugedeckt kochen
		Kochzeit 1–1½ Std.
1 EL	Öl oder Butter	in Pfanne geben
1	Zwiebel	
2	Knoblauchzehen	schneiden, beifügen
600 g	Saisongemüse, z. B.	
	Rüebli, Stangen-	
	sellerie, Lauch,	
	Kohlrabi/Rübkohl,	
	Aubergine,	
	Peperoni	vorbereiten, schneiden, zugeben
2	Tomaten	evtl. schälen, schneiden, beifügen
1–2 KL	Chilipulver	
½ KL	Salz oder	
	Streuwürze	
wenig	Pfeffer	würzen, zudecken
		Auf grosser Stufe erwärmen,
		bis es zischt
		Auf kleiner Stufe dämpfen
		Von Zeit zu Zeit schütteln
evtl. 1 EL	Tomatenpüree	zugeben
wenig	Wasser oder	
	Bouillon	ablöschen
		Dämpfzeit 20–30 Min.
		Gekochte Bohnen beifügen,
		in den letzten 10 Min. mitkochen
	Petersilie, Majoran	schneiden, darüber streuen

Anstelle von schwarzen Bohnen andere Bohnen verwenden
Kochzeit (S. 148)

Tomaten durch Pelati ersetzen

Knoblauchbrot (S. 224) dazuservieren

200 g	Sojabohnen Wasser	8–12 Std. einweichen Einweichwasser abgiessen
6 dl	Wasser eingeweichte Sojabohnen	in Pfanne geben, aufkochen Auf kleiner Stufe zugedeckt kochen Kochzeit 2 Std. Bohnen gut abtropfen In eingefettete Gratinform geben
wenig	Salz oder Streuwürze, Pfeffer	würzen
1 Portion	Tomatengemüse (S. 170)	auf die Bohnen geben
4 EL	Reibkäse Butterflöckli	darüber verteilen
50 g	Specktranchen	schneiden, darüber streuen Gratinieren Obere Ofenhälfte 250 °C 15–20 Min.

Gratinierte Sojabohnen

Anstelle von Sojabohnen andere Hülsenfrüchte verwenden Kochzeit (S. 148)

Tomatengemüse durch Sauce napoletana (S. 81) ersetzen

Linsen
mit Speck

100 g	Speckwürfeli	glasig braten
200 g	Linsen	zugeben
1	Zwiebel	
2	Rüebli	
¼	Sellerie	
½	Lauch	
1	Kartoffel	vorbereiten, schneiden, beifügen Sofort auf kleine Stufe zurückschalten, unter ständigem Rühren dünsten
6 dl	Wasser	ablöschen Kochzeit 30–45 Min.
wenig	Salz oder Streuwürze, Pfeffer	würzen

 Anstelle von Linsen andere Hülsenfrüchte verwenden
Kochzeit (S. 148)

Nach Belieben mit weiteren Saisongemüsen ergänzen

Salate

Salatsaucen

Würzstoffe durch gutes Rühren in Essig oder Zitronensaft auflösen

Öl zugeben, kräftig rühren

Salatsaucen, die im voraus zubereitet werden, vor Gebrauch gut aufrühren

Salatsaucen können in grösseren Mengen zubereitet und in Flaschen abgefüllt werden. Vor Gebrauch gut schütteln Kräuter und Zwiebeln frisch zugeben

Salatsaucenmenge pro Person:
Blattsalate, Fruchtgemüse   ca. 1½ EL
Geraffelte Salate, gekochte Salate ca. 2½ EL

Essig-Öl-Salatsauce	Salz oder Streuwürze Senf	Essig oder Zitronensaft	Öl
Jogurt-Salatsauce	Salz oder Streuwürze evtl. Zucker	Zitronensaft oder Orangensaft	Jogurt nature oder Quark und Milch
Rahm-Salatsauce	Salz oder Streuwürze evtl. Zucker	Zitronensaft oder Orangensaft	Rahm, Sauerrahm oder Kaffeerahm
Italienische Salatsauce	Salz oder Streuwürze Pfeffer Knoblauch	Rotweinessig oder Aceto Balsamico	Olivenöl
Französische Salatsauce	Salz oder Streuwürze Pfeffer Dijon-Senf Knoblauch Zwiebeln	Weissweinessig	Öl evtl. Mayonnaise oder Rahm

Je nach Salat und persönlichem Geschmack:

Flüssigwürze
Kräuter
Gewürze
Zwiebeln
Knoblauch
Tabasco
Ketchup

Frisches Eigelb
roh oder gekocht
Mayonnaise

wenig	wenig	Salz oder Streuwürze, Pfeffer		**Essig-Öl-Salatsauce**
wenig	1 KL	Senf		
½ EL	2 EL	Essig	rühren, bis sich die Gewürze gelöst haben	
1 EL	3–4 EL	Öl	zugeben, sämig rühren	
evtl.	evtl. ½	Zwiebel		
evtl.	evtl. 1	Knoblauchzehe		
evtl.	evtl.	Kräuter, z. B. Petersilie, Schnittlauch	schneiden, beifügen Evtl. einen Teil der Kräuter auf den angerichteten Salat streuen	

Anstelle von 2 EL Essig 1 EL Zitronensaft verwenden

wenig	wenig	Salz oder Streuwürze		**Jogurt-Salatsauce**
evtl. 1 Prise	evtl. 1 Prise	Zucker		
½ EL	2 EL	Zitronensaft	rühren, bis sich die Gewürze gelöst haben	
1½ EL	6 EL	Jogurt nature	zugeben, gut verrühren	

Anstelle von 6 EL Jogurt 4 EL Quark und 2 EL Milch verwenden

wenig	wenig	Salz oder Streuwürze		**Rahm-Salatsauce**
evtl. 1 Prise	evtl. 1 Prise	Zucker		
½ EL	2 EL	Zitronensaft	rühren, bis sich die Gewürze gelöst haben	
1½ EL	6 EL	Rahm	zugeben, gut verrühren	

Rahm leicht schlagen

Anstelle von Rahm Sauerrahm oder Kaffeerahm verwenden

Italienische Salatsauce

wenig	Salz oder Streuwürze, Pfeffer	
2–3 EL	Rotweinessig oder Aceto Balsamico	rühren, bis sich die Gewürze gelöst haben
4–5 EL	Olivenöl	zugeben, sämig rühren
evtl. 1–2	Knoblauchzehen	schneiden, beifügen

 Wenig abgeriebene Zitronenschale, geschnittene Zwiebel und Kräuter zugeben

Französische Salatsauce

wenig	Salz oder Streuwürze, Pfeffer	
1 KL	Dijon-Senf	
2 EL	Weissweinessig	rühren, bis sich die Gewürze gelöst haben
3 EL	Öl	zugeben, sämig rühren
1	Knoblauchzehe	
½	Zwiebel	schneiden, beifügen

 Anstelle von Öl teilweise Mayonnaise oder Rahm verwenden

Die Regeln der Rohkostzubereitung müssen hier besonders beachtet werden

Blattsalate

Menge pro Person:

Kopfsalat	50–80 g (ca. ¼ Kopfsalat)
Brüsseler/Chicorée, Chinakohl, Cicorino, Eisbergsalat/Krachsalat, Endiviensalat/Frisée, Kabissalat, Lattughino/Lollo/Eichblattsalat, Zuckerhut	50–80 g
Kresse, Nüsslisalat, Schnittsalat, Spinat	30 g

Brüsseler-/Chicoréesalat
Chinakohlsalat
Cicorinosalat
Eisbergsalat/Krachsalat
Endiviensalat/Friséesalat
Kabissalat
Kopfsalat
Kressesalat
Lattughino/Lollo/Eichblattsalat
Nüsslisalat
Schnittsalat
Spinatsalat
Zuckerhutsalat   rüsten
Gründlich unter fliessendem Wasser
waschen, gut abtropfen
Evtl. schneiden
Kurz vor dem Essen mit der Salatsauce
mischen

Kressesalat kurz im Wasser schwenken
Nie mit der Salatsauce mischen
Salatsauce oder Zitronensaft darüber verteilen

Kabis fein schneiden oder hobeln
Mit der Salatsauce mischen und mindestens 1 Std. ziehen lassen

Geeignete Salatsaucen: Essig-Öl-Salatsauce (S. 156, 157),
italienische Salatsauce (S. 156, 158),
französische Salatsauce (S. 156, 158)

Salate aus Wurzelgemüse

Salate aus Knollengemüse

Menge pro Person:

Rohe Salate   100–150 g

Gekochte Salate   150–200 g

Kohlrabi-/Rübkohlsalat
Randensalat
Rettichsalat
Rüeblisalat
Selleriesalat   waschen, schälen, abspülen
Direkt in die Salatsauce raffeln oder fein
schneiden
Sofort mit der Salatsauce mischen

Geeignete Salatsaucen: Jogurt-Salatsauce (S.156,157),
Rahm-Salatsauce (S.156,157)

Randen, Rüebli und Sellerie auf dem Siebeinsatz dämpfen
und als gekochte Salate verwenden

Geeignete Salatsaucen für gekochte Salate:
Essig-Öl-Salatsauce (S.156,157), italienische Salatsauce
(S.156,158) oder französische Salatsauce (S.156,158)
verwenden

1 Portion	Salatsauce (S. 156) oder Vinaigrette (S. 76)	zubereiten	**Blumenkohl-salat**
800 g	Blumenkohl (S. 179, 180)	zubereiten, knapp weich kochen Sorgfältig mit der Salatsauce mischen	

☞ Wird gelber Blumenkohl gewünscht, dem Kochwasser 2 EL Curry beifügen

Salat aus rohem Blumenkohl zubereiten

1 Portion	Essig-Öl-Salatsauce (S. 156, 157) oder italienische Salatsauce (S. 156, 158) oder französische Salatsauce (S. 156, 158)	zubereiten	**Bohnensalat**
	Bohnenkraut, Zwiebeln, Knoblauch	schneiden, zugeben	
600 g	Bohnen	rüsten, waschen Auf dem Siebeinsatz knapp weich dämpfen oder sieden Mit der Salatsauce mischen	

1 Portion	Jogurt-Salatsauce (S. 156, 157) oder Rahm-Salatsauce (S. 156, 157)	zubereiten	**Fenchelsalat**
400 g	Fenchel	rüsten, waschen, fein schneiden oder hobeln Sofort mit der Salatsauce mischen	
wenig	Fenchelkraut	schneiden, darüber streuen	

☞ Wenig grob gehackte Baumnüsse oder Sultaninen darunter mischen

Gurkensalat	1 Portion	Salatsauce (S.156)	zubereiten
Zucchetti-salat	400 g	Gurken oder Zucchetti	waschen, evtl. schälen, schneiden oder hobeln Sofort mit der Salatsauce mischen
		Dill, Borretsch, Pfefferminze	schneiden, darüber streuen

Tomaten-salat	600 g	Tomaten	waschen, Stielansatz ausschneiden, in Scheiben oder Schnitze schneiden
	1 Portion	Essig-Öl-Salatsauce (S.156,157) oder italienische Salatsauce (S.156,158)	zubereiten Über den Salat verteilen
		Basilikum, Majoran, Zwiebeln	schneiden, darüber streuen

Nach Belieben Tomaten schälen

Champignon-salat	1 Portion	Rahm-Salatsauce (S.156,157)	zubereiten
	250 g	Champignons	waschen, Stiele anschneiden, in Scheiben oder Viertel schneiden Sofort mit der Salatsauce sorgfältig mischen
	evtl.	Salatblätter	Champignonsalat darauf anrichten
		Schnittlauch	schneiden, darüber streuen

Champignonsalat mit Früchten

	1	Apfel oder Birne	in gleichmässige Stücke schneiden Sorgfältig unter den fertigen Salat mischen

Champignonsalat mit Schinken

	2	Schinkentranchen	in Julienne schneiden Sorgfältig unter den fertigen Salat mischen

1 Portion Salatsauce (S. 156) zubereiten

Verschiedene Saisonsalate nach Farben und Formen auswählen

Für Mischsalat ungeeignet sind Rotkabis, Randen und alle feingeraffelten Salate

Mischsalat

Je ½ Portion verschiedener Salatsaucen (S. 156) zubereiten

Verschiedene Saisonsalate nach Farben und Formen auswählen und einzeln mit einer Salatsauce mischen oder darüber verteilen

Bukettartig auf einem Teller oder einer Platte anrichten

Salatteller

Salatplatte

Sie können gleichzeitig auch Bereicherungen sein, deshalb richtet sich die Wahl nicht nur nach dem Salat, sondern auch nach dem Menü

Geröstete Kürbis-, Pinien-, Sonnenblumenkerne, Sesam
Croûtons
Gekochte Eier
Käse in Würfeli oder mit Guetzliförmli ausgestochen
Gebratene Speckwürfeli, kaltes Fleisch, Sardellenfilets
Oliven, Früchte

Salat-garnituren

Waldorfsalat

1 Portion	Mayonnaise (S. 77)	zubereiten
½	Zitrone, Saft	zugeben, mischen
1	Sellerie	vorbereiten, direkt in die Sauce raffeln Sofort mischen
2 Scheiben	Ananas	schneiden, beifügen
	Baumnüsse	garnieren

Anstelle von Mayonnaise
1 dl leicht geschlagenen Rahm verwenden

Nach Belieben mit Orangen, Mandarinen
oder Herzkirschen ergänzen

Salade niçoise

300 g	gekochte Bohnen	in Stücke schneiden
2–4	Schalenkartoffeln (S. 188)	zubereiten Schälen, in Würfeli schneiden
2–4	Tomaten	waschen, Stielansatz ausschneiden, in Schnitze schneiden
200 g	Thon	abtropfen, grob zerpflücken Mit dem Gemüse auf Platte oder Teller anrichten
2 Portionen	italienische Salatsauce (S. 156, 158)	zubereiten, darüber giessen

Mit Sardellenfilets, Oliven, Kapern, Zwiebelringen
und hart gekochten Eiern garnieren

Platte oder Teller zuerst mit Salatblättern auslegen

Gemüse

Die meisten Gemüse lassen sich schonend, zeit- und energiesparend im Dampfkochtopf zubereiten
⅕ der angegebenen Kochzeit berechnen

Dämpfen im eigenen Saft

für stark wasserhaltige Gemüse, z. B.

Ratatouille

½ EL	1 EL	Öl oder Butter	in Pfanne geben
½ kleine	1	Zwiebel	
1 kleine	1–2	Knoblauchzehen	
		Thymian, Majoran, Basilikum,	
		Bohnenkraut	schneiden, beifügen
150 g	600 g	Gemüse: Zucchetti, Tomaten, Auberginen,	
		Peperoni	vorbereiten, schneiden, zugeben
wenig	wenig	Salz oder Streuwürze,	
		Paprika	würzen, zudecken

Auf grosser Stufe erwärmen,
bis es zischt
Sofort auf kleine Stufe zurückschalten,
dämpfen
Dämpfzeit 20–30 Min.

 Reibkäse dazuservieren

½ EL	1 EL	Öl oder Butter	in Pfanne geben	**Peperonata**
wenig 1 kleine	½ 1–2	Zwiebel Knoblauchzehen Basilikum, Oregano, Rosmarin	schneiden, beifügen	
150 g	600 g	Gemüse: Peperoni, Tomaten	vorbereiten, schneiden, zugeben	
wenig	wenig	Salz oder Streuwürze	würzen, zudecken Auf grosser Stufe erwärmen, bis es zischt Sofort auf kleine Stufe zurückschalten, dämpfen Dämpfzeit 20–30 Min.	

 Grüne und gelbe Peperoni verwenden

1–2	4–8	Tomaten	waschen, Stielansatz ausschneiden, oben kreuzweise einschneiden oder Tomaten halbieren In Pfanne geben	**Gedämpfte Tomaten**
wenig	wenig	Salz oder Streuwürze	würzen	
evtl.	evtl.	Basilikum, Majoran, Petersilie, Zwiebeln, Knoblauch	schneiden Auf die Tomaten geben	
wenig	wenig	Butterflöckli	darauf verteilen, zudecken Auf grosser Stufe erwärmen, bis es zischt Sofort auf kleine Stufe zurückschalten, dämpfen Dämpfzeit 5–10 Min.	

 Ganze oder halbierte Tomaten in Gratinform
im Ofen zubereiten
Ofenmitte
220 °C

Tomaten-gemüse	½ EL	1 EL	Öl oder Butter	in Pfanne geben
	wenig	½	Zwiebel Basilikum, Majoran, Petersilie	schneiden, beifügen
	150 g	600 g	Tomaten	waschen, Stielansatz ausschneiden, schneiden, zugeben
	wenig	½ KL	Salz oder Streuwürze	
	wenig	wenig	Pfeffer, Zucker	würzen, zudecken Auf grosser Stufe erwärmen, bis es zischt Sofort auf kleine Stufe zurückschalten, dämpfen Dämpfzeit 5–10 Min.

Auberginen	½ EL	1 EL	Öl oder Butter	in Pfanne geben
Gurken	wenig	½	Zwiebel	
	wenig	1	Knoblauchzehe Dill, Thymian, Borretsch	schneiden, beifügen
Zucchetti	150 g	600 g	Gemüse	vorbereiten, schneiden, zugeben
	wenig	½ KL	Salz oder Streuwürze	würzen, zudecken Auf grosser Stufe erwärmen, bis es zischt Sofort auf kleine Stufe zurückschalten, dämpfen Dämpfzeit 10–20 Min.

Öl oder Butter durch 50 g Speckwürfeli ersetzen

Gurken und Zucchetti mit wenig Rahm verfeinern

½ EL	1 EL	Öl oder Butter	in Pfanne geben
wenig	½	Zwiebel	
wenig	1	Knoblauchzehe	schneiden, beifügen
200 g	800 g	Gemüse	vorbereiten, zugeben
wenig	½ KL	Salz oder Streuwürze	
wenig	wenig	Pfeffer, Muskat	würzen, zudecken Auf grosser Stufe erwärmen, bis es zischt Sofort auf kleine Stufe zurückschalten, dämpfen Dämpfzeit 10–15 Min.
½ EL	2 EL	Rahm	verfeinern

Blattspinat

Lattich

Mangold

 Gemüse nach dem Dämpfen pürieren

Nach Belieben mit Brennnessel, Bärlauch, Löwenzahn oder
Sauerampfer mischen

Pilze

Selbstgesammelte Pilze kontrollieren lassen

Pilze nie in Plastikbeuteln sammeln und aufbewahren

Frische Pilze so rasch wie möglich verwenden

Pilze kurz waschen oder überbrausen

Stiele sparsam anschneiden, schlechte Stellen wegschneiden

Pilze je nach Grösse ganz lassen oder zerkleinern

Pilze nie roh essen, ausser Zuchtchampignons

Getrocknete Pilze in lauwarmem Wasser ca. 1 Std. einweichen

Getrocknete Pilze wiegen ca. 1/10 des Frischgewichtes

Pilzreste nie aufwärmen, ausser Zuchtchampignons

Gedämpfte Pilze

wenig	20 g	Butter	in Pfanne geben
200 g	800 g	Pilze	waschen, Stiele anschneiden, in Scheiben oder Viertel schneiden, beifügen
½ KL	2 KL	Zitronensaft	beträufeln
wenig	½	Zwiebel Petersilie, Thymian, Oregano	schneiden, zugeben
wenig	½ KL	Salz oder Streuwürze	
	wenig	Pfeffer	würzen, zudecken Auf grosser Stufe erwärmen, bis es zischt Sofort auf kleine Stufe zurückschalten, dämpfen Dämpfzeit: Champignons 5–10 Min. Eierschwämme 10–15 Min. Morcheln 10–15 Min. Steinpilze 5–10 Min.
1–2 EL	1 dl	Rahm	verfeinern

 Verschiedene Pilze mischen

Pilzschnitten

2 KL	Stärkemehl, z. B. Maizena, Epifin	
wenig	Wasser	anrühren In die gedämpften Pilze einrühren, aufkochen Kochzeit 3–5 Min.
8	Scheiben Toastbrot	hellbraun rösten Pilze darauf anrichten
	Petersilie	schneiden, darüber streuen

Pilzpastetli

2 KL	Stärkemehl, z. B. Maizena, Epifin	
wenig	Wasser	anrühren In die gedämpften Pilze einrühren, aufkochen Kochzeit 3–5 Min.
4–8	Pastetli	im Ofen wärmen Pilze in die heissen Pastetli füllen

**Dämpfen
mit Zugabe
von
Flüssigkeit**   für wenig wasserhaltige Gemüse, z. B.

Bohnen				
½ EL	1 EL	Öl oder Butter	in Pfanne geben	
wenig	½	Zwiebel		
wenig	1	Knoblauchzehe		
		Bohnenkraut	schneiden, beifügen	
150 g	600 g	Bohnen	vorbereiten, zugeben	
wenig	½ KL	Salz oder Streuwürze	würzen, zudecken Auf grosser Stufe erwärmen, bis es zischt Sofort auf kleine Stufe zurückschalten, dämpfen Von Zeit zu Zeit schütteln	
wenig	wenig	Wasser	ablöschen Dämpfzeit 40–70 Min.	

Öl oder Butter durch 50 g Speckwürfeli ersetzen

Gesalzenes, geräuchertes Fleisch und ganze,
geschälte Kartoffeln auf den Bohnen mitkochen

Dörrbohnen

100 g	Dörrbohnen	6–12 Std. einweichen Dämpfzeit 1–1½ Std.

Kefen

Anstelle von
Knoblauch und
Bohnenkraut
Petersilie   verwenden
Dämpfzeit 15–20 Min.

½ EL	1 EL	Öl oder Butter	in Pfanne geben	**Fenchel**
1–2	4–8	Fenchel	rüsten, waschen, halbieren oder vierteln, beifügen	
wenig	wenig	Fenchelkraut	schneiden, zugeben	
wenig	½ KL	Salz oder Streuwürze	würzen, zudecken Auf grosser Stufe erwärmen, bis es zischt Sofort auf kleine Stufe zurückschalten, dämpfen Von Zeit zu Zeit schütteln	
wenig	wenig	Wasser	ablöschen Dämpfzeit 20–30 Min.	

½ EL	1 EL	Öl oder Butter	in Pfanne geben	**Weisskabis**
150 g	600 g	Gemüse	vorbereiten, in feine Streifen schneiden oder hobeln, beifügen	**Wirz**
wenig	½ KL	Salz oder Streuwürze		
evtl. wenig	evtl. wenig	Kümmel	würzen, zudecken Auf grosser Stufe erwärmen, bis es zischt Sofort auf kleine Stufe zurückschalten, dämpfen Von Zeit zu Zeit schütteln	
wenig	wenig	Wasser	ablöschen Dämpfzeit 40–60 Min.	

 Öl oder Butter durch 50 g Speckwürfeli ersetzen

Rotkabis	½ EL	1 EL	Öl oder Butter	in Pfanne geben
Rotkraut	wenig	½	Zwiebel	schneiden, beifügen
	150 g	600 g	Rotkabis	rüsten, waschen, in feine Streifen schneiden oder hobeln, zugeben
	½ kleiner	1	Apfel	dazuraffeln
	wenig	½ KL	Salz oder Streuwürze	
	1 Prise	1 Prise	Zucker	würzen, zudecken Auf grosser Stufe erwärmen, bis es zischt Sofort auf kleine Stufe zurückschalten, dämpfen Von Zeit zu Zeit schütteln
	½ EL	2 EL	Essig	
	wenig	wenig	Wasser	ablöschen Dämpfzeit 50–60 Min.

 Nach Belieben wenig Johannisbeergelee
vor dem Anrichten darunter mischen

Sauerkraut	½ EL	1 EL	Öl oder Butter	in Pfanne geben
	½ kleine	1	Zwiebel	schneiden, beifügen
	150 g	600 g	rohes Sauerkraut	zugeben
	wenig	wenig	Salz oder Streuwürze	
	evtl.	evtl.	Wacholder-beeren	würzen, zudecken Auf grosser Stufe erwärmen, bis es zischt Sofort auf kleine Stufe zurückschalten, dämpfen Von Zeit zu Zeit schütteln
	wenig	wenig	Wasser	ablöschen Dämpfzeit 1–1½ Std.

 Gesalzenes, geräuchertes Fleisch und ganze,
geschälte Kartoffeln auf dem Sauerkraut mitkochen

½ EL	1 EL	Öl oder Butter	in Pfanne geben	**Rosenkohl**
wenig	½	Zwiebel	schneiden, beifügen	
150 g	600 g	Rosenkohl	rüsten, waschen, zugeben	
wenig	½ KL	Salz oder Streuwürze	würzen, zudecken Auf grosser Stufe erwärmen, bis es zischt Sofort auf kleine Stufe zurückschalten, dämpfen Von Zeit zu Zeit schütteln	
wenig	wenig	Wasser	ablöschen Dämpfzeit 20–30 Min.	

 Öl oder Butter durch 50 g Speckwürfeli ersetzen oder
vor dem Anrichten 50 g Schinkenjulienne darunter mischen

2 EL Sultaninen mitkochen
oder vor dem Anrichten darunter mischen

½ EL	1 EL	Öl oder Butter	in Pfanne geben	**Kohlrabi**
wenig evtl.	½ evtl.	Zwiebel Kräuter	schneiden, beifügen	**Kürbis**
150 g	600 g	Gemüse	vorbereiten, schneiden, zugeben	**Rübkohl**
wenig	½ KL	Salz oder Streuwürze		**Rüebli**
1 Prise	1 Prise	Zucker	würzen, zudecken Auf grosser Stufe erwärmen, bis es zischt Sofort auf kleine Stufe zurückschalten, dämpfen Von Zeit zu Zeit schütteln	**Pastinaken**
wenig	wenig	Wasser	ablöschen Dämpfzeit 20–30 Min.	

 Kohlrabi/Rübkohl, Kürbis und Pastinaken
mit wenig Rahm verfeinern

Lauch	½ EL	1 EL	Öl oder Butter	in Pfanne geben
	150 g	600 g	Lauch	rüsten, längs halbieren, waschen, in grosse Stücke schneiden, beifügen
	wenig	½ KL	Salz oder Streuwürze	würzen, zudecken Auf grosser Stufe erwärmen, bis es zischt Sofort auf kleine Stufe zurückschalten, dämpfen Von Zeit zu Zeit schütteln
	wenig	wenig	Wasser	ablöschen Dämpfzeit 15–20 Min.

 Öl oder Butter durch 50 g Speckwürfeli ersetzen oder nach Belieben mit wenig Rahm verfeinern

Dämpfen auf dem Siebeinsatz

Blumenkohl
Broccoli auf dem Siebeinsatz

	Wasser	bis zum Siebeinsatz einfüllen
800 g	Gemüse	rüsten, ganz lassen oder in Stücke teilen, evtl. in Salzwasser einlegen, abspülen, auf Siebeinsatz geben
½ KL	Salz	würzen
evtl. wenig	Zitronensaft	darüber träufeln, zudecken Auf grosser Stufe aufkochen Auf kleiner Stufe dämpfen Dämpfzeit:
		Blumenkohl 20–40 Min.
		Broccoli 15–20 Min.

Brüsseler/Chicorée

4–8	Brüsseler/Chicorée	rüsten, waschen, ganz lassen oder halbieren Zubereiten wie Blumenkohl Dämpfzeit 10–20 Min.

Krautstiele

600 g	Krautstiele	Blätter entfernen, zähe Fasern abziehen, waschen, in Stücke schneiden Zubereiten wie Blumenkohl Dämpfzeit 20–25 Min.

Sieden

Blumenkohl	1½ l	Wasser	aufkochen
	2 KL	Salz	würzen
	½	Zitrone, Saft	zugeben
	800 g	Blumenkohl	rüsten, ganz lassen oder in Stücke teilen, evtl. in Salzwasser einlegen, abspülen, beifügen Auf kleiner Stufe zugedeckt kochen Kochzeit 20–40 Min.
		Artischocken	
	4–8	Artischocken	Stiel abschneiden oder abbrechen, evtl. Blattspitzen mit der Schere 1–2 cm abschneiden Kochzeit 30–40 Min. Evtl. «Heu» vor dem Essen entfernen
		Schwarzwurzeln	
	800 g	Schwarzwurzeln	waschen, schälen, abspülen, sofort in kaltes Wasser mit wenig Essig oder Zitronensaft legen Schneiden Kochzeit 20–30 Min.
Spargeln	2 l	Wasser	aufkochen
	1 EL	Salz	würzen
	wenig	Butter, Zucker	zugeben
	1 kg	Spargeln	waschen, weisse Spargeln gründlich, grüne Spargeln sparsam schälen, Köpfchen nicht beschädigen, beifügen Auf kleiner Stufe zugedeckt kochen Kochzeit: Weisse Spargeln 30–40 Min. Grüne Spargeln 15–20 Min.

Verschiedene Saisongemüse nach Farben und Formen
auswählen

Gemüse je nach Kochzeit grösser oder kleiner schneiden,
zusammen dämpfen

Nach Belieben Kartoffeln mitdämpfen

**Misch-
gemüse**

1 Portion	Gemüse	zubereiten, anrichten
4 EL	Reibkäse	darüber streuen
30 g	Butter	schmelzen, darüber verteilen

  Geeignete Gemüse:
Blumenkohl, Broccoli, Fenchel, Lauch, Schwarzwurzeln, Spinat

**Gemüse
Mailänder
Art**

1 Portion	Gemüse	zubereiten, anrichten
1	hart gekochtes Ei	schälen, in Würfeli schneiden, auf das Gemüse geben
	Petersilie	schneiden, darüber streuen
30 g	Butter	schmelzen
1–2 EL	Paniermehl	beifügen, mischen, darüber verteilen

  Reibkäse über das Gemüse streuen

Geeignete Gemüse:
Blumenkohl, Broccoli, Fenchel, Schwarzwurzeln

**Gemüse
polnische
Art**

Gratinierte Gemüse

1 Portion	Gemüse	dämpfen auf dem Siebeinsatz oder sieden In eingefettete Gratinform geben
½ Portion	Béchamelsauce (S. 80) oder Käsesauce (S. 80) oder Kräutersauce (S. 80) oder eingerührte Sauce (S. 79)	zubereiten Über das Gemüse verteilen Gratinieren Obere Ofenhälfte 250 °C 10–20 Min.

 Anstelle von Sauce mit Reibkäse und Butterflöckli bestreuen

Geeignete Gemüse:
Blumenkohl, Brüsseler/Chicorée, Fenchel, Gurken, Kohlrabi/Rübkohl, Krautstiele, Lauch, Pastinaken, Patisson, Schwarzwurzeln, Zucchetti

Gefüllte Gemüse

 Geeignete Füllungen:
Hackfleisch (S. 102)
Gedämpfte Pilze (S. 172)
Risotto (S. 206)
Käsesoufflé (S. 142)

Auberginen, Gurken, Zucchetti

500 g	Gemüse	vorbereiten, halbieren, evtl. aushöhlen In Gratinform geben
1 Portion	Hackfleisch (S. 102) oder gedämpfte Pilze (S. 172) oder Risotto (S. 206)	zubereiten, Gemüse füllen
1–2 dl	Bouillon	dazugiessen
evtl.	Reibkäse Butterflöckli	darüber verteilen Dämpfen Ofenmitte 200 °C 20–30 Min.

Lattich, Weisskabis, Wirz

400 g	Gemüse	vorbereiten, dicke Blattrippen flach schneiden Ganze Blätter auf dem Siebeinsatz knapp weich dämpfen oder sieden
1 Portion	Hackfleisch (S.102) oder gedämpfte Pilze (S.172) oder Risotto (S.206)	zubereiten, Füllung auf die Blätter verteilen, aufrollen In Gratinform geben
1–2 dl	Bouillon	dazugiessen
evtl.	Reibkäse Butterflöckli	darüber verteilen Dämpfen Ofenmitte 200 °C 20–30 Min.

Kohlrabi/Rübkohl

4	Kohlrabi/Rübkohl	waschen, schälen, abspülen, evtl. halbieren Auf dem Siebeinsatz knapp weich dämpfen oder sieden Aushöhlen, das Ausgehöhlte fein schneiden, unter die Füllung mischen
1 Portion	Hackfleisch (S.102)	zubereiten, Gemüse füllen In Gratinform geben
1–2 dl	Bouillon	dazugiessen Dämpfen Ofenmitte 200 °C 20–30 Min.

Peperoni

4	Peperoni	waschen, Deckel wegschneiden oder halbieren, aushöhlen Auf dem Siebeinsatz knapp weich dämpfen oder sieden
1 Portion	Hackfleisch (S.102) oder Risotto (S. 206)	zubereiten, Gemüse füllen In Gratinform geben
1–2 dl	Bouillon	dazugiessen
evtl.	Reibkäse Butterflöckli	darüber verteilen Dämpfen Ofenmitte 200 °C 20–30 Min.

Tomaten

4–8	Tomaten	waschen, Deckel wegschneiden, aushöhlen Tomatenmark evtl. in Gratinform geben
½ Portion	Hackfleisch (S.102) oder gedämpfte Pilze (S.172) oder Risotto (S. 206) oder Käsesoufflé (S.142)	zubereiten, Gemüse füllen In Gratinform geben Dämpfen Ofenmitte 200 °C 10–15 Min.

Anstelle von Tomatenmark ½ dl Bouillon dazugiessen

Zwiebel-schwitze		
1 EL	Öl	erhitzen
1–2	Zwiebeln	in feine Streifen oder Ringe schneiden
wenig	Mehl	darüber stäuben, zugeben Hellbraun und knusprig rösten

Kartoffeln

Kastanien

Schalen-
kartoffeln

Gschwellti

	Wasser	bis zum Siebeinsatz einfüllen
800 g	Kartoffeln	waschen, auf Siebeinsatz geben Dämpfzeit 30–50 Min. Dampfkochtopf 6– 10 Min.

Petersilienkartoffeln

800 g	kleine Schalen- kartoffeln	warm schälen
20 g	Butter	schmelzen, Kartoffeln beigeben Unter leichtem Schütteln erhitzen, ohne zu bräunen
viel	Petersilie	schneiden, über die Kartoffeln geben
wenig	Salz oder Streuwürze	darüber streuen

Petersilie durch Dill ersetzen

Raclettekartoffeln

800 g	Schalenkartoffeln	evtl. schälen, halbieren, mit der Schnittfläche nach oben in eingefettete Gratinform geben
wenig	Salz oder Streuwürze	würzen
250 g	Raclettekäse	in Scheiben schneiden, auf Schnittflächen legen Gratinieren Obere Ofenhälfte 250 °C 10 Min.
	Pfeffer, Paprika	dazuservieren

Käse-Speck-Kartoffeln

800 g	Schalenkartoffeln	schälen, halbieren
wenig	Pfeffer, Paprika	Schnittflächen würzen
250 g	Käse, z. B. Greyerzer, Freiburger Vacherin	in Scheiben schneiden, zwischen je zwei Kartoffelhälften legen
8–12	Specktranchen	um die Kartoffeln wickeln In Gratinform geben

	1–2 dl	Bouillon	zugeben Backen Untere Ofenhälfte 220 °C 10–15 Min.

Kartoffelsalat

800 g	Schalenkartoffeln	warm schälen, in feine Scheiben schneiden
1 dl	Bouillon	aufkochen, sofort darüber giessen Kurze Zeit stehen lassen
½	Zwiebel	schneiden, beifügen
1 Portion	Essig-Öl- Salatsauce (S. 156, 157)	zubereiten, darüber verteilen, sorgfältig mischen

Essig-Öl-Salatsauce mit Mayonnaise bereichern

Mit Petersilie, Schnittlauch, Essiggurken, Tomaten, Radiesli, Peperoni oder gekochten Eiern garnieren

---

Salz-kartoffeln

1½ dl	5 dl	Wasser	aufkochen
⅓ KL	1 KL	Salz	würzen
150 g	600 g	Kartoffeln	waschen, schälen, abspülen, in gleichmässige Stücke schneiden, zugeben Auf kleiner Stufe zugedeckt kochen Kochzeit 10–15 Min. Wasser abgiessen Pfanne nochmals auf die warme Platte stellen, abdecken, Wasser verdampfen lassen, bis Kartoffeln trocken sind

Butterflöckli über die Kartoffeln verteilen

Kartoffelschnee

600 g	Salzkartoffeln	zubereiten Noch heiss in vorgewärmte Schüssel passieren
evtl. wenig	Muskat	darüber streuen

Heisse Butter darüber verteilen

Salzkartoffeln auf dem Siebeinsatz

		Wasser	bis zum Siebeinsatz einfüllen
150 g	600 g	Kartoffeln	waschen, schälen, abspülen, in gleichmässige Stücke schneiden, auf Siebeinsatz geben
⅓ KL	1 KL	Salz	würzen, zudecken Auf grosser Stufe aufkochen Auf kleiner Stufe dämpfen Dämpfzeit 10–15 Min.

 | | | Butterflöckli über die Kartoffeln verteilen

Kartoffelstock

1 kg	Kartoffeln	waschen, schälen, abspülen, in grosse Stücke schneiden Zubereiten wie Salzkartoffeln Kochzeit 20–25 Min. Wasser verdampfen lassen, bis Kartoffeln trocken sind
2–2½ dl	Milch	
30 g	Butter	in Pfanne geben, Kartoffeln dazupassieren Auf kleiner Stufe kräftig rühren, bis Kartoffelstock luftig und heiss ist
wenig	Salz oder Streuwürze, Muskat	abschmecken

Ofenguck

	Kartoffelstock	zubereiten
150 g	Speckwürfeli	glasig braten, zugeben
100 g	Reibkäse	beifügen In eingefettete Auflaufform geben Backen untere Ofenhälfte 200 °C 20–30 Min.
evtl. 4	frische Eier	nach der halben Backzeit mit einem Löffel Vertiefungen eindrücken, je ein rohes Ei sorgfältig hineingeben
wenig	Salz oder Streuwürze, Pfeffer	würzen, fertig backen

1 KL	1 EL	Öl oder Butter	in Pfanne geben	**Gedämpfte Kartoffeln**
½ kleine	1	Zwiebel	schneiden, zugeben	
150 g	600 g	Kartoffeln	waschen, schälen, abspülen, in gleichmässige Stücke schneiden, beifügen, zudecken Auf grosser Stufe erwärmen, bis es zischt Sofort auf kleine Stufe zurückschalten, dämpfen Von Zeit zu Zeit schütteln	
½–1 dl	1½ dl	Bouillon	ablöschen Dämpfzeit 10–15 Min.	

Lauchkartoffeln

		Anstelle von Zwiebeln	
	½–1	Lauch	vorbereiten, schneiden, mitdämpfen

Kräuterkartoffeln

		Anstelle von Zwiebeln	
	viel	Kräuter, z. B. Petersilie, Dill, Majoran, Thymian	schneiden, mitdämpfen

20 g	Butter	schmelzen	**Saucen-kartoffeln**
1 EL	Mehl	beifügen Sofort auf kleine Stufe zurückschalten, unter ständigem Rühren dünsten	
3 dl	Milchwasser	ablöschen, unter ständigem Rühren aufkochen	
wenig	Salz oder Streuwürze, Muskat	würzen	
600 g	Kartoffeln	waschen, schälen, abspülen, in gleichmässige Stücke schneiden, zugeben Kochzeit 15–20 Min.	
2–3 EL	Rahm	verfeinern	

Rösti

1 EL	3 EL	Bratbutter	erhitzen
200 g	800 g	Kartoffeln	zubereiten wie Schalenkartoffeln (S. 188) Auskühlen lassen Schälen, grob raffeln, zugeben
wenig	1 KL	Salz	darüber streuen, mischen Kartoffeln unter mehrmaligem Wenden auf mittlerer Stufe 15–20 Min. goldgelb backen Zu einem Kuchen formen, 5–10 Min. backen, bis sich eine goldbraune Kruste bildet Auf runde Platte stürzen

Nach Belieben geschnittene Zwiebeln vor den Kartoffeln dünsten

Kartoffeln teilweise durch fein geschnittene Saisongemüse ersetzen

Rösti aus rohen Kartoffeln zubereiten

Berner Rösti

150 g	Speckwürfeli	glasig braten
evtl.	Bratbutter oder Schweinefett	beifügen, erhitzen Kartoffeln zugeben

800 g	Kartoffeln	waschen, schälen, abspülen, in Julienne raffeln	**Kartoffel-Reibe-küchlein**
2 EL	Mehl		
2–3	frische Eier		
1 KL	Salz		
wenig	Pfeffer, Muskat	zugeben, mischen	
evtl. 1	Zwiebel		
evtl.	Petersilie	fein schneiden, beifügen	
wenig	Bratbutter oder Öl	erhitzen Kleine Kartoffelportionen zugeben, mit der Bratschaufel flach drücken Immer etwas vom entstandenen Saft zugeben Kartoffelküchlein auf mittlerer Stufe beidseitig 5–10 Min. goldbraun backen Sofort servieren	

Kartoffeln teilweise durch Saisongemüse ersetzen

100 g Specktranchen in Julienne schneiden, unter die Masse mischen

Sauce napoletana (S. 81) oder Tomatengemüse (S. 170) dazuservieren

3–4 EL	Öl	erhitzen	**Brat-kartoffeln**
800 g	Kartoffeln	waschen, schälen, abspülen, in gleichmässige Würfel schneiden, zugeben, zudecken Auf kleiner Stufe 10–15 Min. dämpfen Pfanne abdecken, Kartoffeln auf mittlerer Stufe unter mehrmaligem Wenden 15–20 Min. goldbraun braten Gut abtropfen	
wenig	Salz	darüber streuen	

Kleine neue Kartoffeln ganz und ungeschält braten

Nach Belieben frischen Rosmarin mitbraten

Ofen- kartoffeln	800 g	Kartoffeln	gründlich waschen, halbieren, mit der Schnittfläche nach oben auf Blech geben
	wenig	Öl	Schnittflächen bestreichen Backen Ofenmitte 200–220 °C 30–40 Min.
	wenig	Salz	darüber streuen

Kümmelkartoffeln

1–2 EL	Kümmel	vor dem Backen auf die Schnittflächen streuen

Schloss- kartoffeln	1 l	Wasser	aufkochen
	2 KL	Salz	würzen
	800 g	Kartoffeln	waschen, schälen, abspülen, in gleichmässige Schnitze schneiden, zugeben 2 Min. blanchieren Gut abtropfen
	3–4 EL	Öl	erhitzen Kartoffeln beifügen Auf mittlerer Stufe unter mehrmaligem Wenden 20–25 Min. goldbraun braten Gut abtropfen
	wenig	Salz	darüber streuen

Schlosskartoffeln im Backofen zubereiten wie Pommes frites
im Ofen (S. 195)

1 l	Frittieröl	in Brattopf oder Fritteuse auf 150 °C erhitzen	**Pommes frites**
800 g	Kartoffeln	waschen, schälen, abspülen, in gleichmässige Stängeli schneiden, abtrocknen Portionenweise hellgelb vorbacken Gut abtropfen, auf saugfähiges Papier geben Vor dem Servieren portionenweise bei 180–200 °C goldgelb backen Gut abtropfen	
wenig	Salz	darüber streuen Sofort servieren	

Pommes frites im Ofen

800 g	Kartoffeln	vorbereiten wie Pommes frites Auf mit Backtrennpapier belegtes Blech geben
3–4 EL	Öl	über die Kartoffeln verteilen oder Kartoffeln bepinseln Backen Ofenmitte 200–220 °C 30–40 Min. Während des Backens ein- bis zweimal wenden
wenig	Salz	darüber streuen

800 g	Kartoffeln	zubereiten wie Salzkartoffeln (S. 189, 190) Wasser verdampfen lassen, bis Kartoffeln trocken sind, passieren	**Herzogin- kartoffeln**
1	frisches Ei		**Pommes Duchesse**
1–2	frische Eigelb		
wenig	Muskat	zugeben, verrühren Mit Spritzsack und grosser Sterntülle kleine Häufchen auf mit Backtrennpapier belegtes Blech dressieren	
20 g	Butter	schmelzen, darüber träufeln Backen Ofenmitte 220–250 °C 10–15 Min.	

Flüssige Butter durch verklopftes Ei ersetzen, Pommes Duchesse bestreichen

Gnocchi piemontese

600 g	Kartoffeln	zubereiten wie Salzkartoffeln (S. 189, 190) Wasser verdampfen lassen, bis Kartoffeln trocken sind, passieren
1	frisches Ei	darunter mischen
wenig	Salz oder Streuwürze, Muskat	abschmecken, Masse auskühlen lassen
100–120 g	Mehl	darunter rühren
2 l	Wasser	aufkochen
1 EL	Salz	würzen Kartoffelmasse zu einer daumendicken Rolle formen, in 2–3-cm-Stücke schneiden Stücke über Gabel abrollen Im Salzwasser 5 Min. pochieren Mit Drahtkelle herausnehmen, gut abtropfen In eingefettete Gratinform geben

50 g	Reibkäse	darüber streuen
	Butterflöckli	darüber verteilen Gratinieren Obere Ofenhälfte 250 °C 10–15 Min.

Gnocchi lagenweise mit Reibkäse in Gratinform geben, mit Peperonata (S. 169), Sauce napoletana (S. 81) oder Sauce bolognese (S. 81) übergiessen und gratinieren

Anstelle von Salzkartoffeln Schalenkartoffeln (S. 188) verwenden

600 g	Kartoffeln	zubereiten wie Salzkartoffeln (S. 189, 190) Wasser verdampfen lassen, bis Kartoffeln trocken sind, passieren	**Kartoffel- Gemüse- Küchlein**
wenig	Butter	in Pfanne geben	
1–2	Zwiebeln		
1	Knoblauchzehe		
	Petersilie		
wenig	Majoran		
200 g	Lauch	vorbereiten, fein schneiden, beifügen	
1–2	Rüebli	schälen, fein dazuraffeln Auf grosser Stufe erwärmen, bis es zischt, Sofort auf kleine Stufe zurückschalten, dämpfen Von Zeit zu Zeit schütteln Gemüse gut abtropfen lassen, zu den passierten Kartoffeln geben Masse leicht auskühlen lassen	
2–3 EL	Mehl oder Paniermehl		
evtl. 3 EL	Reibkäse		
1	frisches Ei	beifügen	
wenig	Salz oder Streuwürze, Pfeffer, Muskat	würzen, gut mischen Gleichmässige, ca. 1 cm dicke Küchlein formen	
evtl. 3 EL	Sonnen- blumenkerne	Küchlein darin wenden	
wenig	Bratbutter oder Öl	erhitzen Küchlein auf mittlerer Stufe beidseitig 10 Min. goldbraun backen In eingefettete Gratinform legen	
100 g	Käse, z. B. Greyerzer, Raclettekäse	in Scheiben schneiden, darauf verteilen Gratinieren Obere Ofenhälfte 250 °C 8–10 Min.	

100 g Schinkentranchen fein schneiden,
unter die Masse mischen

Kartoffel-gratin Savoyer Art	800 g	Kartoffeln	waschen, schälen, abspülen, in feine Scheiben schneiden oder hobeln In eingefettete Gratinform geben
	3–4 dl	Bouillon	aufkochen, darüber giessen Backen Untere Ofenhälfte 200–220 °C 30–45 Min.
	3–4 EL	Reibkäse Butterflöckli	darüber verteilen Gratinieren Obere Ofenhälfte 250 °C 10 Min.

Kartoffelgratin Savoyer Art mit Lauch

wenig	Butter	in Pfanne geben
½	Lauch	vorbereiten, fein schneiden, dämpfen Lagenweise mit den Kartoffeln einschichten

Gratin dauphinois	1–2	Knoblauchzehen	halbieren, Gratinform ausreiben
	wenig	Butter	Form einfetten
	600 g	Kartoffeln	waschen, schälen, abspülen, in feine Scheiben schneiden oder hobeln In Gratinform geben
	3 dl	Milch	
	2 dl	Rahm	
	½ KL	Salz oder Streuwürze	
	wenig	Pfeffer, Muskat	evtl. aufkochen, darüber giessen, so dass die Kartoffeln bedeckt sind Backen Untere Ofenhälfte 180–200 °C 45–60 Min.

 Geriebenen Greyerzer mit Kartoffelscheiben einfüllen

800 g	Kartoffeln	zubereiten wie Schalenkartoffeln (S.188) Schälen, in Scheiben schneiden	**Freiburger Kartoffeln**
100 g	Greyerzer	reiben Lagenweise mit den Kartoffelscheiben in eingefettete Auflauf- oder Gratinform geben	
3 dl	Milch		
3	Eier		
½ KL	Salz oder Streuwürze		
wenig	Pfeffer, Muskat, Paprika	gut mischen, über die Kartoffeln giessen	
wenig	Butterflöckli	darüber verteilen Backen Untere Ofenhälfte 220 °C 30 Min.	

Gebratene Kastanien

Marroni

1 kg	Kastanien	waschen, auf der gewölbten Seite einschneiden
		Die nassen Kastanien auf abgespültes Blech geben
		Braten
		Ofenmitte
		220 °C
		40–50 Min.
		Von Zeit zu Zeit schütteln, mit Wasser bespritzen

Kleine Mengen in der Bratpfanne auf dem Herd zugedeckt braten

Die spezielle Kastanienpfanne eignet sich besonders zum Braten auf dem offenen Feuer

Glasierte Kastanien

Karamelli- sierte Kastanien

4 EL	Zucker	rösten, bis er schäumt
250 g	tiefgekühlte Kastanien	zugeben, mischen
2 dl	Bouillon	sofort ablöschen
1 Prise	Salz	
20 g	Butter	beifügen

Auf kleiner Stufe kochen
Kochzeit:

Tiefgekühlte Kastanien	10–20 Min.
Frische Kastanien	40–50 Min.
Gedörrte Kastanien	60–90 Min.

vorher 6–12 Std. einweichen

In den letzten 5 Min. abdecken,
Flüssigkeit verdampfen,
sorgfältig wenden

Getreide

Getreidekörner zubereiten

Getreideart	Einweichen in kaltem Wasser	Kochen	Quellen zugedeckt auf ausgeschalteter Herdplatte
Dinkel	2–6 Std.	30 Min.	1–2 Std.
Gerste	2–6 Std.	30 Min.	1–2 Std.
Grünkern	–	20–30 Min.	1 Std.
Hafer	–	20–30 Min.	1 Std.
Hirse	–	5–10 Min.	30 Min.
Roggen	2–6 Std.	30 Min.	1–2 Std.
Vollreis	evtl. 1 Std.	20–30 Min.	1 Std.
Weizen	2–6 Std.	30 Min.	1–2 Std.

Reis

2½ dl	1 l	Wasser	aufkochen
½ KL	2 KL	Salz	würzen
50 g	200 g	Langkornreis	zugeben Auf kleiner Stufe körnig kochen Kochzeit 15–20 Min. Reis gut abtropfen

Bouillonreis

		Anstelle von Salzwasser	
	5 dl	Bouillon	verwenden

Reis in bebutterte Ringform geben, gut andrücken, auf Platte stürzen

Nach Belieben 2–3 EL geröstete Mandelsplitter, Pinienkerne, Pistazien oder wenig Zitronenschale und -saft unter den fertigen Reis mischen

Trockenreis

2½ dl	1 l	Wasser	aufkochen
½ KL	2 KL	Salz	würzen
50 g	200 g	Langkornreis	zugeben Auf kleiner Stufe kochen Kochzeit 8–10 Min. Reis gut abtropfen In Gratinform oder auf Blech geben

Butterflöckli	darüber verteilen	
	Reis im Backofen trocknen	
	Ofenmitte	
	150 °C	
	8–10 Min.	
	Von Zeit zu Zeit mit einer Gabel lockern	

Riz Casimir

1 Portion	Reis oder Trockenreis	auf Platte anrichten
1 Portion	Currysauce (S. 80)	zubereiten
400 g	geschnetzeltes Geflügel- oder Kalbfleisch	kurz braten In Currysauce geben, mit dem Reis anrichten
wenig	Butter	schwach erhitzen
1–2	Bananen	vierteln, leicht anbraten
4	Ananasscheiben	
4	Pfirsichhälften rote Kirschen	leicht anbraten oder im Fruchtsaft erwärmen Platte mit Früchten garnieren
evtl.	Mandelstifte	hellbraun rösten, darüber streuen

Anstelle von Geflügel- oder Kalbfleisch Schweinefleisch verwenden, zubereiten wie Geschnetzeltes mit Curry (S. 101)

Anstelle von Pfirsichhälften Halbäpfel (S. 305) verwenden

Reissalat

	150 g	Reis oder Trockenreis (S. 204)	zubereiten
	2 Portionen	Essig-Öl-Salatsauce (S. 156, 157)	zubereiten Warmen Reis zugeben, mischen Kurze Zeit stehen lassen

Nach Belieben bereichern mit:
Gebratenem Geflügelfleisch, Schinken, Fleischkäse, Käse,
Thon, Crevetten
Peperoni, Tomaten, Erbsen, Essiggurken, Oliven, Pilzen
Äpfeln, Birnen, Trauben Ananas, Nüssen

Anstelle von Essig-Öl-Salatsauce Currymayonnaise (S. 77)
verwenden, evtl. verdünnt mit Zitronen- oder Ananassaft

Anstelle von Langkornreis Vollreis, Roggen, Weizen oder
Gerste verwenden, Kochzeit (S. 204)

Risotto

½ EL	1 EL	Öl oder Butter	erwärmen
wenig wenig	1 1	Zwiebel Knoblauchzehe	schneiden, zugeben
50 g	200 g	Mittelkornreis, z. B. Vialone, Arborio	beifügen Sofort auf kleine Stufe zurückschalten, unter ständigem Rühren dünsten
2½ dl	6 dl	Bouillon	ablöschen Auf kleiner Stufe kochen Kochzeit 15–20 Min. Von Zeit zu Zeit rühren
evtl.	evtl.	Reibkäse	darunter mischen oder dazuservieren

Risotto sehr feucht servieren

Anstelle von Vialone oder Arborio Vollreis verwenden,
evtl. einweichen, kochen, quellen (S. 204)

Safranrisotto/Risotto milanese

| ½ KL | Safran | nach dem Ablöschen zugeben |

Curryrisotto

| 1–2 EL | Curry | mit dem Reis dünsten |

Tomatenrisotto

| 4 | Tomaten | waschen, Stielansatz ausschneiden, evtl. schälen, schneiden Mit dem Reis dünsten |
| | Basilikum | schneiden, zugeben |

Anstelle von Tomaten 2 EL Tomatenpüree verwenden

Gemüserisotto

| 250 g | Saisongemüse | vorbereiten, fein schneiden Mit dem Reis dünsten |

Risotto con funghi/Pilzrisotto

20 g	getrocknete Steinpilze	in lauwarmem Wasser ca. 1 Std. einweichen, evtl. schneiden Abgetropfte Pilze mit dem Reis dünsten Abgesiebtes Einweichwasser zum Ablöschen verwenden
3 EL	Rahm	
50 g	geriebener Parmesan	vor dem Anrichten darunter mischen

Nach Belieben mit wenig Majoran, Rosmarin, Safran oder Curry abschmecken

Anstelle von getrockneten Pilzen 200 g frische verwenden

Kornotto

| | Anstelle von Reis | |
| 200 g | Weizen, Roggen oder Gerste | verwenden Einweichen, kochen, quellen (S. 204) |

Hirsotto

| | Anstelle von Reis | |
| 200 g | Goldhirse | verwenden Kochen, quellen (S. 204) |

Dinkel-Gemüse-Gratin

Dinkel

200 g	Dinkel	
	Wasser	2–6 Std. einweichen
		Wasser abgiessen
1 l	Bouillon	aufkochen
		Dinkel beifügen
		Auf kleiner Stufe kochen
		Kochzeit 30 Min.
		1–2 Std. quellen lassen

Gemüse

1 EL	Öl oder Butter	in Pfanne geben
2	Zwiebeln	
1	Knoblauchzehe	
	Petersilie	
wenig	Thymian, Basilikum	schneiden, beifügen
2–3	Rüebli	
250 g	Lauch	
250 g	Champignons	vorbereiten, schneiden, zugeben
wenig	Salz oder Streuwürze, Pfeffer	würzen, zudecken
		Auf grosser Stufe erwärmen, bis es zischt
		Sofort auf kleine Stufe zurückschalten, dämpfen
		Von Zeit zu Zeit schütteln
wenig	Wasser	ablöschen
		Dämpfzeit 10–15 Min.
		Gemüse und Dinkel mischen
		In eingefettete Gratinform geben

Guss

1½–2 dl	Sauerrahm	
½ dl	Milch	
50 g	Reibkäse	
wenig	Pfeffer, Muskat	gut mischen, darüber giessen
50 g	Reibkäse	darüber streuen
		Gratinieren
		Obere Ofenhälfte
		250 °C
		15–20 Min.

 Anstelle von Dinkel andere Getreide oder Getreidemischung verwenden, einweichen, kochen, quellen (S. 204)

5 dl	Bouillon	aufkochen
150 g	grob geschrotetes Getreide, z. B. Gerste, Grünkern, Hafer, Roggen	einrühren Auf kleiner Stufe kochen Kochzeit 5–10 Min. 30 Min. quellen lassen
wenig	Öl oder Butter	in Pfanne geben
1–2	Knoblauchzehen Petersilie	
300 g	Saisongemüse, z. B. Lauch, Rüebli, Peperoni	vorbereiten, fein schneiden, beifügen
wenig	Salz oder Streuwürze, Pfeffer, Curry	würzen, zudecken Auf grosser Stufe erwärmen, bis es zischt Sofort auf kleine Stufe zurückschalten, dämpfen Von Zeit zu Zeit schütteln Dämpfzeit 10 Min. Getreideschrot zugeben, mischen
100 g	Reibkäse	beifügen, mischen Mit zwei Esslöffeln längliche Häufchen formen
wenig	Bratbutter oder Öl	erhitzen Getreidebacklinge auf mittlerer Stufe 10–15 Min. goldbraun backen

Getreide-backlinge

....

Verschiedene Getreide mischen

Sauce napoletana (S. 81) oder Kräutersauce (S. 80)
dazuservieren

Teigwaren

½–1 l	2–3 l	Wasser	aufkochen
1–2 KL	1–1½ EL	Salz	würzen
50–80 g	200–300 g	Teigwaren	zugeben Auf kleiner Stufe al dente kochen Kochzeit 5–15 Min. Teigwaren gut abtropfen
		Butterflöckli	darüber verteilen

 Teigwaren mit Reibkäse oder Zwiebelschwitze (S. 184) bereichern

 Hörnlisalat

200 g	Hörnli	kochen Zubereiten wie Reissalat (S. 206)

Makkaroni bolognese

1 Portion	Sauce bolognese (S. 81)	zubereiten
300–400 g	Makkaroni	zubereiten wie Teigwaren Sauce über die angerichteten Makkaroni verteilen
	Reibkäse	dazuservieren

 Anstelle von Makkaroni andere Teigwaren verwenden

Spaghetti napoletana

1 Portion	Sauce napoletana (S. 81)	zubereiten
300–400 g	Spaghetti	zubereiten wie Teigwaren Sauce über die angerichteten Spaghetti verteilen
	Reibkäse	dazuservieren

 Anstelle von Spaghetti andere Teigwaren verwenden

300 g	Nudeln	zubereiten wie Teigwaren (S. 210)	**Nudeln alla panna**
wenig	Butter	erwärmen	
1 kleiner	Rosmarinzweig		
evtl. 2	Knoblauchzehen	schneiden, zugeben, dünsten	
2½ dl	Rahm		
50 g	geriebener Parmesan	beifügen, erhitzen	
½ KL	Salz oder Streuwürze		
wenig	Pfeffer, Paprika	würzen Sauce über die angerichteten Nudeln verteilen	

Anstelle von Nudeln andere Teigwaren verwenden

300 g	Spaghetti	zubereiten wie Teigwaren (S. 210)	**Spaghetti alla carbonara**
100 g	Speck- oder Schinkentranchen	schneiden, glasig braten	
wenig	Butter	zugeben	
1–2	Knoblauchzehen	schneiden, beifügen, dünsten Gekochte Spaghetti zugeben, erwärmen	
2 dl	Rahm		
2	frische Eier		
50 g	geriebener Parmesan		
½ KL	Salz oder Streuwürze		
wenig	Pfeffer	gut mischen, darüber giessen Sofort servieren	

Spaghetti al pesto

300 g	Spaghetti	zubereiten wie Teigwaren (S. 210)
viel	frisches Basilikum	
2–3	Knoblauchzehen	
½ KL	Salz oder Streuwürze	
wenig	Pfeffer	
50 g	geriebener Parmesan	
2 EL	Pinienkerne	
1 dl	Olivenöl	in Massbecher geben, mixen
3 EL	heisses Spaghettiwasser	vor dem Anrichten beifügen Pesto über die angerichteten Spaghetti verteilen

Anstelle von Pinienkernen Baumnüsse verwenden

Hörnliauflauf

200 g	Hörnli	zubereiten wie Teigwaren (S. 210)
150 g	Schinkentranchen	schneiden
evtl. 200 g	Champignons	
evtl. 2–3	Tomaten	vorbereiten, in Scheiben schneiden
5 EL	Reibkäse	alle Zutaten lagenweise in eingefettete Auflaufform füllen

Guss

2½ dl	Milch	
3	Eier	
½ KL	Salz oder Streuwürze	
wenig	Pfeffer, Muskat, Paprika	gut mischen, darüber giessen

	Reibkäse Butterflöckli	darüber verteilen Backen Untere Ofenhälfte 200 °C 30–40 Min.

Anstelle von Hörnli andere Teigwaren verwenden

Schinken durch Fleischkäse, Zunge, Cervelats oder Landjäger ersetzen

½ l	2 l	Wasser	aufkochen
1 KL	1 EL	Salz	würzen
100 g	400 g	Kartoffeln	waschen, schälen, abspülen, in gleichmässige Stücke schneiden, zugeben
70 g	250 g	Schnittmagronen	beifügen Auf kleiner Stufe kochen Kochzeit 10–15 Min. Gut abtropfen
2 EL	1 dl	Milch	
½ dl	1–2 dl	Rahm	
3–4 EL	100–150 g	Reibkäse, z. B. Bergkäse, Sbrinz	aufkochen
wenig	½ KL	Salz	
wenig	wenig	Pfeffer, Muskat	würzen Kartoffeln und Magronen beifügen, sorgfältig mischen, erwärmen
evtl.	evtl.	Reibkäse	lagenweise mit den Älplermagronen anrichten
½ EL	2 EL	Bratbutter	erhitzen
1 kleine	2–3	Zwiebeln	in Streifen schneiden, zugeben, hellbraun rösten Über die angerichteten Älplermagronen verteilen

Älpler-magronen

Anstelle von Schnittmagronen Hörnli verwenden

Apfelmus (S. 309) dazuservieren

Hausgemachte Nudeln

300 g	Mehl	in Schüssel oder auf Tisch geben
½ KL	Salz	beifügen
3	frische Eier	
1 EL	Öl	Mehl mit der Flüssigkeit von der Mitte aus anrühren Teig kneten, bis er glatt und geschmeidig ist Unter heiss ausgespülter Schüssel ca. 30 Min. ruhen lassen Teig portionenweise sehr dünn auswallen, bemehlen, einschlagen oder aufrollen, schneiden Evtl. auf Küchentuch trocknen lassen Zubereiten wie Teigwaren (S. 210) Kochzeit: Frische Teigwaren 3– 5 Min. Getrocknete Teigwaren 5–10 Min.

Mehl ganz oder teilweise durch Halbweiss-, Ruch- oder
Vollkornmehl ersetzen
Bei Verwendung von Vollkornmehl Flüssigkeitsmenge erhöhen

Für grüne Teigwaren feingeschnittene Kräuter oder
3 EL pürierten Spinat mit den Eiern zum Mehl geben

Für rote Teigwaren 3 EL Tomatenpüree mit den Eiern
zum Mehl geben

150–200 g	Lasagne	evtl. 5 Min. vorkochen wie Teigwaren (S. 210) Auf Küchentuch auslegen	**Lasagne al forno**
1 Portion	Sauce bolognese (S. 81)	zubereiten	
1 Portion	Käsesauce (S. 80)	zubereiten Lagenweise mit den Lasagne in eingefettete Gratinform füllen, mit Käsesauce überziehen	
	Reibkäse Butterflöckli	darüber verteilen Backen Ofenmitte 220 °C 20–30 Min.	

 Lasagne selber herstellen: Nudelteig (S. 214) auswallen, in Rechtecke 6 cm × 10 cm schneiden, nicht vorkochen

Anstelle von Sauce bolognese Ratatouille (S. 168), Peperonata (S. 169), Tomatengemüse (S. 170), gedämpfte Pilze (S. 172) oder kleingeschnittenes Mischgemüse (S. 181) verwenden

Knöpfli

Spätzli

Zutaten	Mehl Farine	Salz	(Eier)	Flüssigkeit
Verhältnis	**1** Teil Mehl			**1** Teil Flüssigkeit

80 g	300 g	Mehl	in Schüssel geben
2 Prisen	1 KL	Salz	beifügen
1	3	frische Eier	
2 EL	1½ dl	Wasser	im Massbecher gut mischen Mehl mit der Flüssigkeit von der Mitte aus anrühren Teig klopfen, bis er glatt ist, Blasen wirft und in Fetzen von der Kelle reisst Zugedeckt bei Zimmertemperatur ca. 30 Min. ruhen lassen
1 l	2 l	Wasser	aufkochen

½ EL	1 EL	Salz	würzen
			Knöpfli/Spätzli herstellen (S. 216)
			Kochzeit 3–5 Min.
			Knöpfli/Spätzli gut abtropfen
			Evtl. zugedeckt warm stellen
evtl.	evtl.	Butterflöckli	darüber verteilen

Knöpfli
Teig durch
Knöpflisieb streichen

Spätzli
Teig portionenweise
auf abgespültes
Brettchen verteilen
Mit nassem
Teigschaber oder
Messer
feine Streifen
schneiden

 Mehl ganz oder teilweise durch Halbweiss-, Ruch- oder
Vollkornmehl ersetzen
Bei Verwendung von Vollkornmehl Flüssigkeitsmenge erhöhen

Anstelle von Wasser Milchwasser verwenden

Für grüne Knöpfli/Spätzli 3 EL pürierten Spinat oder
feingeschnittene Kräuter unter den Teig mischen

Knöpfli/Spätzli mit Reibkäse oder Zwiebelschwitze (S. 184)
bereichern

Pizokel

100 g	Buchweizenmehl	
100 g	Vollkorn- oder Ruchmehl	in Schüssel geben
½ KL	Salz	beifügen
2	frische Eier	
½ dl	Milch	
½ dl	Wasser	im Massbecher gut mischen Mehl mit der Flüssigkeit von der Mitte aus anrühren Teig klopfen, bis er glatt ist, Blasen wirft und in Fetzen von der Kelle reisst Zugedeckt bei Zimmertemperatur ca. 30 Min. ruhen lassen
2 l	Wasser	aufkochen
1 EL	Salz	würzen Pizokelteig portionenweise auf abgespültes Brettchen verteilen Mit nassem Teigschaber oder Messer feine Streifen schneiden Kochzeit 3–5 Min. Gut abtropfen, warm stellen
600 g	Saisongemüse, z. B. Rüebli, Lauch, Wirz, Sellerie, Mangold, Blumenkohl	
150 g	Kartoffeln	vorbereiten, schneiden Auf Siebeinsatz geben
wenig	Salz oder Streuwürze	würzen Gemüse knapp weich dämpfen
100 g	geriebener Parmesan	Gemüse, Pizokel und Käse mischen, anrichten
2 EL	Bratbutter oder Öl	erhitzen
4–6	Salbeiblätter	in feine Streifen schneiden, auf mittlerer Stufe hellbraun rösten Über die angerichteten Pizokel verteilen

Anstelle von Buchweizenspätzli
300 g fertige Buchweizennudeln verwenden

Omeletten

Zutaten				
Verhältnis	**1** Teil Mehl		**3** Teile Flüssigkeit	

ca. 2 Omeletten	ca. 8 Omeletten		
50 g	200 g	Mehl	in Schüssel geben
1 Prise	1 KL	Salz	beifügen
1	4	frische Eier	
½ dl	2 dl	Milch	
½ dl	2 dl	Wasser	im Massbecher gut mischen Mehl mit der Flüssigkeit von der Mitte aus anrühren Zugedeckt bei Zimmertemperatur ca. 30 Min. ruhen lassen
wenig	wenig	Öl	in Bratpfanne erhitzen Teig mit Schöpfkelle hineingeben und gleichmässig verlaufen lassen Omeletten beidseitig goldbraun backen Zugedeckt warm stellen

Mehl ganz oder teilweise durch Halbweiss-, Ruch - oder Vollkornmehl ersetzen
Bei Verwendung von Vollkornmehl Flüssigkeitsmenge erhöhen

Omeletten mit Schinken und Kräutern

150 g	Schinken	
	Kräuter, z. B.	
	Petersilie,	
	Schnittlauch,	
	Basilikum,	
	Bärlauch	schneiden
		Unter den Omelettenteig mischen

Omeletten mit Käse

100 g	Käse	raffeln
		Unter den Omelettenteig mischen

Omeletten mit Äpfeln

2–3	Äpfel	schälen, grob raffeln
		Unter den Omelettenteig mischen

Gefüllte Omeletten

1 Portion	Hackfleisch	
	(S. 102) oder	
	Gedämpfte Pilze	
	(S. 172) oder	
	Blattspinat	
	(S. 171) oder	
	Apfelmus	
	(S. 309) oder	
	Fruchtkompott	zubereiten
	(S. 307)	Auf die gebackenen Omeletten verteilen,
		überschlagen oder einrollen

Omeletten mit pikanter Füllung in eingefettete Gratinform
geben, mit Käsesauce (S. 80) oder Sauce napoletana (S. 81)
überziehen, gratinieren

Milchreis	3 dl	1 l	Milch	in Pfanne geben
	wenig	½	Vanilleschote	aufschneiden, beifügen, aufkochen
	1 Prise	**2 Prisen**	Salz	würzen
	40 g	150 g	Rundkornreis z. B. Camolino, Originario	einrühren Auf kleiner Stufe kochen Kochzeit 30–40 Min. Von Zeit zu Zeit rühren

Nach Belieben Zucker, Zimt-Zucker, Sirup oder Fruchtkompott (S. 307) dazuservieren

Reisköpfchen

	20 g	Butter	
	2 EL	Zucker	
	3 EL	Sultaninen	unter den fertigen Milchreis mischen
	3 EL	Nüsse	hacken, zugeben In kalt ausgespülte Form oder Portionenförmchen füllen, auskühlen lassen Rand lösen, stürzen

Sultaninen durch Dörrfrüchte oder kandierte Früchte ersetzen

Nach Belieben Sirup oder Fruchtkompott (S. 307) dazuservieren

Haferbrei

		Anstelle von Reis	
	150 g	Haferflocken	verwenden Kochzeit 15–20 Min.

Nach Belieben Zimt-Zucker oder flüssigen Rahm dazuservieren

Für Porridge Hafergrütze verwenden
Kochzeit 5–10 Min., 30 Min. quellen lassen

Griessbrei

4 dl	1½ l	Milch	in Pfanne geben
wenig	½	Vanilleschote	aufschneiden, beifügen, aufkochen
1 Prise	½ KL	Salz	würzen
40 g	150 g	Griess	einrühren Auf kleiner Stufe kochen Kochzeit 20 Min. Von Zeit zu Zeit rühren

....

Nach Belieben Zucker, Zimt-Zucker, Sirup oder Fruchtkompott (S. 307) dazuservieren

Griessköpfchen

20 g	Butter	
2 EL	Zucker	
3 EL	Sultaninen	unter den fertigen Griessbrei mischen
3 EL	Nüsse	hacken, zugeben In kalt ausgespülte Form oder Portionenförmchen füllen, auskühlen lassen Rand lösen, stürzen

....

Sultaninen durch Dörrfrüchte oder kandierte Früchte ersetzen

Nach Belieben Sirup oder Fruchtkompott (S. 307) dazuservieren

Griess-schnitten
Griesstaler

7½ dl	Milch	aufkochen
1 Prise	Salz	würzen
150 g	Griess	einrühren Auf kleiner Stufe kochen Kochzeit 20 Min. Von Zeit zu Zeit rühren In ausgespülte Cakeform füllen oder auf abgespülter Unterlage 1 cm dick ausstreichen, auskühlen lassen Schnitten schneiden oder Taler ausstechen
2	frische Eier	
1 Prise	Salz	in Teller verklopfen Schnitten oder Taler darin wenden
2–3 EL	Bratbutter oder Öl	erhitzen Schnitten oder Taler auf mittlerer Stufe goldgelb backen

⬌ Süsse Griessschnitten / Griesstaler

	Zimt-Zucker	Schnitten oder Taler darin wenden

Fruchtkompott (S. 307) dazuservieren

Gnocchi alla romana

7½ dl	Milchwasser	aufkochen
1 KL	Salz	
wenig	Muskat	würzen
150 g	Griess	einrühren Auf kleiner Stufe kochen Kochzeit 20 Min. Von Zeit zu Zeit rühren Leicht auskühlen lassen
3 EL	geriebener Parmesan	
1	frisches Eigelb	darunter mischen Auf abgespülter Unterlage 1 cm dick ausstreichen, auskühlen lassen Runde Plätzchen ausstechen Ziegelartig in eingefettete Gratinform schichten
4 EL	geriebener Parmesan Butterflöckli	darüber verteilen Gratinieren Obere Ofenhälfte 250 °C 15–20 Min.

8 dl	Wasser	aufkochen	**Polenta**
1 KL	Salz	würzen	
200 g	grober Mais/ Bramata	einrühren Auf kleiner Stufe kochen Kochzeit 40–60 Min. Von Zeit zu Zeit rühren	

....

Nach Belieben Reibkäse oder Zwiebelschwitze (S. 184)
darüber geben

Maisschnitten/Maistaler

	Polenta	zubereiten In ausgespülte Cakeform füllen oder auf abgespülter Unterlage 1 cm dick ausstreichen, auskühlen lassen Schnitten schneiden oder Taler ausstechen
2–3 EL	Bratbutter oder Öl	erhitzen Schnitten oder Taler auf mittlerer Stufe goldgelb backen

Maisgratin/Maispizza

1 Portion	Polenta	zubereiten In eingefettete Gratinform oder in Blech (26 cm ⌀) ausstreichen Belegen und backen wie Pizza (S. 235)

1½ l	Wasser	aufkochen	**Maiskolben**
2 KL	Salz	würzen	
wenig	Butter	zugeben	
4–8	Maiskolben	beifügen Auf kleiner Stufe kochen Kochzeit 30–40 Min. Maiskolben gut abtropfen	
	Tafelbutter	dazuservieren	

....

Maiskolben in der Grillpfanne oder auf dem Grillrost
zubereiten, vorher blanchieren und mit Öl bestreichen

Knoblauch-brot

1	Pariserbrot	längs halbieren
50–80 g	weiche Butter	rühren, bis sich Spitzchen bilden
wenig	Salz oder Streuwürze, Pfeffer	
evtl. wenig	Zitronensaft	würzen
3–5	Knoblauchzehen	dazupressen oder fein schneiden, mischen Brothälften bestreichen, auf Blech legen Backen Ofenmitte 200–220 °C 5–10 Min.

....

Pariserbrot im Abstand von 2–3 cm schräg einschneiden, aber nicht durchschneiden, Knoblauchbutter in die Einschnitte streichen.
Nach dem Backen zwischen den Einschnitten durchschneiden

Brot in Scheiben schneiden, bestreichen, backen

Kräuterbrot

	Anstelle von Knoblauchbutter	
1–1½ Portionen	Kräuterbutter (S. 78)	zubereiten

Fotzel-schnitten

2	8	Brotscheiben	
½ dl	2 dl	kalte Milch	Brot darin wenden
1	3–4	frische Eier	
1 Prise	1 Prise	Salz	in Teller verklopfen, Brot darin wenden
1 EL	3–4 EL	Bratbutter oder Öl	erhitzen Brot beidseitig goldgelb backen

....

Nach Belieben in Zimt-Zucker wenden oder
Zimt-Zucker, Fruchtsalat (S. 302), Fruchtkompott (S. 307),
Apfelmus (S. 309) oder Salat dazuservieren

Gebäck

Apfelstrudel

	•		●	**Strudelteig**	
6 EL		150 g		Mehl	in Schüssel oder auf Tisch geben
1 Prise		½ KL		Salz	beifügen
½		1		Ei	
1½ EL		4 EL		Wasser	
1 KL		1 EL		Öl	gut mischen Mehl mit der Flüssigkeit von der Mitte aus anrühren Teig kneten, bis er glatt und geschmeidig ist Unter heiss ausgespülter Schüssel ca. 30 Min. ruhen lassen

		Füllung	
400 g	¾–1 kg	Äpfel	schälen, fein schneiden oder grob raffeln
wenig	½	Zitrone	Schale dazureiben Saft auspressen, zugeben
1–1½ EL	3–4 EL	Zucker	
2 EL	5 EL	gemahlene Nüsse	
1–2 EL	5 EL	Sultaninen	
wenig	wenig	Zimt	beifügen, mischen

Strudelteig auf bemehltem Küchentuch
sehr dünn auswallen,
seidenpapierdünn ausziehen

20 g	50 g	Butter	schmelzen
			Einen Teil auf den Teig streichen
			Füllung darauf verteilen
			Strudel mit Hilfe des Tuches aufrollen,
			auf mit Backtrennpapier belegtes
			Blech legen, seitlich einschlagen
			Strudel vor, während und nach
			dem Backen mit der restlichen
			Butter bestreichen
			Backen
			Ofenmitte
			200 °C
			▫ 20–30 Min.
			⬤ 30–40 Min.
		Puderzucker	darüber sieben

Gemahlene Nüsse nicht unter die Füllung mischen,
sondern vor den Äpfeln auf den Teig verteilen

Vanillesauce (S. 322) dazuservieren

Strudel lauwarm servieren

Aprikosenstrudel, Zwetschgenstrudel

		Anstelle von Äpfeln	
	¾–1 kg	Aprikosen oder Zwetschgen	waschen, halbieren, entsteinen, fein schneiden

Gemüsestrudel

		Anstelle von Apfelfüllung	
	1 Portion	Gemüse (S. 252)	zubereiten
			Auskühlen lassen
			Ohne Saft auf den ausgezogenen,
			mit Butter bestrichenen Teig verteilen
100–150 g		Käse	raffeln oder in kleine Würfel schneiden, darüber verteilen

Geeignete Käsesorten:
Feta, Gorgonzola, Raclettekäse, Reibkäse, Ricotta

Sauce hollandaise (S. 82) dazuservieren

Chnöiblätz

Fasnachts-küchlein

⊡	⬤		
3 Stück	12 Stück		
5 EL	200 g	Mehl	in Schüssel oder auf Tisch geben
1 Prise	½ KL	Salz	beifügen
½	2	Eier	
1½ EL	4 EL	Rahm	gut mischen

Mehl mit der Flüssigkeit
von der Mitte aus anrühren
Teig kneten, bis er glatt und
geschmeidig ist
Unter heiss ausgespülter Schüssel
ca. 30 Min. ruhen lassen
Teig in gleich grosse Stücke teilen
Auf gut bemehlter Fläche
sehr dünn und rund auswallen,
möglichst dünn ausziehen
Restliches Mehl abwischen

| ½ kg | ¾–1 kg | Kokosfett oder Frittieröl | in Brattopf oder Fritteuse auf 180 °C erhitzen |

Küchlein hineinlegen,
etwas zusammenschieben oder
in der Mitte eine Rosette drehen
Beidseitig goldgelb backen
Gut abtropfen

| | | Puderzucker | darüber sieben |

Ausbackteig

Apfel-
küchlein

150 g	Mehl	in Schüssel geben
½ KL	Salz	beifügen
1½ dl	Apfelsaft oder Wasser	
2	Eigelb	
1 KL	Öl	im Massbecher gut mischen Mehl mit der Flüssigkeit von der Mitte aus anrühren Zugedeckt bei Zimmertemperatur ca. 30 Min. ruhen lassen
2	Eiweiss	zu Schnee schlagen Kurz vor dem Backen darunter ziehen
4–5	Äpfel, z. B. Boskoop	schälen, ganz lassen, Kerngehäuse ausstechen, in 1 cm dicke Scheiben schneiden
1	Zitrone, Saft	Apfelscheiben beträufeln
¾–1 kg	Kokosfett oder Frittieröl	in Brattopf oder Fritteuse auf 180 °C erhitzen Apfelscheiben durch den Ausbackteig ziehen Portionenweise beidseitig goldgelb backen Gut abtropfen
	Zimt-Zucker	Apfelküchlein darin wenden Warm servieren

Vanillesauce (S. 322), Vanilleglace (S. 325) oder
½ Portion Süssmostcreme (S. 323) dazuservieren

Holunderblütenküchlein

20	Holunderblüten	überbrausen, gut abtropfen, in den Ausbackteig tauchen Mit der Blütenseite nach unten backen

Müüslichüechli/Salbeiküchlein

40	Salbeiblätter	abspülen, trocknen, in den Ausbackteig tauchen

Ruchbrot

⊡	⬤		
125 g	500 g	Ruchmehl	in Schüssel geben
⅓ KL	1½ KL	Salz	beifügen
5 g	15 g	Hefe	
5 EL	3 dl	Wasser	Hefe auflösen

Mehl mit der Flüssigkeit
von der Mitte aus anrühren
Teig gut kneten, bis er glatt und
geschmeidig ist
Zugedeckt an der Wärme
um das Doppelte aufgehen lassen
Ein grosses Brot oder
mehrere Brötchen formen
Auf vorbereitetes Blech geben
In den kalten Ofen schieben oder
nochmals gehen lassen und
in den vorgeheizten Ofen geben
Backen
Untere Ofenhälfte
220 °C
⊡ 20–30 Min.
⬤ 30–50 Min.
Beim Klopfen auf die Unterseite
soll das Brot hohl tönen

Wasser — heisses Brot bestreichen

Anstelle von Ruchmehl Halbweiss- oder Weissmehl
verwenden

Brot vor dem Backen kalt stellen

Bauernbrot

500 g	Halbweissmehl	
1½ KL	Salz	
15 g	Hefe	
3 dl	Milch	zubereiten wie Ruchbrot

Vollkornbrot

•	●		
100 g	400 g	Vollkorn- oder Grahammehl	
25 g	100 g	Ruchmehl	in Schüssel geben
⅓ KL	1½ KL	Salz	beifügen
1 KL	1 EL	Öl	zugeben
5 g	15 g	Hefe	
1 dl	3½ dl	Wasser	Hefe auflösen

Mehl mit der Flüssigkeit
von der Mitte aus anrühren
Teig gut kneten, bis er glatt und
geschmeidig ist
Zugedeckt an der Wärme
um das Doppelte aufgehen lassen
Ein grosses Brot oder
mehrere Brötchen formen
Auf vorbereitetes Blech oder
in Cakeform geben
In den kalten Ofen schieben oder
nochmals gehen lassen und
in den vorgeheizten Ofen geben
Backen
Untere Ofenhälfte
220 °C
• 20–30 Min.
● 40–50 Min.
Beim Klopfen auf die Unterseite
soll das Brot hohl tönen

Wasser — heisses Brot bestreichen

Brot vor dem Backen kalt stellen

Nussbrot

100–150 g	Haselnüsse oder Baumnüsse	grob hacken

Unter den fertigen Vollkornbrotteig
kneten

Speckbrot

150 g	Speckwürfeli	glasig braten
1	Zwiebel Kräuter	schneiden, zugeben

Sofort auf kleine Stufe zurückschalten,
unter ständigem Rühren dünsten
Unter den fertigen Vollkornbrotteig
kneten

Früchtebrot

250 g	Dörrfrüchte	fein schneiden
50 g	Haselnüsse oder Baumnüsse	ganz lassen oder grob hacken
1–2 KL	Birnbrotgewürz	zugeben Unter den fertigen Vollkornbrotteig kneten

Geeignete Dörrfrüchte:
Aprikosen, Datteln, Feigen, Zwetschgen

·	●			**Pizza**
100 g	400 g	Mehl	in Schüssel geben	
⅓ KL	1 KL	Salz	beifügen	
1 KL	2 EL	Olivenöl	zugeben	
5 g	15 g	Hefe		
4 EL	2½ dl	Wasser	Hefe auflösen	
			Mehl mit der Flüssigkeit	
			von der Mitte aus anrühren	
			Teig gut kneten, bis er glatt und	
			geschmeidig ist	
			Zugedeckt an der Wärme	
			um das Doppelte aufgehen lassen	
			Von Hand kleine oder grosse runde	
			Scheiben formen, Rand etwas dicker	
			Auf vorbereitetes Blech geben	
evtl.	evtl.			
50 g	150 g	Salami oder		
		Schinken	evtl. schneiden, auf den Teig legen	
½–1	3–4	Tomaten	in Scheiben schneiden, darauf legen	
wenig	wenig	Salz oder		
		Streuwürze,		
		Oregano,		
		Basilikum,		
		Pfeffer	würzen	
wenig	wenig	Olivenöl	darüber träufeln	
			Backen	
			Untere Ofenhälfte	
			220 °C	
			· 15–20 Min.	
			● 25–30 Min.	
60 g	200–300 g	Käse, z. B.		
		Mozzarella	zerkleinern, auf die Pizza verteilen,	
			in den letzten 10 Min. mitbacken	

Anstelle von Tomaten Tomatengemüse (S. 170) oder
Sauce napoletana (S. 81) verwenden

Nach Belieben bereichern mit:
Mortadella, Thon, Sardellen, Peperoni, Pilzen, Kapern oder
Oliven

500 g fertigen Brotteig verwenden

Zopf

·	●		
125 g	500 g	Mehl	in Schüssel geben
⅓ KL	1½ KL	Salz	
⅓ KL	1 KL	Zucker	beifügen
15 g	60 g	weiche Butter	zugeben, zerkleinern
5 g	15 g	Hefe	
4–5 EL	3 dl	Milch	Hefe auflösen

Mehl mit der Flüssigkeit
von der Mitte aus anrühren
Teig gut kneten, bis er glatt und
geschmeidig ist
Zugedeckt an der Wärme
um das Doppelte aufgehen lassen
Den Teig zu zwei gleich langen Strängen
formen, die in der Mitte etwas
dicker sind, Zopf flechten
Auf vorbereitetes Blech geben

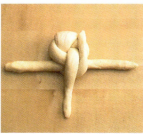 

wenig	1	Ei	verklopfen

Zopf zweimal bestreichen
In den kalten Ofen schieben oder
nochmals gehen lassen und
in den vorgeheizten Ofen geben
Backen
Untere Ofenhälfte
220 °C
· 20–30 Min.
● 35–45 Min.
Beim Klopfen auf die Unterseite
soll der Zopf hohl tönen

Wenig Ei in den Teig geben, der Zopf erhält
eine schönere Farbe, trocknet aber rascher aus;
restliches Ei zum Bestreichen verwenden

Zopf vor dem Backen kalt stellen

Zopf aus einem Strang, Knopfbrot

1 Portion   Zopfteig (S. 236)   zubereiten

Für Knopfbrot beide Enden unten zusammennehmen

Grittibänz

1 Portion   Zopfteig (S. 236)   zubereiten
Teig oval formen, Kopf markieren,
Arme und Beine einschneiden, verzieren

Wickel-
kuchen

▪ Cakeform 15 cm
● Cakeform 35−38 cm

▪	●	**Süsser Hefeteig**	
100 g	300 g	Mehl	in Schüssel geben
1 Prise	½ KL	Salz	
1 EL	3 EL	Zucker	beifügen
20 g	60 g	weiche Butter	zugeben, zerkleinern
10 g	20 g	Hefe	
2 EL	1 dl	Milch	Hefe auflösen
½	1	Ei	beifügen
			Mehl mit der Flüssigkeit
			von der Mitte aus anrühren
			Teig gut kneten, bis er glatt und
			geschmeidig ist
			Zugedeckt an der Wärme
			um das Doppelte aufgehen lassen
			Teig 3 mm dick zu einem Rechteck
			auswallen
evtl. 1 EL	evtl. 3 EL	Aprikosen-konfitüre	auf den Teig verteilen
		Nussfüllung	
5 EL	150 g	gemahlene Nüsse	
1 EL	3 EL	Zucker	in Schüssel geben
½ kleiner	1	Apfel	fein dazuraffeln
wenig	½	Zitrone	Schale dazureiben
			Saft auspressen, beifügen
1−2 EL	4−6 EL	Rahm oder Milch	zugeben, mischen
			Die Füllung soll feucht,
			aber nicht flüssig sein

Füllung auf den Teig streichen
Von beiden Seiten gegen die Mitte
einrollen, in vorbereitete Cakeform geben
In den kalten Ofen schieben oder
nochmals gehen lassen und
in den vorgeheizten Ofen geben
Backen
Untere Ofenhälfte
220 °C
▪ 20−30 Min.
● 30−40 Min.

		Glasur
2 EL	5 EL	Puderzucker
wenig	1 KL	Zitronensaft
½ KL	½–1 EL	Wasser

anrühren
Heisses Gebäck glasieren

Wenig Sultaninen auf die ausgestrichene Füllung verteilen

Anstelle der Glasur das Gebäck vor dem Backen
mit Ei bestreichen, Mandelscheibchen darüber streuen

Russenzopf

		Cakeform 35–38 cm oder vierckiges Blech
1 Portion	Süsser Hefeteig (S. 238)	zubereiten Teig 3 mm dick zu einem Rechteck auswallen
evtl. 3 EL	Aprikosen-konfitüre	auf den Teig verteilen
1 Portion	Nussfüllung (S. 238)	zubereiten Auf den Teig streichen Von einer Seite her einrollen, längs halbieren Die beiden halben Rollen mit der Schnittfläche nach oben ineinander schlingen, in vorbereitete Cakeform oder auf Blech legen In den kalten Ofen schieben oder nochmals gehen lassen und in den vorgeheizten Ofen geben Backen Untere Ofenhälfte 220 °C 30–40 Min.
1 Portion	Glasur (S. 239)	zubereiten Heisses Gebäck glasieren

Rosenkuchen

		Springform 24 cm ⌀
1 Portion	Süsser Hefeteig (S. 238)	zubereiten Teig 3 mm dick zu einem Rechteck auswallen

evtl. 3 EL	Aprikosen- konfitüre	auf den Teig verteilen
1 Portion	Nussfüllung (S. 238)	zubereiten Auf den Teig streichen Von einer Seite her einrollen In 5 cm dicke Scheiben schneiden, äusserste Teigschicht unten etwas zusammenziehen Mit der Schnittfläche nach oben in vorbereitete Springform stellen In den kalten Ofen schieben oder nochmals gehen lassen und in den vorgeheizten Ofen geben Backen Untere Ofenhälfte 220 °C 30 – 40 Min.
1 Portion	Glasur (S. 239)	zubereiten Heisses Gebäck glasieren

Hefeschnecken

ca. 12 Stück	Zubereiten und formen wie Rosenkuchen Teigrolle in 2–3 cm dicke Scheiben schneiden Mit der Schnittfläche nach oben auf mit Backtrennpapier belegtes Blech geben In den kalten Ofen schieben oder nochmals gehen lassen und in den vorgeheizten Ofen geben Backen Ofenmitte 220 °C 15 – 20 Min.

Hefenussgipfel

1 Portion	Süsser Hefeteig (S. 238)	zubereiten Teig halbieren, jede Hälfte 3 mm dick rund auswallen, in 6–8 Stücke schneiden
evtl. 3 EL	Aprikosen-konfitüre	auf den Teig verteilen
1 Portion	Nussfüllung (S. 238)	zubereiten Auf den Teig streichen Ecken evtl. wenig einschlagen, aufrollen, zu Gipfeln formen Mit Spitze nach unten auf vorbereitetes Blech legen In den kalten Ofen schieben oder nochmals gehen lassen und in den vorgeheizten Ofen geben Backen Ofenmitte 220 °C 15–20 Min.
1 Portion	Glasur (S. 239)	zubereiten Heisses Gebäck glasieren

 Anstelle der Glasur das Gebäck vor dem Backen
mit Ei bestreichen

Christstollen
Weihnachts-stollen

	•	●		
	100 g	300 g	Mehl	in Schüssel geben
	⅓ KL	1 KL	Salz	
	1 EL	4 EL	Zucker	beifügen
	20 g	60 g	weiche Butter	zugeben, zerkleinern
	10 g	20 g	Hefe	
	2 EL	1 dl	Milch	Hefe auflösen

½	1	Ei	beifügen
			Mehl mit der Flüssigkeit
			von der Mitte aus anrühren
			Teig gut kneten, bis er glatt und
			geschmeidig ist
			Zugedeckt an der Wärme
			um das Doppelte aufgehen lassen
1 EL	3 EL	Korinthen	
1 EL	3 EL	Sultaninen	
½ EL	1 EL	Orangeat	
½ EL	1 EL	Zitronat	
2 EL	5 EL	Mandelstifte	
1 Tropfen	2 Tropfen	Bittermandelöl	
evtl. 1 KL	evtl. 1 EL	Rosenwasser	unter den Teig kneten
			Teig zu einer 3 cm dicken,
			ovalen Scheibe auswallen
evtl. 30 g	evtl. 100 g	Marzipan	zu einer Rolle formen, in die Mitte legen
			Teig knapp bis zum Rand überschlagen,
			auf vorbereitetes Blech legen
			In den kalten Ofen schieben oder
			nochmals gehen lassen und
			in den vorgeheizten Ofen geben
20 g	50 g	Butter	schmelzen
			Vor, während und nach dem Backen
			bestreichen
			Backen
			Untere Ofenhälfte
			220 °C
			◿ 20–30 Min.
			● 30–40 Min.
1 EL	2 EL	Zucker	
wenig	1 KL	Vanillezucker	über den warmen Stollen streuen

....

     Anstelle von Zucker und Vanillezucker Puderzucker
über den kalten Stollen sieben

Dampfnudeln

▫	⬤		
2–3 Stück	8–10 Stück		

Hefeteig

80 g	250 g	Mehl	in Schüssel geben
1 Prise	½ KL	Salz	
½ EL	2 EL	Zucker	beifügen
10 g	40 g	weiche Butter	zugeben, zerkleinern
5 g	15 g	Hefe	
3 EL	1 dl	Milch	Hefe auflösen
½	1	Ei	beifügen
			Mehl mit der Flüssigkeit
			von der Mitte aus anrühren
			Teig gut klopfen, bis er glatt ist
			Zugedeckt an der Wärme
			um das Doppelte aufgehen lassen

Guss

1 dl	2 dl	Milch	
¾ EL	3 EL	Zucker	
10 g	40 g	Butter	erwärmen
			Die Hälfte in Auflauf- oder Gratinform geben

Aus dem Teig mit zwei Löffeln
gleich grosse Kugeln formen,
nebeneinander in die Form setzen
In den kalten Ofen schieben oder
nochmals gehen lassen und
in den vorgeheizten Ofen geben
Backen
Untere Ofenhälfte
220 °C
▫ 25–30 Min.
⬤ 30–40 Min.
10 Min. vor Ende der Backzeit
die einzelnen Gebäckstücke
mit zwei Gabeln leicht auseinander ziehen
Restlichen Guss darüber giessen,
fertig backen
Warm in der Form servieren

Vanillesauce (S. 322) oder Fruchtkompott (S. 307)
dazuservieren

⊡	⬤		
		• Springform 15 cm ⌀ oder Blech 16 cm ⌀	**Streusel-** **kuchen**
		⬤ Springform 24 cm ⌀ oder Blech 26 cm ⌀	

⊡	⬤	**Hefeteig**	
80 g	250 g	Mehl	in Schüssel geben
1 Prise	½ KL	Salz	
2 KL	2 EL	Zucker	beifügen
20 g	50 g	weiche Butter	zugeben, zerkleinern
5 g	15 g	Hefe	
4 EL	2 dl	Milch	Hefe auflösen
½	1	Ei	beifügen Mehl mit der Flüssigkeit von der Mitte aus anrühren Teig gut klopfen, bis er glatt ist In Schüssel oder Backform zugedeckt an der Wärme um das Doppelte aufgehen lassen

		Streusel	
1½ EL	40 g	Mehl	
1½ EL	60 g	Zucker	in Schüssel geben
2 EL	60 g	geschälte Mandeln	grob hacken, beifügen, mischen
20 g	50 g	flüssige Butter	zugeben, rühren, bis sich Klümpchen bilden
			Auf den Teig verteilen Backen Untere Ofenhälfte 220 °C • 15–20 Min. ⬤ 20–30 Min.

Bienenstich

		Anstelle von Streusel	
50 g	Butter	
2–3 EL	Honig	
1 EL	Milch	
100 g	Mandelscheibchen	erwärmen Auf den Teig verteilen

Ausgekühlten Bienenstich halbieren, mit einer Portion
Vanille-Backcreme (S. 275) füllen

Wähenteig

Zutaten				
Verhältnis	1 Teil Mehl	1/3 Teil Butter		1/2 Teil Wasser

• Blech 16 cm ⌀ oder 3 Förmchen

● Blech 26 cm ⌀ oder 10–12 Förmchen

•	●		
60 g	150 g	Mehl	in Schüssel oder auf Tisch geben
1 Prise	½ KL	Salz	beifügen
20 g	50 g	kalte Butter	zugeben, zerkleinern Sorgfältig verreiben, bis die Masse gleichmässig fein ist
2 EL	4–5 EL	kaltes Wasser	in die Vertiefung geben Teig sorgfältig und rasch zusammenfügen Zugedeckt an der Kälte ca. 30 Min. ruhen lassen

Mehl ganz oder teilweise durch Vollkorn-, Ruch- oder
Halbweissmehl ersetzen
Bei Verwendung von Vollkornmehl Flüssigkeitsmenge erhöhen

Butter teilweise durch Schweinefett ersetzen

Kuchenteig

Zutaten	![Mehl Farine]	![Butter]	![Salz]	![Messbecher]
Verhältnis	**1** Teil Mehl	**½** Teil Butter		**⅓** Teil Wasser

☐ Blech 16 cm ⌀ oder 3 Förmchen
■ Blech 26 cm ⌀ oder 10–12 Förmchen

☐	■		
60 g	150 g	Mehl	in Schüssel oder auf Tisch geben
1 Prise	½ KL	Salz	beifügen
30 g	75 g	kalte Butter	zugeben, zerkleinern Sorgfältig verreiben, bis die Masse gleichmässig fein ist
1½ EL	3–4 EL	kaltes Wasser	in die Vertiefung geben Teig sorgfältig und rasch zusammenfügen Zugedeckt an der Kälte ca. 30 Min. ruhen lassen

....

Mehl ganz oder teilweise durch Vollkorn-, Ruch- oder
Halbweissmehl ersetzen
Bei Verwendung von Vollkornmehl Flüssigkeitsmenge erhöhen

Butter teilweise durch Schweinefett ersetzen

Mürbeteig

Zutaten				
Verhältnis	1 Teil Mehl	$1/2$ Teil Butter		

• Blech 16 cm ⌀, Springform 15 cm ⌀
  oder 3–4 Förmchen

● Blech 26 cm ⌀, Springform 24 cm ⌀
  oder 12–15 Förmchen

•	●		
80 g	200 g	Mehl	in Schüssel oder auf Tisch geben
1 Prise	2 Prisen	Salz	beifügen
40 g	100 g	kalte Butter	zugeben, zerkleinern Sorgfältig verreiben, bis die Masse gleichmässig fein ist
1 EL	2–3 EL	Zucker	beifügen
evtl. wenig	evtl. ½	Zitrone	Schale dazureiben
⅓	1	Ei	verklopfen, in die Vertiefung geben
evtl. 1 KL	evtl. 1–2 EL	Wasser oder Rahm	beifügen Teig sorgfältig und rasch zusammenfügen Zugedeckt an der Kälte ca. 30 Min. ruhen lassen

Teig auf wenig Mehl ca. 3 mm dick auswallen

Blech belegen, evtl. Rand verzieren

Teigboden einstechen

Bei Verwendung von Vollkornteig Blech einfetten

**Kuchenblech
Wähenblech
belegen**

Je nach gewünschter Randhöhe ½ bis ⅔ des Teiges direkt auf Springformboden gleichmässig dick auswallen
Feuchter Lappen unter Springformboden verhindert das Wegrutschen

Teigrolle am Rand auflegen, gut andrücken, bis zur gewünschten Höhe hochziehen

Teigboden einstechen

**Springform
belegen**

Teig auf wenig Mehl ca. 2 mm dick auswallen

Runde Plätzchen ausstechen, die rundum ca. 1 cm grösser sind als das Förmchen

Teig in die Förmchen legen, Rand wenn nötig abschneiden

Teigboden einstechen

**Förmchen
belegen**

Teigboden dicht einstechen

Springformboden evtl. mit Backtrennpapier und Fruchtsteinen oder Hülsenfrüchten belegen
Förmchen evtl. mit einem zweiten Förmchen beschweren

Backen
Untere Ofenhälfte
220 °C
Förmchen   10 – 15 Min.
Blech, Springform   15 – 25 Min.
Nach ca. 15 Min. Fruchtesteine, Hülsenfrüchte und Backtrennpapier oder Förmchen entfernen
Bei 180 °C fertig backen

Blind backen

**Backen
ohne Füllung**

Käsewähe
Käsekuchen
Käseküchlein

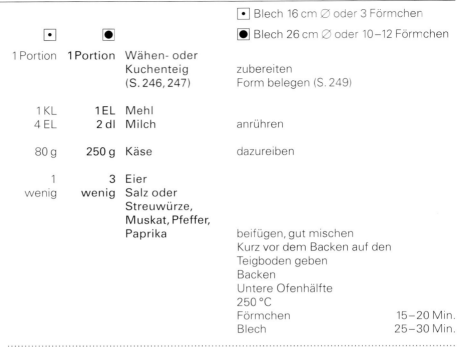

⊡	⬤		⊡ Blech 16 cm ⌀ oder 3 Förmchen
			⬤ Blech 26 cm ⌀ oder 10–12 Förmchen
1 Portion	1 Portion	Wähen- oder Kuchenteig (S. 246, 247)	zubereiten Form belegen (S. 249)
1 KL	1 EL	Mehl	
4 EL	2 dl	Milch	anrühren
80 g	250 g	Käse	dazureiben
1	3	Eier	
wenig	wenig	Salz oder Streuwürze, Muskat, Pfeffer, Paprika	beifügen, gut mischen Kurz vor dem Backen auf den Teigboden geben Backen Untere Ofenhälfte 250 °C

Förmchen	15–20 Min.
Blech	25–30 Min.

Milch teilweise durch Rahm ersetzen

100 g Schinkenwürfeli oder geschnittene Champignons oder 2 geschnittene Tomaten auf den Teigboden verteilen

Nach Belieben Kümmel dazuservieren

			• Blech 16 cm ∅ oder 3 Förmchen	
			● Blech 26 cm ∅ oder 10–12 Förmchen	

Quiche Lorraine

Lothringer Speck-kuchen

• 1 Portion	● 1 Portion	Wähen- oder Kuchenteig (S. 246, 247)	zubereiten Form belegen (S. 249)	
50 g	150 g	Specktranchen	schneiden, glasig braten Auf den Teigboden verteilen	

Guss

1 dl	3 dl	Rahm		
1	3	Eier		
1 Prise	½ KL	Salz oder Streuwürze		
wenig	wenig	Pfeffer, Muskat	gut mischen	
			Kurz vor dem Backen auf den Teigboden geben Backen Untere Ofenhälfte 250 °C	
			Förmchen	15–20 Min.
			Blech	25–30 Min.

100 g geriebenen Käse mit dem Speck auf den Teigboden verteilen

Rahm teilweise durch Milch ersetzen

	Blech 26 cm ∅	

Pilzwähe

Pilzkuchen

1 Portion	Wähen- oder Kuchenteig (S. 246, 247)	zubereiten Form belegen (S. 249)
1 Portion	Gedämpfte Pilze (S. 172)	zubereiten, aus‹ühlen lassen Pilze ohne Saft kurz vor dem Backen auf den Teigboden verteilen
1 EL	Mehl Pilzsaft	anrühren
1 dl	Milch	
1 dl	Rahm	
2	Eier	
wenig	Salz oder Streuwürze, Pfeffer	beifügen, gut mischen Über die Pilze giessen Backen Untere Ofenhälfte 250 °C 25–30 Min.

Gemüse-wähe

Gemüse-kuchen

		Blech 26 cm ⌀
1 Portion	Wähen- oder Kuchenteig (S. 246, 247)	zubereiten Form belegen (S. 249)

Gemüse

1 EL	Öl oder Butter	in Pfanne geben
1 1	Zwiebel Knoblauchzehe Petersilie, Thymian, Basilikum	schneiden, beifügen
500 g 200 g	Saisongemüse Pilze	vorbereiten, schneiden, zugeben
wenig	Salz oder Streuwürze, Pfeffer	würzen, zudecken Auf grosser Stufe erwärmen, bis es zischt Sofort auf kleine Stufe zurückschalten, dämpfen Von Zeit zu Zeit schütteln Dämpfzeit 15–20 Min. Auskühlen lassen
		Gemüse kurz vor dem Backen auf den Teigboden verteilen

Guss

1 dl	Milch	
1 dl	Kaffeerahm	
2	Eier	
wenig	Salz oder Streuwürze, Pfeffer	gut mischen
		Über das Gemüse giessen Backen Untere Ofenhälfte 250 °C 25–35 Min.

 Geschnittene Tomaten roh zugeben

		Blech 26 cm ⌀	
1 Portion	Wähen- oder Kuchenteig (S. 246, 247)	zubereiten Form belegen (S. 249)	
100 g	Speckwürfeli	glasig braten	
750 g	Zwiebeln	in feine Streifen schneiden, zugeben Sofort auf kleine Stufe zurückschalten, unter gelegentlichem Rühren 20–30 Min. dünsten	
2 EL	Mehl	beifügen, mitdünsten	
1 dl	Milch		
1 dl	Rahm	zugeben, leicht auskühlen lassen	
1	Ei		
1–2 KL	Salz oder Streuwürze		
wenig	Pfeffer, Muskat	beifügen, gut mischen Kurz vor dem Backen auf den Teigboden geben Backen Untere Ofenhälfte 250 °C 25–30 Min.	

Zwiebel-wähe

Zwiebel-kuchen

Spinatwähe/Spinatkuchen

	Anstelle von Zwiebeln		
½	Zwiebel		
1–2	Knoblauchzehen	schneiden	
750 g	Spinat	vorbereiten Auf grosser Stufe erwärmen, bis es zischt Sofort auf kleine Stufe zurückschalten, dämpfen Dämpfzeit 10–15 Min.	

Nach Belieben Spinat pürieren

Fleisch-
kuchen

Blech 26 cm ⌀, Springform 24 cm ⌀

2 Portionen	Wähen- oder Kuchenteig (S. 246, 247)	zubereiten Ca. ⅓ des Teiges auswallen, Deckel ausschneiden Restlichen Teig auswallen, Form belegen (S. 249)

Füllung

50 g	Speckwürfeli	glasig braten, herausnehmen
evtl.	Öl oder Fett	beifügen, erhitzen
400 g	Hackfleisch	auf grosser Stufe braten
1	Zwiebel	
1	Knoblauchzehe	
1	Peperoni	
100 g	Pilze	
evtl. 2	Tomaten	
	Kräuter, z. B. Petersilie, Majoran	vorbereiten, schneiden, zugeben Sofort auf kleine Stufe zurückschalten, unter ständigem Rühren dünsten
1 EL	Mehl	
1 EL	Tomatenpüree	beifügen, mischen
2 dl	Wasser oder Bouillon	ablöschen
evtl.	Salz oder Streuwürze	
wenig	Pfeffer, Paprika	würzen Speckwürfeli zugeben Auf kleiner Stufe zugedeckt schmoren Kochzeit 15–20 Min. Auskühlen lassen
		Kurz vor dem Backen auf den Teigboden verteilen Teigrand darüber legen

		1 Ei	verklopfen
			Rand bestreichen
			Teigdeckel auflegen,
			Rand gut andrücken
			Mit dem restlichen Ei bestreichen
			Backen
			Untere Ofenhälfte
			220 °C
			30–40 Min.

Fleischkuchen mit Teigfiguren verzieren

Fleischkuchen mit Hackfleisch (S. 102) füllen

Fruchtwähe
Fruchtkuchen

● Blech 16 cm ⌀
⬤ Blech 26 cm ⌀

•	⬤		
1 Portion	1 Portion	Wähen- oder Kuchenteig (S. 246, 247)	zubereiten / Form belegen (S. 249)
evtl. 1 EL	evtl. 3 EL	gemahlene Nüsse	auf den Teigboden streuen
200 g	750 g	Früchte	vorbereiten / Auf den Teigboden verteilen / Backen / Untere Ofenhälfte / 250 °C / 25–30 Min.

Guss

½ dl	1 dl	Milch	
½	1	Ei	
½ EL	1 EL	Zucker	gut mischen / Nach der halben Backzeit darüber giessen

Milch teilweise durch Rahm, Kaffeerahm oder Quark ersetzen

Guss mit Vanillezucker, Zimt oder Ingwer würzen

Bei Verwendung von sehr saftenden oder tiefgekühlten Früchten Guss vor dem Backen dazugeben

Tiefgekühlte Früchte gefroren auf den Teigboden verteilen

Apfelwähe/Apfelkuchen

Äpfel schälen, in gleichmässige Schnitze schneiden
oder grob raffeln

Aprikosenwähe/Aprikosenkuchen
Zwetschgenwähe/Zwetschgenkuchen

Aprikosen oder Zwetschgen waschen, halbieren, entsteinen,
längs einschneiden

Kirschenwähe/Kirschenkuchen

Kirschen überbrausen, evtl. entsteinen

Rhabarberwähe/Rhabarberkuchen

Rhabarber waschen, evtl. schälen, in gleichmässige Würfeli
oder Stängeli schneiden

Nidelwähe

Nidle-
chueche

Nidel-
törtchen

⊡	⬤		
			⊡ Blech 16 cm ∅, Springform 15 cm ∅ oder 3–4 Förmchen
			⬤ Blech 26 cm ∅, Springform 24 cm ∅ oder 12–15 Förmchen
1 Portion	1 Portion	Wähen-, Kuchen- oder Mürbeteig (S. 246–248)	zubereiten Form belegen (S. 249)
½ dl	1½ dl	Milch	
1 dl	2 dl	Rahm	
1	3	Eier	
1 EL	2 EL	Zucker	
1 KL	1 EL	Vanillezucker	
1 Prise	1 Prise	Salz	gut mischen
			Kurz vor dem Backen
			auf den Teigboden giessen
			Backen
			Untere Ofenhälfte
			250 °C
			Förmchen 15–25 Min.
			Blech, Springform 25–30 Min.

   Anstelle von Vanillezucker
wenig abgeriebene Zitronenschale zugeben

		Blech 26 cm ∅, Springform 24 cm ∅ oder 12–15 Förmchen	**Beeren-kuchen**
1 Portion	Mürbeteig (S. 248)	zubereiten Form belegen (S. 249) Blind backen (S. 249) Auskühlen lassen	**Beeren-törtchen**
1½ dl	Rahm	schlagen	
1 EL evtl. 2–3 EL	Zucker gemahlene Nüsse	beifügen, mischen Auf den Teigboden verteilen	
750 g	Beeren, z. B. Erdbeeren, Himbeeren	evtl. waschen, evtl. halbieren, daraufgeben	
evtl. 1 dl	Rahm	schlagen, garnieren	

Rahm durch Vanille-Backcreme (S. 275) ersetzen

Beeren durch andere Früchte ersetzen

Meringuierter Johannisbeer- kuchen

Blech 26 cm ⌀, Springform 24 cm ⌀

1 Portion	Mürbeteig (S. 248)	zubereiten Form belegen (S. 249) Blind backen (S. 249) Auskühlen lassen

Meringuage

3	Eiweiss	
1 Prise	Salz	zu Schnee schlagen
150 g	Zucker	die Hälfte zugeben, weiterschlagen, bis die Masse glänzt Restlichen Zucker sorgfältig darunter ziehen

Die Hälfte der Meringuage in Spritzsack füllen

500 g	Johannisbeeren	vorbereiten, unter die restliche Meringuage mischen Auf den Teigboden verteilen Mit der restlichen Meringuage garnieren Überbacken Obere Ofenhälfte 250 °C 5–10 Min. Ofentüre leicht offen lassen

 Nach Belieben entsteinte Weichseln verwenden

		Blech 26 cm ⌀, Springform 24 cm ⌀	**Gedeckter Apfelkuchen**

2 Portionen	Mürbeteig (S. 248)	zubereiten Ca. ⅓ des Teiges auswallen, Deckel ausschneiden Restlichen Teig auswallen, Form belegen (S. 249)	

Füllung

1 kg	Äpfel	schälen, in Scheiben schneiden, in Schüssel geben
1	Zitrone	Schale dazureiben Saft auspressen, beifügen
3 EL	Zucker	
1 EL	Vanillezucker	
1 Msp	Zimt, Ingwer	
2 KL	Stärkemehl, z. B. Maizena, Epifin	zugeben, mischen

		Kurz vor dem Backen auf den Teigboden verteilen Teigrand darüber legen, mit Wasser bestreichen Teigdeckel auflegen, Rand gut andrücken Backen Untere Ofenhälfte 220 °C 40–50 Min.
	Puderzucker	darüber sieben

4 EL Sultaninen in die Füllung geben

Apfelkuchen mit Teigfiguren verzieren

Apfelkuchen lauwarm servieren

Zürcher Pfarrhaustorte

			▫ Blech 16 cm ⌀, Springform 15 cm ⌀
	▫	●	● Blech 26 cm ⌀, Springform 24 cm ⌀
1 Portion	1 Portion	Mürbeteig (S. 248)	zubereiten Form belegen (S. 249)

Füllung

▫	●		
1	2	Eigelb	
2 EL	5 EL	Zucker	rühren, bis die Masse hell und schaumig ist
wenig	½	Zitrone	Schale dazureiben Saft auspressen, zugeben
1 Msp	½ KL	Zimt	
5 EL	150 g	gemahlene Nüsse	beifügen, mischen
½ kleiner	2	Äpfel	fein dazuraffeln
1	2	Eiweiss	zu Schnee schlagen, sorgfältig darunter ziehen, auf den Teigboden verteilen
1–2 kleine	3–4	Äpfel	schälen, halbieren, Kerngehäuse ausstechen, einschneiden Mit der Wölbung nach oben auf die Füllung setzen Backen Untere Ofenhälfte 220 °C ▫ 25–30 Min. ● 35–40 Min.
evtl.	evtl. 1 EL	Johannisbeergelee	erwärmen, Äpfel bestreichen

		Blech 26 cm ∅, Springform 24 cm ∅ oder 12–15 Förmchen
1 Portion	Mürbeteig (S. 248)	zubereiten Form belegen (S. 249)
evtl. 2–3 EL	Konfitüre	auf den Teigboden verteilen
4 dl	Milch	aufkochen
1 Prise	Salz	würzen
4 EL	Griess	einrühren Auf kleiner Stufe kochen Kochzeit 10–20 Min. Von Zeit zu Zeit rühren
½	Zitrone	Schale dazureiben Saft auspressen, zugeben
50 g	Butter	
3–4 EL	Zucker	
3 EL	Sultaninen	
3 EL	geschälte, gemahlene Mandeln	beifügen, mischen, leicht auskühlen lassen
3	Eigelb	zugeben, mischen
3	Eiweiss	zu Schnee schlagen, sorgfältig darunter ziehen Masse auf den Teigboden verteilen Backen Untere Ofenhälfte 220 °C

Förmchen	15–25 Min.
Blech, Springform	30–35 Min.

Osterfladen

Osterkuchen

Oster-törtchen

Griess durch 3 EL Rundkornreis, z. B. Camolino, Originario, ersetzen, Kochzeit 30 Min.

Hasenschablone auf den ausgekühlten Kuchen legen, Puderzucker darüber sieben

Quarktorte mit Früchten

		Springform 24 cm ⌀
½ Portion	Mürbeteig (S. 248)	zubereiten Auf Springform auswallen (S. 249) Blind backen (S. 249) Blind gebackenen Mürbeteigboden auf Tortenplatte legen, Springformrand schliessen
300 g	Beeren, z. B. Brombeeren, Erdbeeren, Himbeeren	auf den Mürbeteigboden verteilen
3	frische Eigelb	
100 g	Zucker	rühren, bis die Masse hell und schaumig ist
500 g	Magerquark	
1	Zitrone, Saft	zugeben, mischen
6 Blatt	Gelatine	auflösen (S. 320) Beifügen, kühl stellen, bis die Masse leicht fest ist
2 dl	Rahm	schlagen, unter die Quarkmasse ziehen
3	Eiweiss	zu Schnee schlagen, sorgfältig darunter ziehen In die Springform geben 2–3 Std. im Kühlschrank fest werden lassen
	Beeren	garnieren

Nach Belieben Beeren mixen, unter die Quarkmasse mischen

Beeren durch andere Früchte oder konservierte Früchte ersetzen

Mürbeteigboden durch Biskuit ersetzen Helles Biskuit (S. 270) zubereiten, halbieren

| wenig | 1 | Ei | verklopfen, bestreichen
Backen
Untere Ofenhälfte
180 °C
⊡ 30–35 Min.
⬤ 40–45 Min. |

		Cakeform 22–25 cm	**Baumnuss-cake**
150 g	weiche Butter	rühren, bis sich Spitzchen bilden	
4	Eier		
100 g	Rohzucker		
1 Prise	Salz	zugeben Rühren, bis die Masse heller ist	
100 g	Honig		
½ KL	Zimt	beifügen, mischen	
200 g	Ruchmehl		
1 EL	Backpulver	zugeben, verrühren	
125 g	Baumnüsse	hacken, beifügen, mischen Masse in vorbereitete Cakeform füllen	
3 EL	Baumnüsse	hacken, darüber streuen Backen Untere Ofenhälfte 180 °C 40–45 Min.	

Schokolade-torte

Schokolade-cake

			▣ Springform 15 cm ⌀ oder Cakeform 15 cm
			● Springform 24 cm ⌀ oder Cakeform 22–25 cm
▣	●		
40 g	125 g	weiche Butter	rühren, bis sich Spitzchen bilden
2	6	Eigelb	
3 EL	150 g	Zucker	
1 Prise	1 Prise	Salz	zugeben Rühren, bis die Masse hell ist
40 g	125 g	dunkle Schokolade	schmelzen (S. 14), beifügen
2	6	Eiweiss	zu Schnee schlagen, auf die Masse geben
6 EL	250 g	gemahlene Mandeln	darüber streuen
1½ EL	50 g	Mehl	
½ KL	1 KL	Backpulver	dazusieben Mit dem Eischnee und den Mandeln sorgfältig darunter ziehen Masse in vorbereitete Form füllen Backen Untere Ofenhälfte 180 °C ▣ 30–35 Min. ● 45–55 Min.

Nach Belieben mit Schokoladeglasur (S. 275) glasieren

		Rechteckiges Blech

Biskuit-roulade mit Konfitüre

4	Eigelb	
120 g	Zucker	
1 Prise	Salz	
2 EL	warmes Wasser	rühren, bis die Masse hell und schaumig ist

evtl. ½	Zitrone	Schale dazureiben

4	Eiweiss	zu Schnee schlagen, auf die Masse geben

80 g	Mehl	dazusieben

Mit dem Eischnee sorgfältig darunter ziehen
Masse auf mit Backtrennpapier belegtes Blech geben, ca. 1 cm dick zu einem Rechteck ausstreichen
Backen
Ofenmitte
220 °C
8–10 Min.
Das Biskuit auf ein Küchentuch stürzen, Backtrennpapier rasch ablösen
Sofort mit dem Blech zudecken, auskühlen lassen
Trockene Ränder wegschneiden

4–5 EL	Konfitüre	auf das Biskuit verteilen, einrollen Enden schräg anschneiden

	Puderzucker	darüber sieben

Biskuitroulade mit Früchten

300 g	Anstelle von Konfitüre Beeren oder andere Früchte	vorbereiten, evtl. schneiden

wenig	Zitronensaft	
1 EL	Zucker	
1 KL	Vanillezucker	zugeben Zugedeckt kurze Zeit stehen lassen

2 dl	Rahm	schlagen Auf das Biskuit streichen Früchte darauf verteilen, einrollen

	Puderzucker	darüber sieben

Schokolade-
roulade

Rechteckiges Blech

4	Eigelb	
120 g	Zucker	
1 Prise	Salz	
1 KL	Vanillezucker	
2 EL	warmes Wasser	rühren, bis die Masse hell und schaumig ist
4	Eiweiss	zu Schnee schlagen, auf die Masse geben
30 g	Schokolade-pulver	
10 g	Kakaopulver	
40 g	Mehl	dazusieben Mit dem Eischnee sorgfältig darunter ziehen Backen und zum Füllen vorbereiten (S. 269)
2 dl	Rahm	schlagen Auf das Biskuit verteilen, einrollen
	Puderzucker	darüber sieben

 Roulade mit wenig geschlagenem Rahm überziehen, Schokoladespäne darüber streuen

---

Helles Biskuit

☐ Springform 15 cm ⌀

⬤ Springform 24 cm ⌀

☐	⬤		
1	4	Eigelb	
2 EL	120 g	Zucker	
1 Prise	1 Prise	Salz	
½ EL	2 EL	warmes Wasser	rühren, bis die Masse hell und schaumig ist
evtl. wenig	evtl. ½	Zitrone	Schale dazureiben
1	4	Eiweiss	zu Schnee schlagen, auf die Masse geben

3 EL	120 g	Mehl	dazusieben Mit dem Eischnee sorgfältig darunter ziehen Masse in vorbereitete Springform füllen Backen Untere Ofenhälfte 180 °C ⊡ 20–25 Min. ⬤ 30–40 Min.

Biskuittorte mit Beeren

	Helles Biskuit	auskühlen lassen
500 g	Beeren, z. B. Brombeeren, Erdbeeren, Himbeeren	evtl. waschen, evtl. halbieren
evtl. 1–2 KL	Zitronensaft	darüber träufeln
1–2 dl	Rahm	schlagen, garnieren Evtl. einen Teil vor dem Auflegen der Beeren auf das Biskuit verteilen

Nach Belieben wenig Zucker über die Beeren streuen oder
in den geschlagenen Rahm geben

Anstelle von Beeren Aprikosen, Birnen, Trauben oder
konservierte Früchte verwenden

Biskuit nach Belieben mit wenig Zuckersirup oder
Fruchtsaft tränken

Schokoladebiskuit

	Anstelle von Mehl	
40 g	Kakaopulver	
80 g	Mehl	dazusieben

Haselnuss-torte

Springform 24 cm ∅

6	Eigelb	
150 g	Zucker	
1 Prise	Salz	
2 EL	warmes Wasser	rühren, bis die Masse hell und schaumig ist
½	Zitrone	Schale dazureiben Saft auspressen, zugeben, mischen
6	Eiweiss	zu Schnee schlagen, auf die Masse geben
200 g	gemahlene Haselnüsse	evtl. rösten, darüber streuen
75 g	Mehl	
½ KL	Backpulver	dazusieben Mit dem Eischnee und den Nüssen sorgfältig darunter ziehen Masse in vorbereitete Springform füllen Backen Untere Ofenhälfte 180 °C 40–50 Min.
	Puderzucker	darüber sieben

....

Anstelle von Haselnüssen Mandeln verwenden

Nach Belieben Torte halbieren, Schlagrahmfüllung mit Haselnüssen (S. 275) einfüllen

**Aargauer
Rüeblitorte**

| ▪ | Springform 15 cm ⌀ |
| ● | Springform 24 cm ⌀ |

▪	●		
2	5	Eigelb	
4 EL	150 g	Zucker	
1 Prise	1 Prise	Salz	
½ EL	2 EL	warmes Wasser	rühren, bis die Masse hell und schaumig ist
wenig	½	Zitrone	Schale dazureiben
100 g	250 g	Rüebli	schälen, sehr fein dazuraffeln, mischen
1 Msp	½ KL	Zimt	
1 Msp	1 Msp	Nelkenpulver	beifügen, mischen
2	5	Eiweiss	zu Schnee schlagen, auf die Masse geben
100 g	250 g	gemahlene Mandeln	darüber streuen
2½ EL	75 g	Mehl	
1 Msp	½ KL	Backpulver	dazusieben Mit dem Eischnee und den Mandeln sorgfältig darunter ziehen Masse in vorbereitete Springform füllen Backen Untere Ofenhälfte 180 °C ▪ 30–35 Min. ● 45–55 Min.
		Puderzucker	darüber sieben
		Marzipanrüebli	garnieren

....

 Anstelle von Puderzucker mit weisser Glasur (S. 274) glasieren

Torten glasieren

Torte mit der Unterseite nach oben auf Kuchengitter auskühlen lassen

Glatte Unterseite mit 3 EL leicht erwärmter, passierter Aprikosenkonfitüre oder Gelee dünn bestreichen

Glasur auf Torte geben und durch leichtes Schräghalten gleichmässig verlaufen lassen
Oberfläche nie ausstreichen, Rand evtl. mit Spachtel bestreichen

Weisse Glasur

⊡ Springform 15 cm ∅

⬤ Springform 24 cm ∅

⊡	⬤		
100 g	200 g	Puderzucker	in Schüssel geben
½ EL	1 EL	Zitronensaft	
½ EL	1–2 EL	Wasser	Puderzucker anrühren Glasur soll den Löffelrücken gleichmässig überziehen

Mokkaglasur

Anstelle von Zitronensaft

1 EL	Sofortkaffee	
1–2 EL	heisses Wasser	auflösen

		▪ Springform 15 cm ∅	**Schokolade-**
		● Springform 24 cm ∅	**glasur**
▪	●		
60 g	120 g	dunkle Schokolade	
1½ EL	3 EL	Wasser	im Wasserbad schmelzen
15 g	30 g	Tafelbutter	zugeben, schmelzen
1–2 EL	2–3 EL	Puderzucker	dazusieben, glatt rühren Glasur soll den Löffelrücken gleichmässig überziehen Sofort auf die vorbereitete Torte geben

	1–2 dl	Rahm	schlagen	**Schlagrahm-**
	evtl. 1–2 EL	Zucker	beifügen, mischen	**füllung**

▸ Anstelle von Zucker 50 g geschmolzene Schokolade oder 50 g gemahlene Haselnüsse zugeben

1½ EL	Stärkemehl, z. B. Maizena, Epifin	**Vanille-**
2 dl	Milch	**Backcreme**
1 EL	Zucker	
1	Ei	
½	Vanilleschote	zubereiten wie Vanillecreme (S. 321)

▸ Vanilleschote durch 2 KL Vanillezucker ersetzen

Nach Belieben 30 g Tafelbutter unter die warme Backcreme mischen oder 1 dl geschlagenen Rahm unter die ausgekühlte Backcreme ziehen

Schokolade-Backcreme

	Anstelle von Vanille	
80 g	dunkle Schokolade	zerkleinern, zur Milch geben

Mokka-Backcreme

	Anstelle von Vanille	
1–2 EL	Sofortkaffee	zur Milch geben

Spritzglasur

50 g	Puderzucker	in kleine Schüssel sieben
1–1½ KL	Eiweiss	zugeben, glatt rühren

 Nach Belieben mit Schokoladepulver, Himbeersirup, Safran oder Lebensmittelfarbe färben

Spritztüte

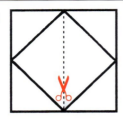

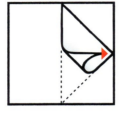

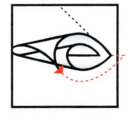

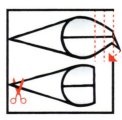

 Backtrennpapier verwenden

Spritztüte durch Plastiksack ersetzen

Butterteige kalt verarbeiten
Kleine Portionen auswallen
Butterteige auf wenig Mehl auswallen
Eiweissteige auf wenig Zucker oder
Nüssen auswallen.Teige evtl. zwischen
Plastik oder Backtrennpapier auswallen
Gleichmässig dick auswallen,
evtl.Teighölzer verwenden

**Kleingebäck
verarbeiten**

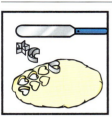

Teig vor dem Ausstechen
mit Spachtel lösen
Formen exakt ausstechen oder
ausschneiden
Platzsparend ausstechen

Gebäck auf Blechrücken geben
Butterteige auf ungefettetes Blech legen
Eiweissgebäck auf Backtrennpapier
geben

Geformtes Butterteiggebäck
vor dem Backen kühl stellen
Geformtes Eiweissgebäck
vor dem Backen einige Stunden
antrocknen lassen

Eigelb zum Bestreichen mit wenig
Wasser, Milch oder Rahm verdünnen,
evtl. wenig Zucker beifügen
Eigelb vor dem Backen gleichmässig
und sparsam aufstreichen
Glasuren nach dem Backen sorgfältig
mit Pinsel oder Messer auftragen

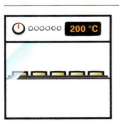

Buttergebäck backen
Ofenmitte
200 °C
Eiweissgebäck backen
Ofenmitte
250 °C
Eiweissgebäck soll aussen trocken und
innen noch feucht sein

Mailänderli

•	●		
50 g	125 g	weiche Butter	rühren, bis sich Spitzchen bilden
½	1	Ei	
3 EL	125 g	Zucker	
1 Prise	1 Prise	Salz	zugeben
			Rühren, bis die Masse hell ist
wenig	½	Zitrone	Schale dazureiben
100 g	250 g	Mehl	dazusieben, verrühren, zusammenfügen
			Zugedeckt an der Kälte ruhen lassen
			Teig 5–7 mm dick auswallen,
			Formen ausstechen
wenig	1	Eigelb	verklopfen, bestreichen
			Backen
			Ofenmitte
			200 °C
			10–15 Min.

Mandelscheibchen vor dem Backen
auf die Mailänderli streuen

Farbigen Marzipan zwischen Plastik oder Backtrennpapier
dünn auswallen, Förmchen ausstechen,
auf die gebackenen Mailänderli legen

Orangenplätzchen

		Anstelle von	
		Zitrone	
	1	Orange	Schale dazureiben
	1 EL	Orangensaft	vor dem Mehl zugeben
			Teig 3 mm dick auswallen, runde
			Plätzchen ca. 3 cm ⌀ ausstechen
	100 g	Puderzucker	
	1½–2 EL	Orangensaft	anrühren
			Warme Plätzchen dünn glasieren

Orangenschale und -saft durch Zitronenschale und -saft
ersetzen

Korinthenplätzchen

1	Zitrone	Schale dazureiben
1 EL	Zitronensaft	
100 g	Korinthen	
50 g	gemahlene Mandeln	vor dem Mehl zugeben
		Teig 3 mm dick auswallen, runde
		Plätzchen ca. 3 cm ⌀ ausstechen
100 g	Puderzucker	
1½–2 EL	Wasser	anrühren
		Warme Plätzchen dünn glasieren

Haselnuss-stängeli

▫	◼		
40 g	100 g	weiche Butter	rühren, bis sich Spitzchen bilden
½	1	Ei	
3 EL	100 g	Zucker	
1 Prise	1 Prise	Salz	zugeben
			Rühren, bis die Masse hell ist
5 EL	125 g	gemahlene Haselnüsse	evtl. leicht rösten, auf die Masse geben
6 EL	150 g	Mehl	dazusieben, verrühren, zusammenfügen
			Zugedeckt an der Kälte ruhen lassen
			Teig 7–10 mm dick auswallen,
			Stängeli ca. 1 cm × 5 cm schneiden
wenig	1	Eigelb	verklopfen, bestreichen
			Backen
			Ofenmitte
			200 °C
			10–15 Min.

Haselnussstängeli zur Hälfte in Schokoladeglasur, Kuvertüre oder Fettglasur tauchen

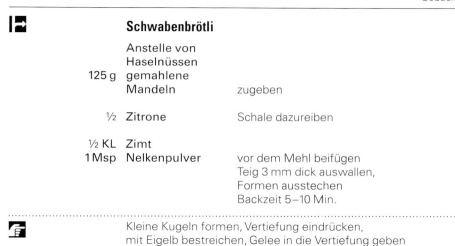

Schwabenbrötli

125 g	Anstelle von Haselnüssen gemahlene Mandeln	zugeben
½	Zitrone	Schale dazureiben
½ KL	Zimt	
1 Msp	Nelkenpulver	vor dem Mehl beifügen Teig 3 mm dick auswallen, Formen ausstechen Backzeit 5–10 Min.

Kleine Kugeln formen, Vertiefung eindrücken,
mit Eigelb bestreichen, Gelee in die Vertiefung geben

Vollkorn-guetzli

⊡	⬤		
50 g	100 g	weiche Butter	rühren, bis sich Spitzchen bilden
½	1	Ei	
3 EL	100 g	Rohzucker	
1 Prise	1 Prise	Salz	zugeben Rühren, bis die Masse heller ist
wenig	1	Zitrone	Schale dazureiben
3 EL	70 g	gemahlene Haselnüsse	auf die Masse geben
75 g	150 g	Vollkornmehl	
1 Msp	½ KL	Backpulver	beifügen, verrühren, zusammenfügen Zugedeckt an der Kälte ruhen lassen Teig 7 mm dick auswallen, Quadrate ca. 3 cm × 3 cm schneiden
wenig	1	Eigelb	verklopfen, bestreichen Backen Ofenmitte 200 °C 10–15 Min.

Brownies

100 g	weiche Butter	rühren, bis sich Spitzchen bilden
2	Eier	
150 g	Zucker	zugeben Rühren, bis die Masse hell ist
1 KL	Vanillezucker	beifügen
200 g	Schokolade	schmelzen (S. 14), zugeben
200 g	Mehl	dazusieben, verrühren
200 g	Baumnüsse	fein hacken, beifügen, mischen Auf vorbereitetes Blech 1 cm dick ausstreichen Backen Ofenmitte 200 °C 15–20 Min. Leicht auskühlen lassen In Würfel ca. 2 cm × 2 cm schneiden

Schokolade-kugeln

2	Eier	
150 g	Zucker	rühren, bis die Masse hell und schaumig ist
120 g	Schokolade	fein raffeln, zugeben
250 g	gemahlene Mandeln	auf die Masse geben
5 EL	Mehl	dazusieben, verrühren, zusammenfügen Nussgrosse Kugeln formen
evtl.	Zucker oder Puderzucker	Kugeln darin wenden Auf mit Backtrennpapier belegtes Blech geben Einige Stunden antrocknen lassen Backen Obere Ofenhälfte 250 °C 3–5 Min. Die Kugeln sollen leicht aufspringen

•	●		
60 g	125 g	weiche Butter	rühren, bis sich Spitzchen bilden
2 EL	60 g	Zucker	
1 Prise	1 Prise	Salz	
1 KL	2 KL	Vanillezucker	
½–1 EL	1–2 EL	Wasser	zugeben, rühren
100 g	200 g	Mehl	dazusieben, verrühren, zusammenfügen

Sablés

Rolle ca. 3 cm ⌀ formen
Kurze Zeit tiefkühlen
Rolle in ½ cm dicke Scheiben schneiden
Backen
Ofenmitte
200 °C
10 Min.

Samen einer halben Vanilleschote beifügen

Rolle mit Eiweiss bestreichen, in Zucker wenden

Mandelsablés

70 g	Mandelstifte oder -scheibchen	evtl. leicht rösten, vor dem Mehl zugeben

Mikados

50 g	kandierte Früchte	fein schneiden, vor dem Mehl zugeben

Schokoladesablés

50 g	dunkle Schokolade	schmelzen (S. 14), vor dem Mehl zugeben

Spitzbuben

•	●		
80 g	175 g	weiche Butter	rühren, bis sich Spitzchen bilden
2½ EL	80 g	Puderzucker	
1 Prise	1 Prise	Salz	
½ KL	1 KL	Vanillezucker	
½–1 EL	1–2 EL	Wasser	zugeben, rühren
125 g	250 g	Mehl	dazusieben, verrühren, zusammenfügen
			Zugedeckt an der Kälte ruhen lassen
			Teig 2 mm dick auswallen,
			Plätzchen ausstechen,
			evtl. mit gezacktem Rand
			Die Hälfte als Deckeli mit kleinem
			Ausstecher verzieren
			Backen
			Ofenmitte
			200 °C
			5–10 Min.
evtl.	evtl.	Puderzucker	Deckeli besieben
		Johannisbeer-gelee	evtl. erwärmen, auf die umgekehrten Plätzchen geben, Deckeli aufsetzen

 Spitzbuben mit Mailänderliteig (S. 279) zubereiten

Aniskräbeli

2	Eier	
200 g	Puderzucker	
1 Prise	Salz	rühren, bis die Masse hell und schaumig ist
1–1½ EL	Anis	zugeben
250 g	Mehl	dazusieben, verrühren, zusammenfügen

Teig zu fingerdicken Rollen formen,
in 4–5-cm-Stücke schneiden,
zweimal einschneiden, zu Kräbeli biegen
Auf eingefettetes Blech legen
Ca. 24 Std. bei Zimmertemperatur
antrocknen lassen
Backen
Untere Ofenhälfte
150 °C
15–25 Min.
Bei leicht geöffneter Backofentüre
backen

Aniskräbeli sollen beim Backen «Füsschen» bekommen,
unten hellbraun und oben weiss sein

Anisbrötli

2–3 EL	Mehl	zusätzlich unter den Aniskräbeliteig mischen

Teig 1–1½ cm dick auswallen,
Teigoberfläche mit wenig Stärkemehl,
z. B. Maizena, Epifin, bestäuben,
leicht einreiben
Model gut aufdrücken, ausschneiden
oder ausstechen

Honig-
lebkuchen

200 g	Mehl	
2 EL	Zucker	
3 KL	Lebkuchengewürz	mischen
1 KL	Triebsalz	
½ dl	kalte Milch	auflösen, zugeben
100 g	kalter, flüssiger Honig	beifügen, kneten, bis der Teig gleichmässig glatt ist
		In Plastiksack mehrere Tage an der Kälte ruhen lassen
		Nochmals gut durchkneten
		Auf reichlich Mehl 1 cm dick auswallen,
		Formen ausstechen oder ausschneiden
		Auf eingefettetes Blech geben
		Backen
		Ofenmitte
		200 °C
		10–15 Min.
1 EL	Gummi arabicum (Granulat)	
3 EL	Wasser	6–12 Std. einweichen
		Rühren, sieben
		Heisse Lebkuchen bestreichen
1 Portion	Spritzglasur (S. 276)	zubereiten Lebkuchen verzieren

   Mit geschälten Mandeln, Zuckerkügelchen und
Nonpareilles verzieren

Anstelle von Gummi arabicum Lebkuchen vor dem Backen
mit kalter Milch bestreichen

Gummi arabicum ist auch in flüssiger Form oder
als Pulver erhältlich

Kaffee-
Nuss-
Guetzli

175 g	gemahlene Baumnüsse	
175 g	Puderzucker	in Schüssel geben
1½ EL	Sofortkaffee	
1½ EL	heisses Wasser	auflösen, beifügen, gut kneten
		Masse 5–7 mm dick auf Zucker auswallen, kleine Formen ausstechen
		Ca. 24 Std. trocknen lassen
½ Portion	Mokkaglasur (S. 274)	zubereiten Guetzli glasieren

   Mit Baumnüssen garnieren

2	Eiweiss		**Makrönli**
1 Prise	Salz	zu Schnee schlagen	
100 g	Zucker	die Hälfte zugeben, weiterschlagen, bis die Masse glänzt Restlichen Zucker sorgfältig darunter ziehen	
200 g	gemahlene Nüsse	beifügen, mischen Von Hand nussgrosse Kugeln oder mit zwei Kaffeelöffeln längliche Häufchen formen Auf mit Backtrennpapier belegtes Blech geben	
	Nüsse oder Mandelstifte	garnieren, leicht andrücken Einige Stunden antrocknen lassen Backen Ofenmitte 250 °C 3–5 Min.	

 Anstelle von gemahlenen Nüssen 150 g Kokosflocken verwenden

2	Eiweiss		**Schokolade-herzen**
1 Prise	Salz	zu Schnee schlagen	
100 g	Zucker	die Hälfte zugeben, weiterschlagen, bis die Masse glänzt Restlichen Zucker sorgfältig darunter ziehen	
1 Msp	Zimt	beifügen	
150 g	Schokolade	fein raffeln, zugeben	
200 g	gemahlene Mandeln		
1 EL	Mehl	beifügen, mischen, zusammenfügen Teig 7–10 mm cick auf Zucker auswallen, Herzen ausstechen Auf mit Backtrennpapier belegtes Blech geben Einige Stunden antrocknen lassen Backen Ofenmitte 250 °C 3–5 Min.	

Zimtsterne

3	Eiweiss	
1 Prise	Salz	zu Schnee schlagen
200 g	Puderzucker	dazusieben, weiterschlagen, bis die Masse glänzt ⅓ für die Glasur wegnehmen
1 EL	Zimt	
½ EL	Zitronensaft	
350 g	gemahlene Mandeln	beifügen, mischen, zusammenfügen Teig 1 cm dick auf Zucker auswallen, Sterne ausstechen Sorgfältig glasieren Auf mit Backtrennpapier belegtes Blech geben Einige Stunden antrocknen lassen Backen Ofenmitte 250 °C 3–5 Min. Bei leicht geöffneter Backofentüre backen

Zimtsterne sollen beim Backen weiss bleiben

Nach Belieben Zimtsterne nach dem Backen glasieren

Schenkeli

60 g	weiche Butter	rühren, bis sich Spitzchen bilden
2	Eier	
100 g	Zucker	
1 Prise	Salz	zugeben Rühren, bis die Masse hell ist
½	Zitrone	Schale dazureiben
250 g	Mehl	
1 Msp	Backpulver	dazusieben, verrühren, zusammenfügen Zugedeckt an der Kälte ruhen lassen Teig zu fingerdicken Rollen formen, in 5-cm-Stücke schneiden An den Enden etwas dünner drehen
¾–1 kg	Kokosfett oder Frittieröl	in Brattopf oder Fritteuse auf 160 °C erhitzen Schenkeli portionenweise goldbraun backen Gut abtropfen

ca. 12 Stück

**Ofen-
küchlein**

Brühteig

2 dl	Wasser	
50 g	Butter	
½ KL	Salz	
evtl. 1 EL	Zucker	in kleiner Pfanne aufkochen

100 g Mehl   im Sturz zugeben, kräftig rühren
Auf mittlerer Stufe weiterrühren,
bis sich der Teig vom Pfannenboden löst,
zusammenhängend und glatt ist
und sich Bodensatz bildet
Leicht auskühlen lassen

2–3 Eier   einzeln aufschlagen, verklopfen
Nacheinander unter die Brühteigmasse
rühren, bis der Teig glänzt und in Fetzen
von der Kelle reisst

Mit Spritzsack oder 2 Löffeln hohe
Häufchen auf vorbereitetes Blech setzen
Backen
Ofenmitte
180 °C
30–40 Min.
Ofen während des Backens nicht öffnen
Gebäck am Schluss in ausgeschaltetem,
leicht geöffnetem Ofen etwas trocknen
lassen
Die noch warmen Ofenküchlein mit der
Schere aufschneiden

Ofenküchlein vor dem Backen mit dem restlichen Ei
bestreichen

Nach Belieben mit Mandelscheibchen bestreuen

Ofenküchlein mit Rahmfüllung

2 dl Rahm   schlagen

1–2 KL Zucker
wenig Vanillezucker   zugeben, mischen, evtl. in Spritzsack
geben, Ofenküchlein füllen

evtl. Puderzucker   darüber sieben

Ofenküchlein mit Früchten

200 g	Beeren oder Fruchtsalat (S. 302)	in die Ofenküchlein geben
evtl.	Puderzucker	darüber sieben

Ofenküchlein mit pikanter Quarkfüllung

2 Portionen	Quarksauce Tataren-Art (S. 76) oder Kräuterquark-sauce (S. 76)	zubereiten, in die Ofenküchlein geben

Ofenküchlein mit Schinkenrahmfüllung

1 dl	Rahm	schlagen
150 g	Schinkentranchen Kräuter	schneiden, zugeben, mischen
wenig	Salz oder Streuwürze, Pfeffer	würzen, in die Ofenküchlein geben

Blätterteig verarbeiten

Blech mit kaltem Wasser abspülen

Teig kalt verarbeiten

Teig sorgfältig und gleichmässig auswallen, damit die Schichten erhalten bleiben

Teig mit scharfem Messer oder Förmchen schneiden oder ausstechen

Teigreste aufeinander legen, nie zusammenkneten

Exakt mit Ei bestreichen, damit die Teigränder nicht verkleben

Blätterteiggebäck vor dem Backen kühl stellen

Bei starker Hitze, 220 °C, backen

**Apfel-
jalousien**

•	●		
2 Stück	6 Stück		
100 g	250 g	Blätterteig	5 mm dick auswallen, Rechtecke ca. 8 cm × 10 cm schneiden, je nach Grösse der Äpfel Auf vorbereitetes Blech legen
wenig	1	Ei	verklopfen, Teigränder 1 cm breit bestreichen
1	4	kleine Äpfel	schälen, in gleichmässige dünne Schnitze schneiden
wenig	wenig	Zitronensaft	Äpfel beträufeln Ziegelartig auf die Teigstücke legen, so dass rundum 1 cm Rand frei bleibt
wenig	wenig	Zucker Butterflöckli	auf die Äpfel verteilen Backen Ofenmitte 220 °C 15–20 Min.
evtl.	evtl.	Puderzucker	über die noch warmen Jalousien sieben

Äpfel nach dem Backen mit erwärmtem Johannisbeergelee
dünn bestreichen

Aprikosenjalousien, Zwetschgenjalousien

	Anstelle von Äpfeln	
8–12	Aprikosen oder Zwetschgen	waschen, halbieren, entsteinen, in feine Schnitze schneiden Ziegelartig auf den Teig legen, ca. 6 cm × 8 cm

Äpfel im Schlafrock

·	●		
60 g	250 g	Blätterteig	3 mm dick auswallen, Quadrate ca. 16 cm × 16 cm schneiden, je nach Grösse der Äpfel Kleine Formen als Garnitur ausstechen
1	4	kleine Äpfel	schälen, Kerngehäuse ausstechen
wenig	wenig	Zitronensaft	Äpfel beträufeln

Füllung

1½ EL	6 EL	gemahlene Nüsse	evtl. leicht rösten
wenig	½	Zitrone	Schale dazureiben Saft auspressen, zugeben
1 KL	2 EL	Zucker	
½ EL	2 EL	Rahm	
evtl.	evtl.		
wenig	1 EL	Sultaninen	beifügen, mischen
			Füllung in die Äpfel verteilen Äpfel auf die Teigstücke geben, die Ränder mit Wasser bestreichen, die Ecken übereinander legen, mit Teigförmchen verzieren
wenig	1	Ei	verklopfen, bestreichen Backen Untere Ofenhälfte 220 °C 20–30 Min.

250 g	Blätterteig	auf Zucker 2 mm dick zu einem Rechteck auswallen
	Zucker	darüber streuen, mit dem Wallholz überrollen, von beiden Seiten gegen die Mitte einschlagen oder aufrollen In 5 mm dicke Scheiben schneiden, evtl. im Zucker wenden Auf mit Backtrennpapier belegtes Blech legen Backen Ofenmitte 220 °C 8–10 Min. Evtl. nach der halben Backzeit wenden

Prussiens

Blätterteigreste verwenden

Käseprussiens

250 g	Blätterteig	auf Mehl 2 mm dick zu einem Rechteck auswallen
4 EL	Reibkäse	
wenig	Pfeffer, Paprika	darüber streuen, mit dem Wallholz überrollen

	Blätterteig	2–3 mm dick auswallen, beliebige Formen schneiden oder ausstechen Auf vorbereitetes Blech legen
	Ei	verklopfen, bestreichen
	Kümmel, Mohn, Sesam, Reibkäse, Mandelscheibchen, Dill, Paprika, Salz, Pfeffer	nach Belieben darüber streuen

Pikantes Kleingebäck aus Blätterteig

Backen
Ofenmitte
220 °C
8–10 Min.

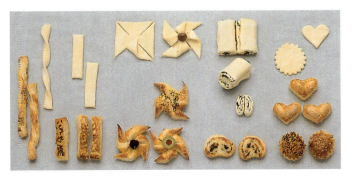

Schinken-gipfeli

ca. 16 Stück

Füllung

1	Ei	
1 EL	Milch	
1 Prise	Salz oder Streuwürze	
wenig	Pfeffer, Muskat	gut verklopfen
wenig	Butter	in Bratpfanne schmelzen Eimasse zugeben, mit der Bratschaufel hin und her schieben, bis die Eimasse flockig, aber noch leicht feucht ist In Schüssel geben
200 g	Schinken Petersilie	fein schneiden, beifügen
evtl. 2 EL	Reibkäse	zugeben, mischen, auskühlen lassen

500 g	Blätterteig	2–3 mm dick auswallen, Dreiecke schneiden, Teigränder mit Wasser bestreichen Füllung darauf verteilen, evtl. Ecken wenig einschlagen, aufrollen, zu Gipfeli formen Mit Spitze nach unten auf vorbereitetes Blech legen
1	Ei	verklopfen, bestreichen Backen Ofenmitte 220 °C 15 Min.

ca. 12 Stück

1 Portion	Gemüse (S. 252)	zubereiten Auskühlen lassen
500 g	Blätterteig	2–3 mm dick auswallen, runde Plätzchen ca. 12 cm ⌀ ausstechen, Teigränder mit Wasser bestreichen Gemüse ohne Saft darauf verteilen, Plätzchen zur Hälfte überschlagen, Ränder gut andrücken, evtl. verzieren
1	Ei	verklopfen, bestreichen Backen 220 °C Ofenmitte 20–25 Min.

Anstelle von Blätterteig 2 Portionen Wähen- oder Kuchenteig (S. 246, 247) verwenden

Anstelle von runden Plätzchen 12 Quadrate 13 × 13 cm schneiden, Füllung diagonal auf die Teighälften verteilen
Fertig formen wie Krapfen

Käsetaschen   ▫•   ●

<table>
<tr><td>3 Stück</td><td>12 Stück</td><td></td><td></td></tr>
<tr><td>100 g</td><td>400 g</td><td>Blätterteig</td><td>2–3 mm dick auswallen,
Quadrate 13 cm × 13 cm schneiden</td></tr>
<tr><td>50 g</td><td>200 g</td><td>Greyerzer</td><td>in Scheiben schneiden</td></tr>
<tr><td>3</td><td>12</td><td>Rohschinken-
tranchen</td><td>um den Käse wickeln
Auf den Teig legen, Ränder mit Wasser
bestreichen, einschlagen, gut andrücken
Mit Verschluss nach unten
auf vorbereitetes Blech legen</td></tr>
<tr><td>evtl.</td><td>evtl.</td><td>Teigstreifen
oder -figuren</td><td>verzieren</td></tr>
<tr><td>wenig</td><td>1</td><td>Ei</td><td>verklopfen, bestreichen
Backen
Ofenmitte
220 °C
15–20 Min.</td></tr>
</table>

Anstelle von Blätterteig Wähen- oder Kuchenteig (S. 246, 247)
verwenden

Nach Belieben Essiggurken- oder Tomatenscheiben
auf den Käse legen

·	●		

Plätzli im Teig

·	●		
1	4	Schinkentranchen	nebeneinander auf ein Brett legen
½ EL	1–2 EL	Öl oder Fett	erhitzen
1	4	Schweinsplätzli à 80 g	auf grosser Stufe beidseitig kurz braten, herausnehmen
wenig	wenig	Salz oder Streuwürze, Pfeffer	würzen Auskühlen lassen Auf die Schinkentranchen legen
25 g	100 g	Brät	in Schüssel geben
wenig	½	Zwiebel Petersilie	
wenig	½	rote Peperoni	
wenig	100 g	Pilze	vorbereiten, schneiden, evtl. dämpfen, beifügen Gut mischen Auf die Plätzli verteilen, Schinkentranchen überschlagen
100 g	400 g	Blätterteig	2–3 mm dick auswallen, Rechtecke je nach Grösse der Plätzli schneiden Plätzli darauf legen, Teigränder mit Wasser bestreichen, Plätzli einpacken Mit Verschluss nach unten auf vorbereitetes Blech legen
		Teigstreifen oder -figuren	verzieren
wenig	1	Ei	verklopfen, bestre chen Backen Ofenmitte 220 °C 15–20 Min.

Würstchen im Blätterteig

100 g	400 g	Blätterteig	2 mm dick auswallen
½ EL	2 EL	Reibkäse	
wenig	wenig	Pfeffer	darüber streuen, mit dem Wallholz überrollen In 2 cm breite Streifen schneiden
1 Paar	4 Paar	Wienerli	Teigstreifen um die Würstchen wickeln, Anfang und Enden mit Wasser bestreichen und gut andrücken Auf vorbereitetes Blech legen
wenig	1	Ei	verklopfen, bestreichen
evtl.	evtl.	Mohnsamen, Sesam oder Kümmel	darüber streuen Backen Ofenmitte 220 °C 15 – 20 Min.

 Je eine Specktranche um das Würstchen wickeln

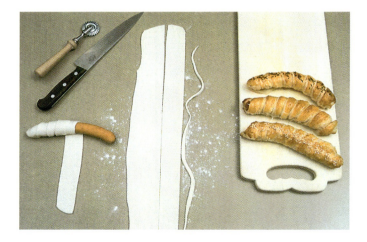

Früchte

			Die Regeln der Rohkostzubereitung müssen hier besonders beachtet werden

Fruchtsalat

	1½ dl	Wasser	
	1–2 EL	Zucker	aufkochen, auskühlen lassen
	1 EL	Zitronensaft	zugeben
	600 g	Saisonfrüchte	vorbereiten, schneiden, sofort mit dem Zuckersirup mischen
			Zugedeckt einige Zeit stehen lassen
			Nach Belieben mit geschlagenem Rahm garnieren

Apfelsalat

½ EL	½	Zitrone, Saft	
2 KL	1–2 EL	Zucker	
1½ EL	6 EL	Jogurt nature	in Schüssel geben, gut verrühren
1	4	Äpfel	waschen, evtl. schälen, in feine Scheibchen schneiden oder grob dazuraffeln, sofort mischen
			Nach Belieben gehackte Nüsse darüber streuen
			Äpfel durch Saisonfrüchte ersetzen, z.B. Aprikosen, Beeren, Birnen, Pfirsiche, Trauben

Rohe Apfelcreme

½ dl	2 dl	Rahm	schlagen
1 KL	1 EL	Zucker	
1 Msp	1 KL	Vanillezucker	zugeben
wenig	1	Zitrone	Schale dazureiben Saft auspressen, beifügen
1	4	Äpfel	waschen, evtl. schälen, fein dazuraffeln, sofort mischen
			Anstelle von 2 dl Rahm 1 dl Rahm und 1 dl Jogurt nature verwenden
			Mit fein geschnittenen Apfelschnitzen garnieren

Rohe Apfelcreme mit Glace

1 Portion	rohe Apfelcreme	ohne Rahm zubereiten
200 g	Zitronen- oder Apfelsorbet	darunter rühren
1 dl	Rahm	schlagen, sorgfältig darunter ziehen

4	Nektarinen	waschen, entsteinen, schneiden, in Massbecher geben	**Nektarinen-mousse**
1–2 EL	Zucker		
1 EL	Zitronensaft		
evtl. 3 Tropfen	Mandelextrakt	beifügen, mixen	
1	frisches Eiweiss	zu Schnee schlagen	
1 EL	Zucker	zugeben, weiterschlagen, bis die Masse glänzt	
1–2 dl	Rahm	schlagen, sorgfältig mit dem Eischnee darunter ziehen Kühl stellen	

Nektarinen durch geschälte Pfirsiche (S. 13) ersetzen

300 g	Beeren, z. B. Brombeeren, Erdbeeren, Himbeeren	vorbereiten, in Massbecher geben	**Beerensauce**
1–2 KL	Zitronensaft		
1–2 EL	Puderzucker		
evtl. wenig	Wasser	beifügen, mixen, evtl. durch Sieb streichen	

Beeren durch Kiwi ersetzen

Mit Rahm oder Jogurt nature garnieren

Beerensauce zu Köpfli, Glace oder Früchten servieren

Bircher-müesli

1 EL	4 EL	Haferflocken	in Schüssel geben
2 EL	8 EL	Milch	
1 EL	1	Zitrone, Saft	beifügen, mischen, evtl. kurze Zeit stehen lassen
3 EL	2 dl	Jogurt nature	zugeben, gut verrühren
1	4–6	Äpfel	waschen, ungeschält in die Sauce raffeln, sofort mischen
evtl.	evtl.	Honig oder Zucker	beifügen, anrichten
1 EL	4 EL	Nüsse	hacken, darüber streuen

🔁 Haferflocken durch andere Getreideflocken ersetzen

Äpfel teilweise durch Saisonfrüchte ersetzen

Frucht-quarkcreme

75 g	300 g	Rahmquark	
1 EL	4 EL	Milch	
½ EL	2 EL	Zucker	
wenig	½	Zitrone, Saft	in Schüssel geben, gut verrühren
100 g	400 g	Saisonfrüchte	vorbereiten, evtl. schneiden, sofort mit dem Quark mischen

🔁 Anstelle von Saisonfrüchten konservierte Früchte oder ½ Portion Fruchtkompott (S. 307) verwenden

🔁 **Fruchtjogurtcreme**

Anstelle von
Quark und Milch

4 dl	Jogurt nature	verwenden

Bananen-schiffli

4	Bananen	waschen, mit der Schale längs halbieren Bananen sorgfältig aus der Schale lösen
1–2 EL	Gelee	in die Bananenschalen streichen Halbe Bananen wieder darauf legen
wenig	Zitronensaft	Bananen beträufeln
1 dl	Rahm	schlagen, garnieren

🔁 Nach Belieben mit Beeren, Mandarinenschnitzli, Nüssen, Schokoladeplätzli garnieren

5 dl	Wasser oder Apfelsaft	in Pfanne geben	**Halbäpfel**

½	Zitrone	wenig Schale abschälen Saft auspressen, beifügen
evtl. 2–3 EL	Zucker	zugeben, aufkochen
4	Äpfel	waschen, schälen, halbieren, Kerngehäuse ausstechen Portionenweise auf kleiner Stufe abgedeckt kochen Kochzeit 10–15 Min.

....

 Halbäpfel mit Zitronensaft beträufeln und
auf Siebeinsatz dämpfen

 Schokoladebirnen

	Anstelle von Äpfeln	
4	Birnen	zubereiten wie Halbäpfel Auskühlen lassen
½ Portion	Schokolade- creme (S. 322)	zubereiten Auskühlen lassen Birnen damit überziehen

Gefüllte Birnen

	Anstelle von Äpfeln	
4	Birnen	zubereiten wie Halbäpfel (S. 305) In eingefettete Gratinform geben
1 dl	Kochflüssigkeit	dazugiessen
½ Portion	Makrönli (S. 287)	Masse zubereiten Nussgrosse Kugeln formen, in Birnenhälften füllen Backen Ofenmitte 200 °C 10–15 Min.

Anstelle von Birnen Äpfel oder Pfirsiche verwenden

Geschlagenen Rahm, Vanille- oder Zimtglace (S. 325) dazuservieren

Konservierte Früchte müssen nicht vorgekocht werden

Halbäpfel mit Preiselbeeren

8 KL	Preiselbeer- konfitüre	in Halbäpfel (S. 305) füllen

Kardinalsäpfel

4	Äpfel	waschen, schälen, ganz lassen, Kerngehäuse ausstechen Zubereiten wie Halbäpfel (S. 305) Auskühlen lassen
2 EL	Gelee	Äpfel ringsum bestreichen, evtl. mit Gelee füllen
100 g	Butterguetzli	mit Wallholz fein zerdrücken, Äpfel darin wenden
1 dl	Rahm	schlagen, garnieren

4 EL	Zucker	rösten, bis er schäumt
4 dl	heisses Wasser	sofort ablöschen, aufkochen
4	Birnen	waschen, schälen, halbieren, Kerngehäuse ausstechen, zugeben Auf kleiner Stufe abgedeckt kochen Kochzeit 15–30 Min. Birnen ohne Saft anrichten
1 EL	Stärkemehl, z. B. Maizena, Epifin	
2 EL	kaltes Wasser	anrühren In den siedenden Karamellsirup einrühren, weiterrühren, bis es kocht Auskühlen lassen
1 dl	Rahm	schlagen, sorgfältig darunter ziehen, Birnen damit überziehen

Karamell-birnen

1–2 EL	½–1 dl	Wasser	in Pfanne geben
200 g	800 g	Saisonfrüchte	vorbereiten, evtl. schneiden, beifügen
1–2 KL evtl.	1–3 EL evtl.	Zucker Zitronensaft	zugeben, zudecken Auf grosser Stufe erwärmen, bis es zischt Sofort auf kleine Stufe zurückschalten, dämpfen Dämpfzeit 5–15 Min.

Frucht-kompott

....

Geeignete Früchte:
Äpfel, Aprikosen, Birnen, Kirschen, Rhabarber, Zwetschgen

Fruchtsauce

½–1 dl	Wasser
400 g	Saisonfrüchte
2 EL	Zucker
evtl.	Zitronen- oder Orangensaft
	zubereiten wie Fruchtkompott Mixen, evtl. durch Sieb streichen Warm oder kalt servieren

....

Geeignete Früchte:
Aprikosen, Kirschen, Rhabarber, Zwetschgen

Dörrfrucht-salat

	3–4 dl	starker Schwarztee (S. 333)	zubereiten
	wenig	Zimt	
	1 Msp	Nelkenpulver	
	1–2 EL	Honig	zugeben
	½	Zitrone	Schale dazureiben
	200 g	Dörrfrüchte	grosse Früchte schneiden, beifügen Auf kleiner Stufe kochen Kochzeit 10–20 Min. Auskühlen lassen
	1 dl	Rahm	schlagen, dazuservieren

 Rahm durch Vanille- oder Zimtglace (S. 325) ersetzen

Rhabarber-schnitten

1 EL	½ dl	Wasser	in Pfanne geben
200 g	800 g	Rhabarber	waschen, evtl. schälen, in gleichmässige Stücke schneiden, beifügen
2 KL	3 EL	Zucker	zugeben, zudecken Auf grosser Stufe erwärmen, bis es zischt Sofort auf kleine Stufe zurückschalten, dämpfen Dämpfzeit 10 Min. Auskühlen lassen
1	4	Einback	halbieren
wenig	wenig	weiche Butter	Einbackscheiben beidseitig bestreichen In der Bratpfanne oder im Ofen hellbraun rösten Kompott auf die Schnitten verteilen
evtl.	evtl.	Meringuage (S. 258)	zubereiten Schnitten garnieren Überbacken Obere Ofenhälfte 250 °C 5 Min.

 Anstelle von Meringuage mit geschlagenem Rahm garnieren

Erdbeerschnitten

300 g	Erdbeeren	waschen, rüsten, halbieren Auf die hellbraun gerösteten Einbackscheiben legen
1 EL	Zucker	darüber streuen
1 dl	Rahm	schlagen, garnieren

Apfelmus

½ dl	1½–2 dl	Wasser oder Apfelsaft	in Pfanne geben
200 g	800 g	Äpfel	waschen, evtl. schälen, in Stücke schneiden, beifügen
evtl. 1–2 KL	evtl. 1–2 EL	Zucker	
wenig	½	Zitrone, Saft	zugeben, zudecken Auf grosser Stufe erwärmen, bis es zischt Sofort auf kleine Stufe zurückschalten, dämpfen Dämpfzeit 10–15 Min. Mixen

Wenig Zitronenschale oder 1 Stück Zimtstängel mitdämpfen

Kochäpfel verwenden

Apfelschaum

1 Portion	Apfelmus	zubereiten, auskühlen lassen
1 1 EL	frisches Eigelb Zucker	schaumig rühren Apfelmus zugeben
1	Eiweiss	zu Schnee schlagen
1 dl	Rahm	schlagen, mit dem Eischnee sorgfältig darunter ziehen

Aprikosen eiskalt	3 EL	1½ dl	Wasser	in Pfanne geben
	150 g	600 g	Aprikosen	waschen, halbieren, entsteinen, beifügen
	2 KL	3 EL	Zucker	zugeben, zudecken Auf grosser Stufe erwärmen, bis es zischt Sofort auf kleine Stufe zurückschalten, dämpfen Dämpfzeit 10–15 Min. Auskühlen lassen Mixen
	50 g	200 g	Vanilleglace	beifügen, kurz mixen

Gefüllte Äpfel	4	Äpfel	waschen, evtl. schälen, ganz lassen Kerngehäuse ausstechen Bei ungeschälten Äpfeln Haut ringsum leicht einschneiden In Auflaufform stellen

Füllung

6 EL	gemahlene Nüsse	
1 EL	Zucker	
1 EL	Zitronensaft	
1–3 EL	Rahm oder Milch	
evtl.	Sultaninen	mischen

Äpfel füllen

1–2 dl	Apfelsaft	dazugiessen
	Butterflöckli	auf die Äpfel geben Backen Ofenmitte 200 °C 20–30 Min.

Geschlagenen Rahm oder Vanillesauce (S. 322) dazuservieren

4	Äpfel	waschen, schälen, ganz lassen, Kerngehäuse ausstechen In Auflaufform stellen	**Orangen-äpfel**
3	Orangen, Saft	darüber giessen	
1–2 EL	Zucker	darüber streuen Backen Ofenmitte 200 °C 20–30 Min. Von Zeit zu Zeit mit dem Orangensaft übergiessen Auskühlen lassen	
1	Orange	schälen, in Scheiben schneiden Äpfel darauf anrichten	
1 dl	Rahm	schlagen, garnieren	

800 g	Saisonfrüchte	vorbereiten, evtl. schneiden In Gratinform geben	**Früchte mit Streusel**
1–3 EL	Zucker	darüber streuen	

Streusel

60 g	Mehl	
90 g	Zucker	
90 g	gemahlene Mandeln	
evtl.	Zimt	in Schüssel geben, mischen
75 g	flüssige Butter	zugeben, rühren, bis sich Klümpchen bilden
		Streusel auf die Früchte verteilen Backen Ofenmitte 200 °C 20–30 Min.

 Geeignete Früchte:
Äpfel, Aprikosen, Rhabarber, Zwetschgen

Quarkauflauf mit Äpfeln

3	Äpfel	waschen, schälen, halbieren, Kerngehäuse ausstechen Mit der Rundung nach unten in eingefettete Auflaufform geben
3 EL	Sultaninen	in Äpfel füllen
250 g	Magerquark	
150 g	Rahmquark	
3 EL	Milch	
2	Eigelb	
1 EL	Stärkemehl, z. B. Maizena, Epifin	
2–3 EL	Zucker	in Schüssel geben, gut verrühren
½	Zitrone	Schale dazureiben Saft auspressen, beifügen
2	Eiweiss	zu Schnee schlagen, sorgfältig darunter ziehen Quarkmasse über die Äpfel verteilen Backen Untere Ofenhälfte 200 °C 30–40 Min.

Zwetschgen- auflauf

800 g	Zwetschgen	waschen, halbieren, entsteinen, schneiden
5 EL	Zucker	
½ KL	Zimt	
60 g	Paniermehl	
120 g	gemahlene Nüsse	mischen Lagenweise mit den Zwetschgen in eingefettete Auflaufform füllen
1½ dl	Milch	
3	Eier	
1 Prise	Salz	gut mischen, darüber giessen Backen Untere Ofenhälfte 200 °C 30–40 Min.

 Zwetschgen durch Kirschen oder Aprikosen ersetzen

**Kirschen-
tschu**

**Kirschen-
auflauf**

		Springform 15 cm ⌀ oder Auflaufform
●		Springform 24 cm ⌀ oder Auflaufform

•	●		
50 g	200 g	Brot	zerkleinern
3 EL	2 dl	heisse Milch	dazugiessen, einweichen
10 g	40 g	weiche Butter	
1	4	Eigelb	
1½ EL	90 g	Zucker	rühren, bis die Masse hell ist
2 EL	80 g	gemahlene Nüsse	
wenig	wenig	Zimt	darunter mischen
		eingeweichtes Brot	fein zerdrücken, zugeben, mischen
150 g	600 g	entsteinte Kirschen	beifügen, mischen
1	4	Eiweiss	zu Schnee schlagen, sorgfältig darunter ziehen In eingefettete Springform oder Auflaufform füllen Backen Untere Ofenhälfte 180 °C • 20–30 Min. ● 45–60 Min.

Anstelle von Brot 4 Weggli verwenden

Kirschen durch fein geschnittene Zwetschgen ersetzen

Vanillesauce (S. 322) dazuservieren

Cremen

Glacen

Schokolade-mousse

2	frische Eigelb	
1 EL	Zucker	schaumig rühren
100 g	dunkle Schokolade	schmelzen (S. 14), zugeben
2	Eiweiss	zu Schnee schlagen
2 dl	Rahm	schlagen, sorgfältig mit dem Eischnee darunter ziehen In Portionen anrichten Sofort kühl stellen

 Mit Schokoladespänen garnieren

Beeren-rahmcreme

500 g	Beeren, z. B. Brombeeren, Erdbeeren, Himbeeren	vorbereiten, in Massbecher geben
ca. 1 EL	Zitronensaft	
3–4 EL	Zucker	beifügen, mixen
2 dl	Rahm	schlagen, sorgfältig darunter ziehen Sofort servieren

 Anstelle von Beeren Bananen verwenden

Mit Früchten oder geschlagenem Rahm garnieren

Wird die Creme frühzeitig zubereitet, 2 Blatt Gelatine oder 1 KL Rahmhalter verwenden

Gesulzte Orangen-creme

2	frische Eigelb	
4 EL	Zucker	schaumig rühren
½	Orange	Schale dazureiben
1 dl	Orangensaft	
½	Zitrone, Saft	beifügen
2 Blatt	Gelatine	auflösen (S. 320), zugeben Kühl stellen Von Zeit zu Zeit rühren
2	Eiweiss	zu Schnee schlagen
2 dl	Rahm	schlagen, sorgfältig mit dem Eischnee unter die angesulzte Creme ziehen Kühl stellen

Gesulzte Zitronencreme

	Anstelle von Orangen	
½	Zitrone	Schale dazureiben
1 dl	Zitronensaft	
2 EL	Wasser	beifügen

Jogurt-köpfli

3 dl	Jogurt nature	
3 EL	Zucker	
1 EL	Vanillezucker	mischen
3 Blatt	Gelatine	auflösen (S. 320) Unter ständigem Rühren zugeben
1½ dl	Rahm	schlagen, sorgfältig unter die Jogurtmasse ziehen In Portionenförmchen einfüllen 2 Std. im Kühlschrank fest werden lassen Zum Stürzen Rand lösen, kurze Zeit in heisses Wasser tauchen

Jogurt nature durch Fruchtjogurt ersetzen,
nur 1 EL Zucker verwenden

Fruchtkompott (S. 307), Fruchtsauce (S. 307),
Beerensauce (S. 303), Beeren oder Fruchtsalat (S. 302)
dazuservieren

Gelatine auflösen

Gelatineblätter 10 Min.
in kaltem Wasser einweichen

Herausnehmen, ausdrücken

Gelatine mit heissem Wasser
(pro Blatt ½–1 EL)
in einer Tasse im Wasserbad auflösen

Durch heiss gespültes Sieb
zur Creme rühren

Geschlagenen Rahm und Eischnee erst unter die angesulzte
Creme ziehen

Gelatinepulver nach Gebrauchsanweisung verwenden

Crememenge pro Person 1½ dl Flüssigkeit

Zutaten	Flüssigkeit	Bindemittel		Zucker	Aromastoffe
Zutaten					wenig Vanille 30 g Schokolade 1 EL Sofortkaffee
Verhältnis	2 dl	1 EL oder Stück		1 EL	

 1 EL Stärkemehl kann durch 1 Ei ersetzt werden

1 EL Stärkemehl oder 1 Ei binden 2 dl Flüssigkeit zu Cremedicke

				Vanillecreme
½ EL	1 EL	Stärkemehl, z. B. Maizena, Epifin	in Pfanne geben	
2 dl	6 dl	Milch	Stärkemehl anrühren	
1 EL	3 EL	Zucker		
½	2	Eier	beifügen	
¼	½	Vanilleschote	aufschneiden, zugeben, gut mischen Unter ständigem Rühren bis zum Kochen bringen Sofort in Schüssel geben Auskühlen lassen Von Zeit zu Zeit die Oberfläche aufrühren, um Hautbildung zu vermeiden	

 Vanille- und Schokoladecreme gleichzeitig anrichten

Schokoladecreme

	Anstelle von Vanille	
90 g	dunkle Schokolade	zerkleinern, zur Milch geben Nur 1 EL Zucker verwenden

Mokkacreme

	Anstelle von Vanille	
3 EL	Sofortkaffee	zur Milch geben

Karamellcreme/Gebrannte Creme

	Anstelle von Vanille	
4 EL	Zucker	rösten, bis er schäumt
½ dl	heisses Wasser	sofort ablöschen Zuckersirup aufkochen, zur Milch in Massbecher geben Nur 1 EL Zucker verwenden

Nusscreme/Pralinecreme

1 Portion	Vanillecreme	ohne Vanille und nur mit 1 EL Zucker zubereiten
4 EL	Zucker	hellbraun rösten
60 g	ganze Haselnüsse	zugeben Mitrösten, bis der Zucker schäumt Sofort auf leicht eingefettetem Blech oder Backtrennpapier auskühlen lassen, fein reiben Kurz vor dem Servieren unter die Creme mischen

Vanillesauce

1 KL	Stärkemehl, z. B. Maizena, Epifin	
4 dl	Milch	
2 EL	Zucker	
1	Ei	
½	Vanilleschote	zubereiten wie Vanillecreme (S. 321)

1 Portion	Fruchtkompott (S. 307) oder Apfelmus (S. 309)	zubereiten Auskühlen lassen	**Götterspeise**
100 g	Zwieback	lagenweise mit den Früchten in Schüssel geben	
1 Portion	Vanillecreme (S. 321)	zubereiten Heiss oder kalt darüber giessen	

🔲 Nach Belieben Löffelbiskuits oder trockene Biskuits verwenden

---

🔁 **Tutti frutti**

300 g	Saisonfrüchte	vorbereiten, evtl. schneiden In Coupegläser geben
evtl. 1 EL	Zucker	darüber streuen
8	Löffelbiskuits	darauf legen
½ Portion	Vanillecreme (S. 321)	zubereiten Auskühlen lassen, darüber verteilen
evtl. 1 dl	Rahm	schlagen, garnieren

---

2 EL	Stärkemehl, z. B. Maizena, Epifin	in Pfanne geben	**Apfelsaft-creme**
6 dl	Apfelsaft	Stärkemehl anrühren	
2 EL	Zucker		**Süssmost-creme**
2	Eier	beifügen, gut mischen Unter ständigem Schlagen bis zum Kochen bringen Sofort in Schüssel geben Auskühlen lassen	
½	Zitrone, Saft	beifügen	
1–2 dl	Rahm	schlagen, sorgfältig darunter ziehen	

🔲 Einen Teil des geschlagenen Rahms zum Garnieren verwenden

Apfelsaft durch Traubensaft ersetzen

Gekochte Zitronencreme	2 EL	Stärkemehl, z. B. Maizena, Epifin	in Pfanne geben
	4 dl	kaltes Wasser	Stärkemehl anrühren
	4 EL	Zucker	
	2	Eier	beifügen
	2	Zitronen	Schalen dazureiben, gut mischen Unter ständigem Schlagen bis zum Kochen bringen Sofort in Schüssel geben Auskühlen lassen Saft auspressen, beifügen
	1–2 dl	Rahm	schlagen, sorgfältig darunter ziehen

Karamell-köpfli	6 EL	Zucker	rösten, bis er schäumt
	1 dl	heisses Wasser	sofort ablöschen, Zuckersirup etwas einkochen Boden von 6–8 ausgespülten Portionenförmchen ausgiessen
	5 dl	Milch	
	4 EL	Zucker	in Pfanne geben
	½	Vanilleschote	aufschneiden, beifügen, aufkochen
	4	Eier	in Schüssel verklopfen, Milch dazurühren, Vanilleschote herausnehmen, in Förmchen einfüllen Lappen auf den Boden eines Brattopfes oder einer Braisière legen Förmchen hineinstellen Heisses Wasser dazugiessen Im Ofen pochieren Untere Ofenhälfte 160 °C 30–40 Min. Mit Stricknadel hineinstechen Bleibt keine ungekochte Masse daran hängen, sind die Karamellköpfli gar Auskühlen lassen Zum Stürzen Rand lösen, kurze Zeit in heisses Wasser tauchen

  Anstelle von Vanilleschote ½ abgeriebene Zitronenschale zugeben

Masse in Timbale- oder Puddingform einfüllen, 45–60 Min. pochieren

Vanilleglace

1	frisches Ei	
1	frisches Eigelb	
3 EL	Zucker	
1 EL	Vanillezucker	in Schüssel geben
½	Vanilleschote	aufschneiden, Samen auskratzen Rühren, bis die Masse hell und schaumig ist
1	Eiweiss	zu Schnee schlagen
1 EL	Zucker	zugeben, weiterschlagen, bis die Masse glänzt
2 dl	Rahm	schlagen, mit dem Eischnee auf die gerührte Masse geben, sorgfältig darunter ziehen In Form einfüllen, mindestens 2–3 Std. tiefkühlen Vor dem Stürzen kurze Zeit in heisses Wasser tauchen

Mit ganzen oder geschnittenen Früchten oder
mit geschlagenem Rahm garnieren

Beerensauce (S. 303) oder Fruchtsauce (S. 307) dazuservieren

Schokoladeglace

	Anstelle von Vanille	
100 g	dunkle Schokolade	schmelzen (S. 14) Ausgekühlt zur schaumig gerührten Masse geben Glace nur mit 1 EL Zucker zubereiten

Mokkaglace

	Anstelle von Vanille	
1–1½ EL	Sofortkaffee	
1 EL	heisses Wasser	auflösen Zur schaumig gerührten Masse geben

Zimtglace

	Anstelle von Vanille	
1 EL	Zimt	zur schaumig gerührten Masse geben

Fruchtglace

400 g	Früchte, z. B. Aprikosen, Brombeeren, Erdbeeren, Himbeeren	vorbereiten, in Massbecher geben
½	Zitrone, Saft	beifügen, mixen, evtl. durch Sieb streichen
2	frische Eiweiss	zu Schnee schlagen
4–5 EL	Zucker	zugeben, weiterschlagen, bis die Masse glänzt
2 dl	Rahm	schlagen, mit dem Eischnee sorgfältig unter das Fruchtpüree ziehen In eine Form füllen, mindestens 2–3 Std. tiefkühlen Vor dem Stürzen kurze Zeit in heisses Wasser tauchen

Anstelle von 2 dl Rahm 1 dl Rahm und 1 dl Jogurt nature verwenden

Mit ganzen oder geschnittenen Früchten oder mit geschlagenem Rahm garnieren

Wird die Glace länger als 3 Std. tiefgekühlt, vor dem Servieren 30 Min. in den Kühlschrank stellen; sie wird dadurch aromatischer

Pêche Melba

1 Portion	Vanilleglace (S. 325)	zubereiten In Coupegläser verteilen
4	Kompottpfirsiche	darauf legen
wenig	Himbeergelee	erwärmen Pfirsiche überziehen
evtl. 1 dl	Rahm	schlagen, garnieren

Coupe Romanoff

1 Portion	Vanilleglace (S. 325)	zubereiten In Coupegläser verteilen
300 g	Erdbeeren	waschen, schneiden
½ EL	Zucker	
½	Zitrone, Saft	zugeben, mischen Beeren darüber geben
evtl. 1 dl	Rahm	schlagen, garnieren

Poire Belle Hélène

1 Portion	Vanilleglace (S. 325)	zubereiten In Coupegläser verteilen
4	Kompottbirnen	darauf legen
80 g	dunkle Schokolade	
½–1 dl	Wasser	sorgfältig schmelzen Über die Birnen verteilen
evtl. 1 dl	Rahm	schlagen, garnieren
evtl.	Mandel- scheibchen	hellbraun rösten, darüber streuen

Coupe Dänemark

1 Portion	Vanilleglace (S. 325)	zubereiten In Coupegläser verteilen
evtl. 1 dl	Rahm	schlagen, garnieren
80 g	dunkle Schokolade	
½–1 dl	Wasser	sorgfältig schmelzen Heiss dazuservieren

Getränke

Milchmisch-getränk	50 g	200 g	Saisonfrüchte	vorbereiten, in Massbecher geben
	1 KL	1 EL	Zitronensaft	
	½–1 KL	1–2 EL	Zucker	
Milchshake	1½ dl	6 dl	Milch	beifügen, mixen Sofort servieren

Anstelle von Früchten und Zitronensaft 4 EL Sofortkaffee oder Schokoladegetränk verwenden

Frappee

	200 g	Vanille- oder Fruchtglace	mit den Früchten mixen

Kakao	2 EL	Kakaopulver	in Pfanne geben
	1 dl	Wasser	Kakaopulver anrühren, aufkochen
	7 dl	Milch	dazugiessen, erhitzen Von Zeit zu Zeit rühren
		Zucker	dazuservieren

Schokolade-milch	8 dl	Milch	in Pfanne geben
	120 g	dunkle Schokolade	zerkleinern, beifügen, aufkochen Von Zeit zu Zeit rühren

	Frisches kaltes Wasser verwenden	**Kaffee**
	Krug vorwärmen	

5–6 EL	Kaffeepulver	in Filter geben
1 l	Wasser	aufkochen Sofort über das Kaffeepulver giessen

Gerösteten Kaffee in gut verschlossenen Behältern
aufbewahren und möglichst rasch verbrauchen

Kaffee ist am aromatischsten, wenn er kurz
vor der Verwendung gemahlen wird

	Frisches kaltes Wasser verwenden	**Schwarztee**
	Krug vorwärmen	

4 KL	Teeblätter	in Krug geben
8 dl	Wasser	aufkochen, darüber giessen Ziehen lassen 2–3 Min. wirkt anregend 5–6 Min. wirkt beruhigend Evtl. absieben

3 EL	Teeblätter	in Krug geben
3 dl	Wasser	aufkochen, darüber giessen 5 Min. ziehen lassen Absieben
1	Zitrone	Schale dazureiben Saft auspressen, beifügen
2–3 EL	Zucker	zugeben, auflösen
7 dl	kaltes Wasser	dazugiessen Kühl stellen
	Eiswürfel Zitronenscheiben	in Gläser geben Tee dazugiessen

Eistee

Anstelle von Teeblättern 3 Beutel Schwarztee verwenden

Angebrühter Tee

1 Hand voll	Tee	in Krug geben
8 dl	Wasser	aufkochen, darüber giessen Mindestens 5 Min. ziehen lassen Absieben

Geeignete Teesorten:
Zarte Pflanzenteile wie Pfefferminze, Zitronen-, Goldmelissen, Orangenblüten, Kamillen

1 Hand voll Tee durch 3 Teebeutel ersetzen

Gekochter Tee

1 Hand voll	Tee	
8 dl	Wasser	aufkochen Kochzeit 2 Min. Mindestens 5 Min. ziehen lassen Absieben

Geeignete Teesorten:
Lindenblüten, harte Pflanzenteile wie Hagebutten, Fruchtschalen

Verschiedene Teesorten mischen

Tee heiss oder kalt servieren

Nach Belieben Orangen-, Zitronenschale, Zimtstängel, Gewürznelken, Muskat, Sternanis mitkochen oder Orangen-, Zitronensaft dem fertigen Tee beifügen

Gespritztes Apfel-Minze-Getränk

1 Hand voll	Pfefferminze	in Krug geben
4 dl	Wasser	aufkochen, darüber giessen Auskühlen lassen Absieben
1	Zitrone, Saft	
2 dl	Apfelsaft	
2 dl	Mineralwasser	
evtl.	Zucker	beifügen
	Pfefferminzblatt oder -zweiglein	in Gläser geben Getränk dazugiessen

Fein geschnittenen Apfel in das Getränk geben

4 Beutel	Hagebuttentee	in Krug geben	**Hagebutten-**
			drink
5 dl	Wasser	aufkochen, darüber giessen	
		Auskühlen lassen	
		Teebeutel herausnehmen	
3 dl	Orangensaft		
½ KL	Vanillezucker		
evtl.	Zucker	beifügen	
	Orangenscheiben	in Gläser geben	
		Getränk dazugiessen	

8 dl	Wasser		**Punsch**
½	Zimtstängel		
1	Nelke		
1 Hand voll	Lindenblüten	in Pfanne geben	
2	Orangen	Schale einer halben Orange	
		abschälen, beifügen, aufkochen	
		10 Min. ziehen lassen	
		Absieben	
		Saft auspressen, zugeben	
½	Zitrone, Saft		
1 dl	Apfelsaft		
2 EL	Birnel, Honig		
	oder Zucker	beifügen, rühren	
		Heiss servieren	

Nach Belieben
Lindenblüten durch Schwarztee,
Orange durch Zitrone,
Apfelsaft durch Obstsaftkonzentrat ersetzen

2–3 EL	Zucker	in Krug geben	**Petit soleil**
2½ dl	Mineralwasser	dazugiessen, auflösen	
½ l	roter Traubensaft		
2½ dl	Orangensaft		
1–2	Zitronen, Saft	beifügen, mischen	
	Eiswürfel	in Gläser geben	
		Getränk dazugiessen	
1	Orange oder		
	Zitrone	waschen, in dünne Scheiben schneiden,	
		an Glasrand stecken	

Fruchtbowle

300 g	Saisonfrüchte	vorbereiten, evtl. schneiden, in Schüssel geben
3–4 EL	Zucker	darüber streuen
½ l	Apfelsaft	dazugiessen 1–2 Std. zugedeckt kühl stellen
½ l	kaltes Mineralwasser	kurz vor dem Servieren dazugiessen
evtl.	Zitronenscheiben Eiswürfel frische Pfefferminz- blätter	beifügen Sofort servieren

....

Anstelle von Apfelsaft roten oder weissen Traubensaft verwenden

Anstelle von Mineralwasser Apfelsprudel verwenden

Kleine Geschenke aus der Küche

Schokolade-trüffeln

150 g	dunkle Schokolade, z. B. Crémant	
2 EL	Wasser	im Wasserbad schmelzen Leicht auskühlen lassen
einige Tropfen	Aroma, z. B. Kirsch, Rum	zugeben
150 g	weiche Tafelbutter	rühren, bis sich Spitzchen bilden
100 g	Puderzucker	dazusieben, rühren Geschmolzene Schokolade beifügen Kühl stellen, bis die Masse formbar ist Nussgrosse Kugeln formen

Nach Belieben in Schokoladestreusel, Schokoladepulver, Puderzucker, hellbraun gerösteten Mandelscheibchen oder geschälten, gemahlenen Mandeln wenden

Die fertigen Trüffeln in Pralinenkapseln anrichten
Kühl aufbewahren

Rahm-pralinen

1 dl	Rahm	aufkochen, Pfanne wegziehen
200 g	dunkle Schokolade, z. B. Crémant	zugeben, rühren, bis die Schokolade geschmolzen ist In Alu-Kapseln giessen Kühl stellen

Flüssige Pralinenmasse kurz kühl stellen, mit dem Spritzsack in Pralinenkapseln dressieren

Nach Belieben mit Zuckerkügelchen, Zuckerveilchen, Schokolade-Kaffeebohnen oder Mandelscheibchen garnieren

Mokka-würfel

1 EL	Sofortkaffee	
1 EL	heisses Wasser	
100 g	Milchschokolade	
100 g	dunkle Schokolade	im Wasserbad schmelzen Leicht auskühlen lassen
150 g	weiche Tafelbutter	rühren, bis sich Spitzchen bilden
200 g	Puderzucker	dazusieben, rühren Geschmolzene Schokolade zugeben 1–1½ cm dick ausstreichen Kühl stellen Mit heissem Messer 1½ cm grosse Würfel schneiden
	Schokolade-Kaffeebohnen	garnieren

100 g	weiche Tafelbutter		**Schokolade-knusperli**
100 g	Milchschokolade		
100 g	dunkle Schokolade	im Wasserbad schmelzen	
50 g	Puderzucker	dazusieben, rühren	
100 g	Cornflakes	darunter mischen Mit 2 Kaffeelöffeln kleine Häufchen formen Auf Backtrennpapier geben Auskühlen lassen	

100 g	Schokolade	im Wasserbad schmelzen	**Mandel-roches**
100 g	Mandelstifte	hellbraun rösten Zur Schokolade geben, mischen Mit 2 Kaffeelöffeln kleine Häufchen formen Auf Backtrennpapier geben Auskühlen lassen	

200 g	Datteln	längs einschneiden, Kerne herausnehmen	**Gefüllte Datteln**
100 g	Marzipan	kleinfingerdicke Röllchen formen, in Stücke schneiden, anstelle der Kerne in die Datteln legen	
evtl.	Baumnüsse	in den Marzipan crücken Datteln von beiden Seiten wieder leicht schliessen	

Nach Belieben farbiges Marzipan verwenden

Marzipan-Maikäfer

50 g	Marzipan	10 gleich grosse ovale Stücke formen
50 g	dunkle Schokolade	im Wasserbad schmelzen Marzipanstücke mit Holzspiessli in die flüssige Schokolade tauchen Auf Backtrennpapier geben Leicht auskühlen lassen
10	Mandeln	längs halbieren Als Flügel in die Marzipanstücke stecken

  Anstelle von dunkler Schokolade Kuvertüre oder Fettglasur verwenden

Karamell
Nidelzältli
Nidletäfeli

250 g	gezuckerte Kondensmilch	
100 g	Butter	
200 g	Zucker	in Pfanne geben Unter ständigem Rühren kochen, bis die Masse hellbraun ist Kochzeit 10–15 Min.
2 EL	kaltes Wasser	beifügen, glatt rühren Sofort auf Backtrennpapier oder abgespültes Blech giessen, 1 cm dick ausstreichen Auskühlen lassen In 1½ cm grosse Würfel schneiden

Krach-mandeln

1 dl	Wasser	
200 g	Zucker	
1 KL	Vanillezucker	
evtl. 1 Msp	Zimt	aufkochen
200 g	ungeschälte Mandeln	zugeben

Auf mittlerer Stufe unter ständigem
Rühren kochen, bis sich der Zucker um
die Mandeln legt und sie leicht krachen
Kurz weiterrühren, bis die Mandeln glänzen
Sofort auf leicht eingefettetes Blech
oder Backtrennpapier geben
Auskühlen lassen

Florentiner

100 g	Mandel-scheibchen	
125 g	Puderzucker	
1 dl	Rahm	in Pfanne geben
50 g	Orangeat	
50 g	Zitronat	fein hacken, beifügen

Unter ständigem Rühren aufkochen
Kochzeit 2 Min.

2 EL	Mehl	zugeben, mischen

Mit 2 Kaffeelöffeln kleine Häufchen
in grossen Abstärden auf mit
Backtrennpapier belegtes Blech geben,
etwas flach drücken
Backen
Ofenmitte
220 °C
3–5 Min.
Der Rand soll hellbraun sein
Sofort nach dem Backen
die zerflossenen Plätzchen mit kalt
abgespültem Ausstecher rund formen
Auskühlen lassen, vom Backtrennpapier lösen

120 g	dunkle Schokolade	im Wasserbad schmelzen

Unterseite der Florentiner bestreichen

Nuss-zwiebacke

125 g	gezuckerte Kondensmilch	
2 KL	Zitronensaft	
100 g	gemahlene Nüsse	mischen
12–16	Zwiebacke	mit der Masse bestreichen

Backen
Obere Ofenhälfte
200 °C
5–10 Min.

Falt- schachtel

Festes Glanzpapier oder festes farbiges Zeichnungspapier oder Kalenderblätter verwenden

---

.... = falten
——————— = schneiden

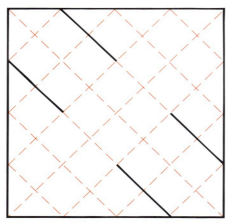

Quadrat von beliebiger Grösse zuschneiden
Zweimal in der Diagonale falten
Alle 4 Ecken zum Schnittpunkt der Diagonalen falten
Kanten gut abstreichen
Neue Seitenkanten gegen die Mitte falten
Kanten gut abstreichen

Mit der Schere gemäss Skizze einschneiden

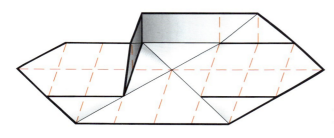

Die grösseren Seitenteile einschlagen, so dass die Ecken zum Diagonal-Schnittpunkt kommen

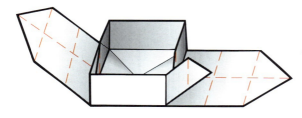

Gemäss Skizzen fertig falten

Geschenk-säcklein

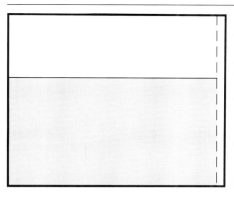

Papier in gewünschte Grösse schneiden

Auf der rechten Seite einen ca. 2 cm breiten Streifen für den Klebstoff bezeichnen und leicht nach vorne falten

Pergamentpapier gemäss Skizze aufkleben

Den bezeichneten Streifen mit Klebstoff bestreichen, Säcklein zusammenkleben

Boden:
Mitte bezeichnen
Ecken einlegen und stark falten

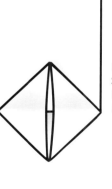

Ecken auseinanderlegen
Säcklein zu einem Zylinder öffnen
Ecken nach innen legen, die eine
Ecke gemäss Skizze umlegen

Untere und obere Ecke gemäss Skizze falten und ankleben

Kräuteressig

1 Zweig	Rosmarin, Dill, Estragon	
wenig	Liebstöckel	in saubere Flasche geben
1 l	Weissweinessig	dazugiessen Flasche verschliessen 2 Wochen stehen lassen

Nach Belieben Kräuteressig nur mit einem der Kräuter zubereiten

Nach Belieben einige Pfeffer- oder Senfkörner beifügen

Anstelle von Essig Öl verwenden

Konservieren

Konser-vieren

Lebensmittel verderben, wenn sie nicht richtig oder zu lange gelagert werden

Zum längeren Aufbewahren müssen sie haltbar gemacht, das heisst konserviert werden

Auch konservierte Lebensmittel verderben bei unsachgemässer Behandlung oder falscher Lagerung

Sie sind dann ungeniessbar oder sogar giftig

Am Verderb der Lebensmittel sind meistens Mikroorganismen (Kleinlebewesen) beteiligt

Mikroorganismen sind überall vorhanden; in der Luft, an Lebensmitteln, Geräten, Kleidern usw.

Einige Mikroorganismen sind aber notwendig: Sie dienen zur Herstellung bestimmter Lebensmittel

Mikroorganismen		Tätigkeit	Vorkommen unerwünscht	Vorkommen notwendig
Bakterien		Säure-bildung Fäulnis-bildung	Milch Eier Fleisch Früchte	Jogurt-, Sauerkraut-, Essig-herstellung
Hefepilze		Gärung	Fruchtsäfte	Hefeteig-, Wein-, Bier-herstellung
Schimmelpilze		Schimmel-bildung	Früchte Konfitüre Brot Nüsse	Camembert-, Gorgonzola-herstellung

Lebens-bedingungen der Mikro-organismen	Wärme (Ideale Temperatur 15 – 40 °C) Feuchtigkeit, Wasser Nahrung Sauerstoff

 Beim Konservieren entziehen wir den Mikroorganismen zum Teil die idealen Lebensbedingungen

Konservierungsart	Haltbarmachen durch	Anwendungsmöglichkeiten
Pasteurisieren	Hitzeeinwirkung 75 – 85 °C Luftabschluss	Fruchtsäfte
Einkochen mit Zucker	Hitzeeinwirkung Hohe Zucker-konzentration Teilweiser Wasser-entzug	Konfitüre, Gelee, Sirup
Heiss Einfüllen	Hitzeeinwirkung 90 – 100 °C Luftabschluss	Früchte, Konfitüre. Tomaten
Sterilisieren	Hitzeeinwirkung 75 – 100 °C Luftabschluss	Früchte, Gemüse, Fleisch
Tiefkühlen	Kälteeinwirkung – 18 °C bis – 25 °C Die Mikroorga-nismen werden stillgelegt, aber nicht abgetötet	Früchte, Gemüse, Fleisch, Halbfertig-, Fertiggerichte
Dörren	Wasserentzug	Früchte, Gemüse, Kräuter, Pilze

 Konservierte Lebensmittel müssen je nach Konservierungs-methode kühl, trocken und dunkel aufbewahrt werden

Von Zeit zu Zeit kontrollieren und in die Menüplanung einbeziehen

Einkochen mit Zucker

Für Konfitüre, Gelee, Sirup

Geeignet für weniger schöne und sehr reife Früchte

Grosse Zuckermenge ist erforderlich

Konfitüre

Für 100 g Früchte 50–80 g Zucker verwenden

Kleinere Zuckermenge verkürzt die Haltbarkeit

Früchte waschen, rüsten, evtl. schneiden
Früchte wiegen, erforderliche Zuckermenge zugeben
Nach Möglichkeit die Früchte mit dem Zucker einige Zeit stehen lassen

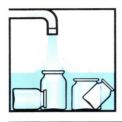

Gläser gründlich waschen, spülen, vorwärmen

Früchte unter häufigem Rühren langsam aufkochen
Konfitüre zum Breitlauf einkochen
Evtl. abschäumen

Konfitüre in Gläser einfüllen

Gläser randvoll füllen
Sofort mit Schraubdeckel verschliessen
Gläser kurze Zeit auf Deckel stellen
Saubere Gläser beschriften

Gläser bis ½ cm unter den Rand füllen
Glasrand reinigen
Cellophanpapier befeuchten, sofort über Gläser legen, Gummiringli darumspannen. Saubere Gläser beschriften

Früchte einzeln oder als Fruchtmischung
zu Konfitüre einkochen

Früchte ganz lassen, schneiden oder mixen

Gut gelierende Früchte:
Unreife Äpfel, Aprikosen, Brombeeren, rote und schwarze
Johannisbeeren, Stachelbeeren, Zwetschgen

Schlecht gelierende Früchte:
Birnen, Erdbeeren, Himbeeren, Holunder, Kirschen,
Pfirsiche, Trauben
Bei schlecht gelierenden Früchten Geliermittel oder
Gelierzucker verwenden

Geeignete Fruchtmischungen:
Erdbeeren und Rhabarber
Johannisbeeren und Himbeeren
Zwetschgen und Äpfel
Holunder und unreife Äpfel
Kirschen, Johannisbeeren und Stachelbeeren
Brombeeren und Birnen

200 g	500 g	Früchte	vorbereiten, fein schneiden In Pfanne geben	**Aprikosen-konfitüre**
125 g	300 g	Zucker		
evtl.	evtl.	Zitronensaft	beifügen Zu Konfitüre einkochen In vorbereitete Gläser einfüllen, sofort verschliessen	**Zwetschgen-konfitüre**

Gelee

Für Gelee wird nur Fruchtsaft mit Zucker
eingekocht

Für 1 dl Fruchtsaft 70–90 g Zucker verwenden

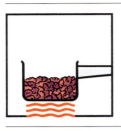

Beeren erlesen, evtl. überbrausen
Mit wenig Wasser aufkochen
Kochen lassen, bis die Haut aufspringt oder
das Fruchtfleisch weich ist

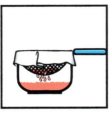

Beeren absieben oder durch ein Gazetuch filtrieren,
nicht auspressen
Fruchtsaft abmessen, erforderliche Zuckermenge
zugeben

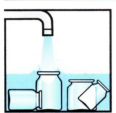

Gläser gründlich
waschen, spülen,
vorwärmen

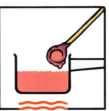

Fruchtsaft unter häufigem
Rühren zum Breitlauf
einkochen
Evtl. abschäumen

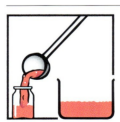

Gelee in Gläser
einfüllen

Gläser randvoll füllen
Sofort mit Schraub-
deckel verschliessen
Gläser kurze Zeit auf
Deckel stellen
Saubere Gläser
beschriften

Gläser bis ½ cm
unter den Rand füllen
Glasrand reinigen
Cellophanpapier
befeuchten, sofort
über Gläser legen,
Gummiringli darum-
spannen. Saubere
Gläser beschriften

Früchte einzeln oder als Fruchtmischung
zu Gelee einkochen

Geeignete Fruchtmischungen:
Brombeeren und Holunder
Himbeeren und Johannisbeeren

			Apfelgelee
	Kochäpfel	waschen, ungeschält mit Kerngehäuse in Stücke schneiden	
	Wasser	Apfelstücke knapp bedecken Gut weich kochen 6–12 Std. stehen lassen Absieben, nicht auspressen	
½ l	Apfelsaft		
400 g	Zucker	zu Gelee einkochen In vorbereitete Gläser einfüllen	
evtl.	Vanille- oder Zimtstängel	in jedes Glas geben, sofort verschliessen	

			Quittengelee
	Quitten	waschen, ungeschält mit Kerngehäuse in Stücke schneiden	
	Wasser	Quittenstücke knapp bedecken Gut weich kochen 24 Std. stehen lassen Absieben, nicht auspressen	
½ l	Quittensaft		
400 g	Zucker		
1 EL	Zitronensaft	zu Gelee einkochen In vorbereitete Gläser einfüllen, sofort verschliessen	

1–2 rotschalige Äpfel mit den Quitten kochen;
ergibt eine schöne Farbe

Sirup

Für Sirup wird nur Fruchtsaft mit Zucker
eingekocht

Für 1 dl Fruchtsaft 40–50 g Zucker verwenden

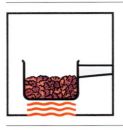

Beeren erlesen, evtl. überbrausen
Mit wenig Wasser aufkochen
Kochen lassen, bis die Haut aufspringt oder
das Fruchtfleisch weich ist

Beeren absieben oder durch ein Gazetuch filtrieren,
nicht auspressen
Fruchtsaft abmessen, erforderliche Zuckermenge
zugeben

Flaschen gründlich waschen, spülen, vorwärmen

Fruchtsaft unter häufigem Rühren aufkochen
Evtl. abschäumen

Sirup in Flaschen einfüllen, sofort verschliessen
Saubere Flaschen beschriften

Geeignete Früchte:
Rote und schwarze Johannisbeeren,
Holunderbeeren, Brombeeren

			Holunder-blütensirup
6–8	Blütendolden	überbrausen	
1 l	kaltes Wasser	dazugiessen 24–48 Std. möglichst an der Sonne stehen lassen Absieben	
1 kg	Zucker	beifügen Unter häufigem Rühren aufkochen	
20 g	Zitronensäure	zugeben, umrühren, evtl. Pfanne wegziehen In saubere Flaschen einfüllen, sofort verschliessen	

In kleine Flaschen einfüllen

Angebrochene Flaschen kühl aufbewahren

Anstelle von Holunderblüten 20 g Goldmelissenblüten
verwenden

Sterilisieren von Früchten

Sofort servierbereit

Farbe und Form bleiben gut erhalten

Lagerung benötigt keine Energie

Braucht spezielle Gläser

Wird nicht im Backofen sterilisiert,
ist ein Sterilisiertopf notwendig

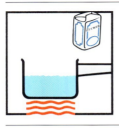

Zuckersirup aufkochen
(150 g Zucker/1 l Wasser)
Auskühlen lassen
Bei hellen Früchten wenig Zitronensaft
beifügen

Gläser gründlich waschen, spülen

Früchte waschen, evtl. schälen,
evtl. schneiden

Früchte möglichst eng, bis 3 cm unter
den Rand in Gläser einschichten
Mit Zuckersirup bedecken

Gummiring abspülen und auflegen
Gläser mit Deckel und Klammer
verschliessen

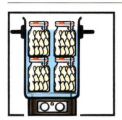

Siebeinsatz in Sterilisiertopf legen
Gläser so darauf stellen, dass sie sich
nicht berühren
Lauwarmes Wasser in Sterilisiertopf
bis ¾ Glashöhe einfüllen, zudecken
Langsam auf Sterilisiertemperatur
erwärmen
Steinobst: 85 °C, 20–30 Min.
Kernobst: 90 °C, 30–45 Min.
Gläser im Sterilisiertopf leicht
auskühlen lassen

**Sterilisieren
im
Wasserbad**

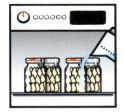

Deckel der Gläser einzeln mit Alufolie
abdecken, um das Austrocknen
der Gummiringe zu verhindern
Backblech auf der untersten Rille
einschieben
4–6 Gläser von gleicher Grösse und
gleichem Inhalt darauf stellen,
so dass sich die Gläser nicht berühren
Backblech bis zur Hälfte mit Wasser
füllen
Sterilisiertemperatur und -dauer
richten sich nach den verschiedenen
Backofenmodellen
Gebrauchsanleitung beachten

**Sterilisieren
im
Backofen**

Nach dem vollständigen Auskühlen
Klammer wegnehmen, kontrollieren,
ob der Deckel hält
Saubere Gläser beschriften
Kühl und dunkel aufbewahren

Heiss Einfüllen von Früchten

Sofort servierbereit

Farbe und Form bleiben gut erhalten

Lagerung benötigt keine Energie

Braucht spezielle Gläser

Nur für schöne, reife, aber noch feste Früchte geeignet

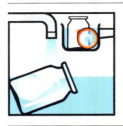

Gläser gründlich waschen, spülen
Gummiring auf Deckel legen
Gläser und Deckel in heissem Wasser vorwärmen

Früchte waschen, evtl. schälen,
evtl. schneiden. Zuckersirup aufkochen
(150 g Zucker/1 l Wasser). Bei hellen
Früchten wenig Zitronensaft beifügen
Früchte portionenweise im Zuckersirup
nur knapp weich kochen
Früchte in Glas einfüllen bis 2 cm
unter den Rand

Zuckersirup nochmals aufkochen
Glas randvoll aufgiessen
Deckel sofort auflegen,
Zuckersirup soll überlaufen
Mit Klammer verschliessen

Gläser kurze Zeit auf Deckel stellen
Auf Holzbrett oder Tuch auskühlen
lassen
Vor Zugluft schützen

Nach dem vollständigen Auskühlen
Klammer wegnehmen, kontrollieren,
ob Deckel hält
Saubere Gläser beschriften
Kühl und dunkel aufbewahren

Farbe, Form und Geschmack bleiben gut erhalten

Vitamine und Mineralstoffe werden geschont

Braucht spezielles Verpackungsmaterial

Lagerung benötigt Energie

Bei grossen Mengen Tiefkühlgerät zum voraus
auf Maximum einstellen

Blanchierte und gekochte Lebensmittel vor dem
Verpacken vollständig auskühlen lassen

Die Grösse der Portionen richtet sich
nach Personenzahl oder Verwendung

Pakete möglichst luftdicht verschliessen

Flache und kleine Pakete frieren rascher durch

Pakete beschriften mit Inhalt, Menge, Datum

Lebensmittel sofort tiefkühlen

Pakete zum Einfrieren einzeln auslegen

Lagertemperatur −18 °C bis −25 °C

Regelmässige Kontrolle ist notwendig

Tiefgekühltes evtl. vor der Verwendung auftauen

Tiefkühlgerät mindestens einmal jährlich abtauen

Tiefkühlen

Tiefkühlen von Früchten

Frische, reife, noch feste Früchte verwenden

Aprikosen Kirschen Zwetschgen

Früchte vorbereiten, evtl. schneiden
Dicht in saubere Tiefkühlbeutel einschichten

Beeren

Beeren erlesen, evtl. überbrausen
Einzeln auf Platte oder mit Backtrennpapier belegtes Blech legen und
tiefkühlen
In saubere Tiefkühlbeutel oder -dosen
füllen
Beeren vor dem Tiefkühlen evtl. mixen

Frische, möglichst zarte Gemüse verwenden

Gemüse vor dem Tiefkühlen blanchieren
Blanchierzeit 2–5 Min.

Tomaten, Zucchetti, Peperoni, Küchenkräuter und Rhabarber roh tiefkühlen

Gemüse vorbereiten, evtl. schneiden
Wasser aufkochen

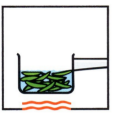

Gemüse portionenweise blanchieren

Sofort in eiskaltem Wasser abschrecken

Gut abtropfen
Gemüse dicht in saubere Tiefkühlbeutel einschichten

Bei hellem Gemüse dem Blanchierwasser wenig Zitronensaft beifügen

Dörren

Küchen- und Teekräuter
evtl. überbrausen, trocknen

Auf Tuch oder Papier ausbreiten
oder zu kleinen Büscheln binden

An warmem, trockenem, luftigem
und staubfreiem Ort ca. 3 Tage trocknen
Direkte Sonnnenbestrahlung vermeiden

Gedörrte Kräuter in Papier-
oder Stoffsäcken staubfrei und trocken
aufbewahren

Verschiedene Kräuter mischen,
evtl. zerreiben und in kleine Gläser
einfüllen

Bei Verwendung eines Dörrapparates
Gebrauchsanweisung beachten

«essen und trinken»

Wissenswertes zu « essen und trinken »

Hilfreiche Tips zur Anwendung im Unterricht

«essen und trinken» weist eine spezielle inhaltliche Gliederung auf, die es erlaubt, die einzelnen Kapitel an unterschiedliche Schulstufen und Interessen anzupassen. Diese neuartige Ernährungslehre baut auf der Nahrungsmittelpyramide auf und vermittelt allgemein gültige Informationen und Empfehlungen zu unserer Ernährungssituation. Auf spezielle Bedürfnisse verschiedener Alters- und/oder Bevölkerungsgruppen wird zum Teil punktuell eingegangen oder im hinteren Teil als ausgewähltes Kapitel ausführlicher umschrieben.

1. Nahrungsmittelpyramide (S.370–377)

- Wichtig als Grundlage für alle
- Einfach anwendbar
- Ergänzung durch Zusatzmaterial möglich:
  - Magnetische Nahrungsmittelpyramide
  - CD-Rom «clic**topf**»

2. Nahrungsmittelgruppen (S.378–403)

Der dreistufige didaktische Aufbau (I–III) erleichtert die Umsetzung je nach Schulstufe, Interessenslage und Zeitbudget:

Warum wichtig?
- Viele Mineralstoffe und Vitamine
- Reich an Nahrungsfasern und Wasser
- Wenig Kalorien/Joules

I. Das Wichtigste in Kürze
Zusammenfassende Merkpunkte.

« Auswahl wie im Schlaraffenland »

II. Allgemeine Informationen
Kernaussagen mit grundlegenden Basis-Informationen.

Schon gewusst?

III. Wer noch mehr wissen möchte
Ergänzende Informationen, die Vorkenntnisse erfordern.

3. Daten, Tabellen, Zahlen (S.404–414)

Der dritte Abschnitt von «essen und trinken» hilft, Fakten anhand von Grafiken, Zahlen und Tabellen zu veranschaulichen.

Dichte Daten für Denker **Tabellen für tabellarische Talente**	Zum Nachschlagen
Fakultative Fakten für Zahlenfans	Zum Rechnen
Der Body-Mass-Index	Zum Überprüfen

4. Ausgewählte Ernährungsthemen (S.413–433)

Eine Auswahl zusätzlicher aktueller Ernährungsthemen.

Vorbeugen **ist besser als Heilen**	**Sinn und Unsinn** **von Diäten**	Wichtiges zum Überdenken
Nahrungsüberfluss **und Hunger**	**Alternative** **Ernährungsformen**	Kritisches zum Nachdenken
Trends **von Teens und Twens**	**Intensive Infos** **für Interessierte**	Neues zum Mitdenken

5. Glossar (S.434–437)

Alle Fachausdrücke und Fremdwörter sind hier erklärt.

Die Nahrungsmittelpyramide

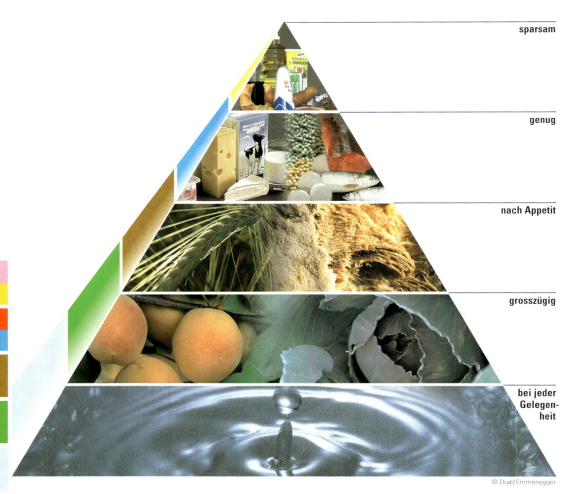

sparsam

genug

nach Appetit

grosszügig

bei jeder Gelegen-
heit

© Dual/Emmenegger

Die Nahrungsmittelpyramide zeigt uns, von welchen Nahrungsmittelgruppen wir wie viel essen dürfen. Täglich sollten alle Gruppen berücksichtigt werden. Das garantiert eine abwechslungsreiche Ernährung. Aus der Spitze können wir in kleinen Mengen geniessen; aus dem unteren Teil grosszügig und bei jeder Gelegenheit.

Die Nahrungsmittelgruppen

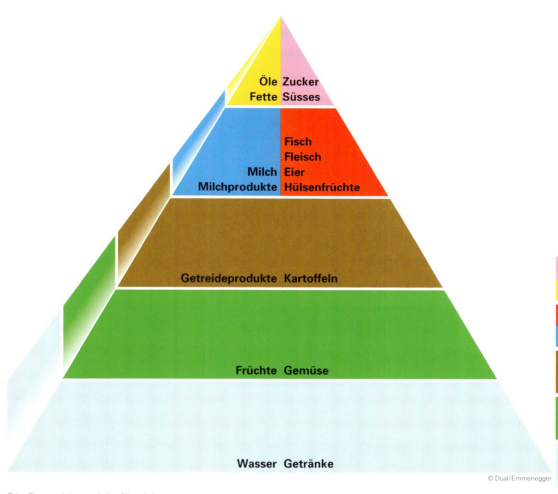

Öle Zucker
Fette Süsses

Fisch
Fleisch
Milch Eier
Milchprodukte Hülsenfrüchte

Getreideprodukte Kartoffeln

Früchte Gemüse

Wasser Getränke

© Dual/Emmenegger

Die Pyramide spricht für sich:
Durch die bildliche Darstellung der einzelnen Nahrungsmittelgruppen ist es möglich,
Empfehlungen zum Essen und Trinken abzugeben, ohne Zahlen oder Mengenangaben
zu nennen.

Was sagt die Pyramide?

« Täglich alle Gruppen der Pyramide berücksichtigen! »

Die Pyramide zeigt uns alle Nahrungsmittelgruppen, die zu einer gesunden Ernährung gehören. Die einzelnen Nahrungsmittel einer Gruppe haben alle einen ähnlichen Nährwert. Sie können deshalb nicht durch Nahrungsmittel einer anderen Gruppe ersetzt werden.

Die Pyramide spricht für sich!

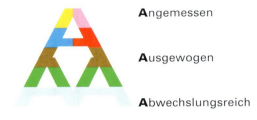

Angemessen

Ausgewogen

Abwechslungsreich

Angemessen

Die Nahrungsmittelpyramide erfüllt die Energie- und Nährstoffansprüche der durchschnittlichen Bevölkerung. Zur Spitze hin nimmt die Energiedichte der einzelnen Nahrungsmittel zu. Die Pyramide steht somit für eine Ernährung, die unserer Lebensweise **energiemässig angemessen** ist.

Ausgewogen

Die Hauptnährstoffe Protein, Fett und Kohlenhydrate sollten in unserer Nahrung in einem bestimmten Verhältnis zueinander stehen: wenig Fett, genug Protein und viele Kohlenhydrate. In der Spitze der Pyramide finden wir deshalb fett- und proteinreiche Nahrungsmittel, im unteren Teil kohlenhydrat- und wasserreiche. Dies garantiert uns eine **nährstoffmässig ausgewogene** Kost.

Abwechslungsreich

Alle Nahrungsmittelgruppen liefern uns mehrere, aber nicht alle Nährstoffe. Auch innerhalb der Gruppen gibt es Unterschiede im Nährwert. Diese beziehen sich auf unterschiedliche Gehalte an den einzelnen Vitaminen, Mineralstoffen und bioaktiven Substanzen. Deshalb soll man auch innerhalb der Nahrungsmittelgruppe auf möglichst viel Abwechslung achten.
Wer seine Nahrung möglichst vielfältig auswählt, kommt in den Genuss aller wichtigen und lebensnotwendigen Nährstoffe. **Abwechslung** verhindert Nährstoffmangel und Nährstoffüberkonsum.

Nährwert

« **Zur Spitze hin konzentrieren sich energiereiche Nahrungsmittel** »

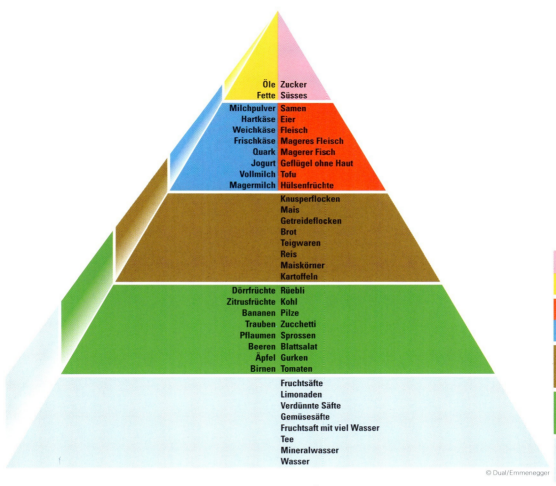

Öle Fette | Zucker Süsses

Milchpulver / Samen
Hartkäse / Eier
Weichkäse / Fleisch
Frischkäse / Mageres Fleisch
Quark / Magerer Fisch
Jogurt / Geflügel ohne Haut
Vollmilch / Tofu
Magermilch / Hülsenfrüchte

Knusperflocken
Mais
Getreideflocken
Brot
Teigwaren
Reis
Maiskörner
Kartoffeln

Dörrfrüchte / Rüebli
Zitrusfrüchte / Kohl
Bananen / Pilze
Trauben / Zucchetti
Pflaumen / Sprossen
Beeren / Blattsalat
Äpfel / Gurken
Birnen / Tomaten

Fruchtsäfte
Limonaden
Verdünnte Säfte
Gemüsesäfte
Fruchtsaft mit viel Wasser
Tee
Mineralwasser
Wasser

© Dual/Emmenegger

Das Prinzip der Pyramide basiert auf der kontinuierlichen Änderung des Nährwertes von unten nach oben:
Der Energie- und der Nährstoffgehalt der einzelnen Nahrungsmittel ändern sich ständig innerhalb der Pyramide. Im unteren Teil finden wir Nahrungsmittel mit einem hohen Anteil an Wasser und anderen uneingeschränkt empfohlenen Inhaltsstoffen. Zur Spitze hin nehmen Energiegehalt und beschränkt empfohlene Nährstoffe zu.

Gewusst wie viel?

« Essen aus allen Gruppen garantiert eine gesunde Ernährung »

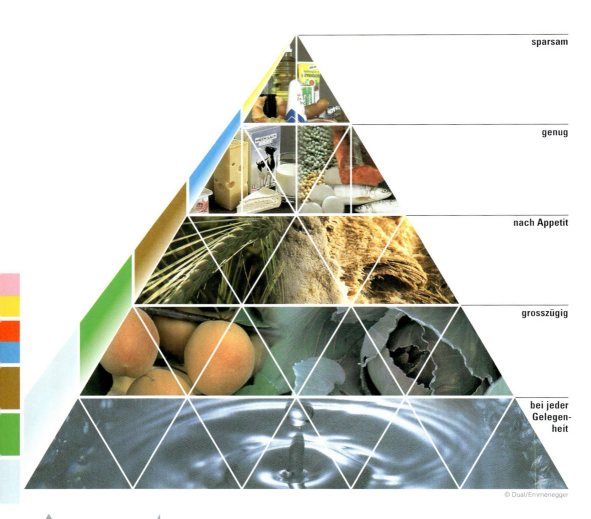

sparsam

genug

nach Appetit

grosszügig

bei jeder Gelegen-heit

© Dual/Emmenegger

Portion

halbe Portion

Wähle deine Portionen

Zur Planung eines ausgewogenen Tagesmenü lässt sich die benötigte Menge an Energie und Nährstoffen in Portionen einteilen. Diese können wir auf die Nahrungsmittelgruppen verteilen. Die Anzahl der Dreiecke im Tagesplan zeigt uns an, ob wir die Gewichtung richtig vorgenommen haben.

Tagesmenü:
- Flocken in Milch, Orangensaft
- Butterbrot, Apfel
- Käserisotto, Salat mit Ei, Schokoladeriegel
- Trockenfrüchte, Jogurt, Rüebli
- Fisch, Kartoffeln, Spinat, Beeren

Beispiel eines Tagesplans

	Frühstück	Snack/Znüni	Mittagessen	Snack/Zvieri	Nachtessen
Öl, Fett, Süsses		Butter	Schokoladeriegel		
Hülsenfrüchte, Eier, Fisch, Fleisch	Sojaflocken		Ei		Fisch
Milch, Jogurt, Käse, Quark	Milch		Käse	Jogurt	
Getreide, Kartoffeln	Flocken	Brötli	Reis		Kartoffeln
Gemüse			Salat roh	Rüebli	Gemüse gekocht
Früchte	Fruchtsaft	Frucht		Trockenfrüchte	Beeren
Getränke	Saft	Wasser	Wasser	Apfelsaft	Tee

Portion

halbe Portion

Aufgepasst: Nach oben hin werden die Portionen kleiner, damit vielseitiges Essen trotzdem möglich ist.

Die Pyramide ist flexibel

« Baue deine eigene Pyramide! »

Die Pyramide der Nahrungsmittelgruppen ist nicht starr. Sie kann an individuelle Lebenssituationen angepasst werden, indem ganze Nahrungsmittelgruppen (s. unten bei Tina) oder nur einzelne Portionen (s. unten bei Michael) ausgetauscht werden. Je nach Alter, Gewohnheiten, Wohnort oder Beruf können die Nährstoffbedürfnisse ändern. Die Grundpyramide entspricht dem Essensbedarf der durchschnittlichen Bevölkerung.

Die Pyramide lässt sich anpassen an:

Alter
Aktivität
Alltagsverhalten

Diese drei Faktoren (Alter, Aktivität und Alltagsverhalten) beeinflussen den Bedarf an Energie sowie an einzelnen Nährstoffen. Betrachten wir zwei Jugendliche:

Tina wohnt auf 1800 m ü. M. und ist Mitglied eines Mountainbike-Clubs. Sie trainiert 4-mal pro Woche während zweier Stunden. Jugendliche, die sich körperlich aktiv betätigen, brauchen mehr energieliefernde Getreideprodukte. Für diese können die grüne und die braune Gruppe ausgetauscht werden. Tina darf sogar die Spitze der Pyramide ausbauen, damit sie bei einem essbaren Volumen genügend Energie zu sich nehmen kann.

Michael ist ein Computerfreak im Mittelland, der kaum Sport betreibt. Er ist Vegetarier und isst weder Fleisch noch Fisch. Er ist mit der Grundversion der Pyramide gut bedient, wenn er die Fleisch- oder Fischportionen durch Tofu, Eier, Quark oder Käse ersetzt.

Tina: Mountainbikerin   Michael: Computerfreak

Lustvoll essen und trinken

« Nur stabile Pyramiden halten gesund »

Werden einzelne Nahrungsmittelgruppen durch unausgewogene Essgewohnheiten zu wenig oder zu häufig berücksichtigt, stürzt die Pyramide ein. Die Pyramide der Durchschnittsperson ist nicht stabil. Im Allgemeinen werden zu viel Süssigkeiten, Gebäck oder Snacks gegessen. Der viel versteckte Zucker und das viel versteckte Fett in diesen stark verarbeiteten Produkten bringen die «Durchschnitts-Pyramide» zum Einstürzen. Die Pyramide stürzt aber auch ein, wenn man sich aufgrund falscher Diätvorstellungen nur von Fleisch und Salat ernährt.

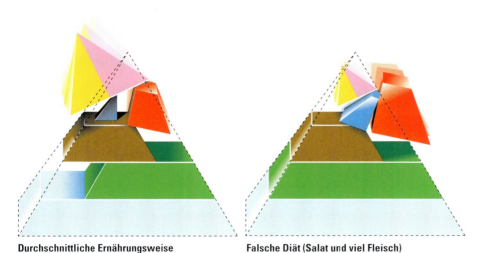

Durchschnittliche Ernährungsweise   Falsche Diät (Salat und viel Fleisch)

■ Eine einstürzende Pyramide gefährdet unsere Gesundheit!

Deshalb: Essgewohnheiten beobachten und während einiger Tage aufschreiben, was man gegessen hat. Alle Portionendreiecke zählen unc kontrollieren, ob diese eine stabile Pyramide ergeben.

 Achtung: In vielen Nahrungsmitteln sind Fette und Zucker oft nicht sichtbar. Man nennt sie dann «versteckt».

Vermehrt Milch und Milchprodukte für die Jungendlichen.

Brot, Teigwaren und Kartoffeln gegen den Hunger.

Täglich mehrmals Früchte und Gemüse essen.

Nicht vergessen: Bei jeder Gelegenheit trinken!

Wasser und andere Getränke

Warum wichtig?
– Lösungs- und Transportmittel für Nährstoffe
– Wärmeregulator (Schwitzen)
– Durstlöscher

« Viel trinken macht munter »

Getränke versorgen uns mit Flüssigkeit. Im Körper wird dieses Wasser zum Umfeld (Medium), in welchem sich alle Lebensprozesse abspielen. Wasser ist deshalb ein wichtiger Nährstoff für ein einwandfreies Funktionieren unseres Körpers. Ohne Wasser können wir nur drei Tage überleben.
Ungenügende Zufuhr an Flüssigkeit vermindert unsere Leistungsfähigkeit. Trinken hilft, wieder zu Kräften zu kommen oder sich zu entspannen.

Getränke stellen eine sehr vielfältige Gruppe dar, die vom reinen Quellwasser über synthetische Limonaden bis zum dickflüssigen Fruchtsaft reicht. Diese Getränkegruppe lässt sich daher nicht allgemein gültig beschreiben. Ihr Nähr- und Energiewert ist abhängig vom ursprünglichen Nahrungsmittel bzw. von den im Wasser gelösten Inhaltsstoffen.

Flüssige Nahrung

Trinkjogurts, Frappees, pürierte Fruchtmischungen und Milchmischgetränke sind flüssige Mahlzeiten. Für unterwegs oder als Zwischenmahlzeit sind sie sehr geeignet. Sie decken sowohl den Flüssigkeits- als auch den Energie- und Nährstoffbedarf.

Durstlöscher

Durstigen sind vor allem reines Wasser oder Mineralwasser, verdünnte Fruchtsäfte oder ungesüsster Tee zu empfehlen.

Schon gewusst?

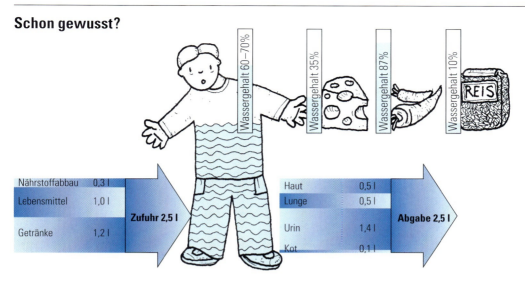

Wassergehalt 60–70%

Wassergehalt 35%

Wassergehalt 87%

Wassergehalt 10%

Nährstoffabbau	0,3 l
Lebensmittel	1,0 l
Getränke	1,2 l

Zufuhr 2,5 l

Haut	0,5 l
Lunge	0,5 l
Urin	1,4 l
Kot	0,1 l

Abgabe 2,5 l

Der tägliche Wasserverlust von Erwachsenen beträgt mindestens zwei Liter. Die gleiche Menge muss deshalb zugeführt werden. Über Getränke sollten es 1–1,5 Liter sein, der Rest wird über die Nahrungsmittel aufgenommen.

Der Bedarf ist erhöht bei:
– starker körperlicher Aktivität
– hoher Temperatur und/oder trockener Luft
– Fieber, Infekten und Durchfall
– bei Kleinkindern und Kindern

Aufgaben des Wassers:
– Baustoff der Zellen, Zellzwischenräume und Körperflüssigkeiten
– Transport von gelösten Nährstoffen über Blut und Lymphe zu den Körperzellen
– Abtransport von Abfallprodukten zu den Ausscheidungsorganen
  (Nieren, Darm und Haut)
– Kühlung unserer Haut (Schwitzen) und Schutz vor Überhitzung

Trinkwasser oder Mineralwasser?

Unser Trinkwasser ist in der Regel von ausgezeichneter Qualität. Deshalb möglichst häufig «Hahnenwasser», selbstgemachten Tee oder mit Wasser verdünnte Fruchtsäfte trinken. Mineralwässer enthalten je nach Ursprungsort unterschiedliche Mengen an erwünschten Mineralstoffen, z. B. Calcium und Magnesium. Bei Mineralwasser sollte wegen der grossen Unterschiede im Mineralstoffgehalt die Deklaration auf der Etikette genau studiert werden.

  ▦ **Mineralwässer mit Kohlensäure haben eine längere Haltbarkeit als stille Wässer.**
▦ **Limonaden enthalten 25 Würfelzucker pro Liter (= 100 g Zucker).**

Früchte und Gemüse

« Auswahl wie im Schlaraffenland! »

Die Auswahl an Früchten und an verschiedenen Gemüsesorten ist gross. So unterschiedlich sie in ihrer Farbe, Form, Festigkeit und in ihrem Geschmack aber auch sind, so ähnlich sind sie in ihrer Bedeutung für unsere Ernährung.

Gesunde, energiearme Inhaltsstoffe

Früchte und Gemüse haben sehr viele gute Eigenschaften. Sie liefern uns pro Energieeinheit am meisten wertvolle Nährstoffe und bilden aus diesem Grund in der Pyramide fast die grösste Nahrungsmittelgruppe.
Wer viel davon isst, bekommt Flüssigkeit, Nahrungsfasern, Vitamine, Mineral- und sekundäre Pflanzenstoffe (S. 382). Viele dieser pflanzlichen Inhaltsstoffe werden einzeln als Arzneimittel verkauft oder zur Anreicherung von Nahrungsmitteln verwendet.

Vielseitig verwendbar

Früchte und Gemüse möglichst saisongerecht essen, das bringt uns Abwechslung und ist ökologisch sinnvoll (S. 24–25, Saisontabellen). Bei Überschuss tiefkühlen, da sonst bei langer Lagerung grosse Nährstoffverluste entstehen.
Mehrmals pro Tag geniessen: als Zwischenmahlzeit, püriert oder gepresst als Saft, als Vorspeise, Beilage oder Dessert. Alle Früchte und die meisten Gemüse können wir roh essen. Beim Kochen schonende Methoden wie Dämpfen (statt Sieden!), Mikrowellen oder Dampfkochtopf wählen.
Gewisse Inhaltsstoffe werden bei Wurzel- und Knollengemüsen durch das Garen besser verfügbar gemacht (z. B. Beta-Carotin in Rüebli, Stärke in Kartoffeln).

Schon gewusst?

Vitamine: Individualisten und Mimosen

Vitamine sind lebensnotwendige (essenzielle) Stoffe, die der Körper nicht selber aufbauen kann. Wir müssen sie deshalb mit der Nahrung aufnehmen. Jedes Vitamin hat seine eigene individuelle Aufgabe (Knochenwachstum, Sehkraft, Abwehr usw.), die kein anderer Stoff übernehmen kann. Vitamine sind empfindlich wie Mimosen und müssen deshalb schonend gelagert und zubereitet werden. Sie werden gemäss ihrer Löslichkeit in zwei Gruppen eingeteilt:

Wasserlösliche Vitamine, z. B. in:

B1   B2   B6   B12   Folsäure   C

– werden durch Wasser ausgewaschen
– Vitamin C wird zusätzlich durch Licht, Luftsauerstoff und Wärme zerstört
– keine Speicherung im Körper möglich

Fettlösliche Vitamine, z. B. in:

A   D   E

– können nur in Verbindung mit Fett aufgenommen werden
– sind besonders lichtempfindlich
– können im Körper gespeichert werden

Eine Ernährung, die alle Nahrungsmittelgruppen der Pyramice berücksichtigt, deckt den täglichen Bedarf an Vitaminen. Zusätzliche Präparate sind normalerweise nicht nötig.

Antioxidantien: Vitamine A (Beta-Carotin), C und E

Antioxicantien schützen Nahrungsmittel und den Körper vor dem Angriff freier Radikale. Diese freien Radikale sind zerstörerische Moleküle, die in Verbindung mit Sauerstoff giftige und/oder unerwünschte Substanzen bilden. Sie reagieren mit Zellwänden, dem genetischen Zellmaterial oder mit ungesättigten Fettsäuren. Diese schädlichen Reaktionen – auch «oxidativer Stress» genannt – greifen das Immunsystem an und können Zivilisationskrankheiten (z. B. Krebs) auslösen.

Vitamin C (Ascorbinsäure) ist das bekannteste Antioxidans. Es kommt reichlich vor in Zitrusfrüchten, Kiwi und Kohlarten. Zitronensaft schützt z. B. geschnittene Äpfel vor dem Braunwerden, d. h., das im Zitronensaft enthaltene Vitamin C verhindert den Angriff des Sauerstoffs in der Luft.
Raucher und Raucherinnen haben einen höheren Vitamin C-Bedarf, weil ihre Körper durch das Rauchen von vielen freien Radikalen angegriffen werden.

Sekundäre Pflanzenstoffe

Diese sehr verschiedenartigen chemischen Verbindungen, die ausschliesslich von Pflanzen gebildet werden, werden neuerdings genauer untersucht, weil sie beispielsweise in der Krebsverhütung eine wichtige Rolle spielen. Es handelt sich dabei um 5000 bis 10 000 verschiedene Stoffe, die im Körper nicht als Nährstoffe wirken, sondern als Arzneimittel. Von den Pflanzen werden diese Stoffe als Schutz vor Schädlingen, zur Steuerung des Wachstums oder als Farb-, Duft- und Aromastoffe aufgebaut.

Mineralstoffe: Bausteine aus dem Boden

Mineralstoffe sind wichtige Bestandteile unserer Knochen und Zähne. Sie sind an der Steuerung vieler Abläufe im Stoffwechsel beteiligt und beispielsweise Bestandteil der roten Blutkörperchen (Eisen) oder des Schilddrüsenhormons (Jod). Mineralstoffe sind in den Nahrungsmitteln in Form wasserlöslicher Verbindungen enthalten. Darum gilt es, Nahrungsmittel unzerkleinert zu waschen und nicht im Wasser liegen zu lassen (S. 385).

Gemäss ihrer Konzentration im Körper werden Mineralstoffe in zwei Gruppen eingeteilt:

Mengenelemente, z. B. in:

Ca (Calcium) P (Phosphor) K (Kalium) Na (Natrium) Mg (Magnesium)

Sie werden vom Körper in Gramm-Mengen benötigt.

Spurenelemente, z. B. in:

Fe (Eisen) F, J (Fluor, Jod) Zn (Zink)

Sie werden vom Körper in Milli- (mg) und Mikrogramm- (µg)Mengen benötigt.

Eine Ernährung, die alle Nahrungsmittelgruppen der Pyramide berücksichtigt, deckt den täglichen Bedarf an Mineralstoffen. Zusätzliche Präparate sind normalerweise nicht nötig.

Magnesium in Pflanzen

Dieser vielseitige Mineralstoff unterstützt die Knochenbildung und aktiviert viele Stoff-
wechselabläufe. Zudem kontrolliert Magnesium die Muskelfunktion und die Über-
mittlung von Nervenimpulsen. Eine ausreichende Versorgung verhindert z. B. Muskel-
krämpfe!
Magnesium ist Bestandteil des grünen Pflanzenfarbstoffes (Chlorophyll) und ist deshalb in allen grünen (Blatt-)Gemüsen enthalten. Auch Vollkorngetreide, Samen und
Nüsse sind gute Quellen von Magnesium.

Kalium und Natrium sind Gegenspieler

Diese beiden sind verantwortlich für den Wasserhaushalt unseres Körpers, d. h. für die
Flüssigkeitsmengen inner- und ausserhalb der Zellen:

Na (Natrium)   K (Kalium)

Kalium
– Enthalten in allen pflanzlichen Nahrungsmitteln
  (speziell Früchte und Gemüse).
– Wassertreibende Wirkung (kaliumreiche Fruchtsäfte).
– Empfohlen bei Bluthochdruck und Wasseransammlungen im Körper.

Natrium
– Hauptbestandteil von Kochsalz (NaCl).
– Bindet Wasser im Körper und macht es nicht verfügbar (Durst).
– Kann Bluthochdruck bewirken.
– Durstsignale nach salzreichen Mahlzeiten beachten und viel trinken!

Kochsalz
Salz in der grünen Packung ist jod- und fluorhaltig.
Diese Zusätze sind notwendig für gesunde Zähne (Fluor)
und zur Verhinderung des Kropfes (Jod).

Empfindlich im Umgang

Früchte und Gemüse bilden in der Pyramide die unterste Gruppe der festen Nahrungsmittel, weil sie die höchste Nährstoffdichte (S. 404) aufweisen. Viele dieser wertvollen Inhaltsstoffe sind zum Teil sehr empfindlich und leicht verletzlich. Ein schonender Umgang erhält uns einerseits den hohen Nährwert, bewahrt aber auch Aroma, Geschmack, Aussehen und Festigkeit, die für jede Frucht und jedes Gemüse einzigartig sind.

Schonende Zubereitung
– Rohkost möglichst kurz vor dem Essen zubereiten.
– Nur kurz, aber gründlich waschen
  (langer Wasserkontakt wäscht wasserlösliche Vitamine und Mineralstoffe aus).
– Erst nach dem Waschen und kurz vor dem Kochen zerkleinern
  (Luftsauerstoff greift z. B. Vitamin C an).
– Genügend, aber nicht zu weich kochen
  (Zeitdauer und Höhe der Temperatur sind entscheidend).
– Flüssigkeitsarme Zubereitungsarten wählen, wie z. B. Dämpfen.

Lagerung
– Licht, Luftsauerstoff, Wasser und Hitze sind die Feinde der Vitamine.
  Frische Nahrungsmittel sollten deshalb zugedeckt im Kühlschrank oder
  in einer ähnlichen Umgebung aufbewahrt werden. Dort ist die Wirksamkeit
  der vier feindseligen Faktoren eingeschränkt.
– Der Zeitfaktor muss auch mitberücksichtigt werden
  (tagelange Lagerung zu Hause kann den Nährwert stärker vermindern
  als industrielles Tiefkühlen).

■ **Früchte und Gemüse auch roh geniessen.**
■ **Rohkost ist die schonendste Zubereitung.**
■ **Bei schonender Zubereitung bleiben Vitamine und Mineralstoffe
  am besten erhalten.**
■ **Gelbe, orange, rote und dunkelgrüne Früchte und Gemüse
  enthalten besonders viele wertvolle Inhaltsstoffe in den Farben.**

Getreideprodukte und Kartoffeln

Warum wichtig?
– Idealer Energielieferant
– Reich an Nahrungsfasern
– Proteinquelle (besonders wichtig für Vegetarier)

« Energiespender für Denkarbeit und Bewegung »

Getreide und Kartoffeln sind wertvolle und preisgünstige Grundnahrungsmittel. Ihr Anbau ist einfach, sie lassen sich gut lagern und sehr vielseitig verwenden.

Wie ein Auto Benzin braucht, um überhaupt fahren zu können, benötigt auch unser Körper Energie, um funktionieren zu können. Diese Energie gewinnt er hauptsächlich aus der «Verbrennung» von stärkehaltigen (kohlenhydratreichen) Nahrungsmitteln wie Brot, Teigwaren, Kartoffeln, Reis und Mais. Diese sind die Hauptlieferanten von Energie. Nahrungsmittel aus dieser Gruppe können je nach Appetit gegessen werden.

■ Aufgepasst: Saucen, Brotaufstriche und Verfeinerungszutaten (z. B. Rahm, Mayonnaise) sind aber oft fett- und daher energiereich!

Vollwertige Getreideprodukte

Getreideprodukte enthalten hauptsächlich Stärke, etwas Protein sowie im Keimling und in der Randschicht Vitamine, Mineralstoffe und Nahrungsfasern (Ballaststoffe). Wegen dieser wertvollen Randschicht ist es wünschenswert, vermehrt Brot, Teigwaren und Gebäck aus Vollkornmehl sowie braunen Reis, Getreideflocken und ganze Maiskörner zu konsumieren.

Zur Gruppe der Getreide gehören Reis, Mais, Weizen, Roggen, Hafer, Gerste und Hirse. Buchweizen, Amarant und Quinoa sind botanisch keine Getreide, werden aber auch zu dieser Nahrungsmittelgruppe gezählt.

Gehaltvolle Kartoffeln

Kartoffeln bereichern unsere Küche durch ihren Geschmack und sind reich an Vitamin C und Kalium. Kartoffeln müssen immer gekocht werden, damit ihre Stärke verdaut werden kann. Der Eiweissgehalt ist sehr gering, dieser ist aber von hoher Qualität. Grüne Stellen enthalten giftiges Solanin und müssen daher crosszügig weggeschnitten werden. Kartoffelgratin, Rösti, Frites und Chips sind sehr beliebte Speisen. Ihr Energiegehalt kann aber im Vergleich zu «Geschwellten» oder Salzkartoffeln wegen des zugesetzten Fettes leicht doppelt so hoch sein. Neuartige Produkte wie Backofenfrites oder gebackene (statt frittierte!) Chips enthalten weniger Fett.

Kohlenhydrate liefern gute und einfach dosierbare Energie

Zucker schmeckt süss und ist ein rasch wirkender, aber nur kurz dauernder Energiespender. Er wird rasch ins Blut aufgenommen (Glucose bzw. Traubenzucker wirkt bereits in der Mundhöhle).

Stärke schmeckt neutral und ist ein langsam wirkender, dafür lang anhaltender, Energiespender. Stärke muss zuerst in ihre einzelnen Zuckerteile zerlegt werden. Nur so kann sie ins Blut aufgenommen werden und dem Stoffwechsel Energie abgeben.

Nahrungsfasern sind wie Stärke ebenfalls Vielfachzucker. Der wesentliche Unterschied besteht in der Verknüpfung der einzelnen Zucker. Diese Bindungen können im menschlichen Verdauungstrakt nicht gespalten werden. Nahrungsfasern sind deshalb unverdaulich und haben daher einen günstigen Einfluss auf unsere «Verdauung» (Stuhlgang).

Schon gewusst?

Energiebausteine

Einfachzucker
schiessen ins Blut
Frucht- und Traubenzucker
(Fructose ,Glucose, Galactose)

Doppelzucker
strömen ins Blut
Rohr-/Rüben-, Milch- und Malzzucker
(Saccharose, Lactose, Maltose)

Vielfachzucker
sickern ins Blut
Stärke (pflanzlich), Glykogen (tierisch)

Nahrungsfasern (Ballaststoffe)
verzögern die Energieabgabe und
verlängern das Sättigungsgefühl
(Cellulose, Lignin, Pektin)

Vollwertige Nahrung sättigt länger

Apfel und Vollkornbrötli

Eistee und Weggli

Nach zwei Stunden noch satt   **Nach zwei Stunden wieder Hunger**

Nahrungsfasern (Ballaststoffe)

Diese pflanzlichen Fasern finden wir in den Zellwänden, äusseren Schalen und Häutchen des Getreidekorns. Vollkornprodukte weisen deshalb einen wesentlich höheren Gehalt an Nahrungsfasern (übrigens auch an Vitaminen und Mineralstoffen!) auf, als die entsprechenden «geschälten» Produkte aus Weissmehl oder poliertem Reis.

Fasern verweilen länger im Magen und verzögern daher das Sättigungsgefühl. Die Darmpassage hingegen wird verkürzt, weil Nahrungsfasern viel Flüssigkeit aufnehmen und quellen. Dadurch wird das «Stuhlvolumen» vergrössert und die Darmmuskeln werden angeregt. Faserreiche Kost verhindert Verstopfung, kann vor Dickdarmkrebs schützen und den Blutcholesterinspiegel senken.

Früchte, Gemüse und Hülsenfrüchte enthalten auch Ballaststoffe, aber in geringeren Mengen. Im Allgemeinen werden zuwenig Fasern konsumiert.

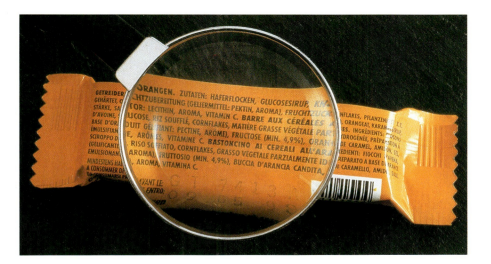

Wo und wie ist Zucker versteckt?

Haushaltzucker versteckt sich hinter verschiedenen Begriffen: Dextrose, Glucosesirup, Invertzucker u.a.m. Diese sind Bezeichnungen für Zutaten, die aus Zuckerbausteinen aufgebaut sind. Wird bei der Nährwertkennzeichnung nur der gesamte Gehalt an Kohlenhydraten deklariert, ist es kaum möglich, den Zuckergehalt zu erfahren. Einzelne Hersteller deklarieren aber freiwillig auch den Gesamtzuckergehalt ihrer Produkte.

 ■ **Halbweisses Mehl und Vollkornmehl haben einen besseren Nährwert als Weissmehl.**

■ **Weisse Spaghetti, «al dente» gekocht, haben eine verdauungsfördernde Wirkung.**

■ **Bei Müeslimischungen und Frühstücksflocken:
Etikette genau studieren und den Zucker- und Fettanteil überprüfen.**

Milch und Milchprodukte

« Für Aufbau und Wachstum von Knochen und Zähnen »

Milch ist ein einzigartiges Nahrungsmittel. Sie enthält fast alle für den Menschen wichtigen Nährstoffe. Milch ist die erste Nahrung des Menschen und aller Säugetiere. Sie hat deshalb eine Zusammensetzung, die den Anforderungen an schnelles Wachstum entspricht.

Die Gruppe der Milchprodukte hat ihren Platz im zweitobersten, schmalen Teil der Pyramide. Da wir aufgrund unserer Ernährungsgewohnheiten genügend Fett und Eiweiss aufnehmen, werden hier halbe, beziehungsweise kleine Portionen empfohlen.

Bei Neigung zu Übergewicht darf man nicht auf Milchprodukte verzichten, sondern sollte teilentrahmte oder magere Produkte wählen; denn Milch ist die wichtigste Calcium-Quelle für unseren Körper.

Milchprodukte

Milchprodukte enthalten dieselben Nährstoffe wie Milch, jedoch in unterschiedlichen Konzentrationen. Das vielfältige Angebot kann jedem Geschmacks- und Konsistenzbedürfnis gerecht werden. Es ermöglicht auch Personen mit Lactoseintoleranz (Milchzuckerunverträglichkeit) oder Milcheiweissallergie eine passende Wahl.

Fermentierte Milchprodukte

Bei Jogurt und anderen fermentierten (vergorenen) Milchprodukten wie z. B. Sauermilch und Kefir ist der Milchzucker (Lactose) teilweise abgebaut. Die dabei entstan-
dene Milchsäure und die entsprechenden Bakterien können die Darmgesundheit
positiv beeinflussen.

Käse

Die unzähligen Käsearten unterscheiden sich nährwertmässig vor allem in ihrem Was-
ser- und Fettgehalt. Die geschmacklichen Feinheiten sind Ergebnis der Gärungspro-
zesse. Je härter der Käse, desto höher ist sein Calcium- und Proteingehalt pro 100
Gramm. Hartkäse (z. B. Sbrinz) ist konzentrierter als Weichkäse (z. B. Tomme) und
dieser konzentrierter als Frischkäse (z. B. Hüttenkäse).

Schon gewusst?

Calcium

Milchprodukte sind die wichtigsten Lieferanten von Calcium. Unsere Knochen und
Zähne benötigen Calcium als Baustoff. Ihre Festigkeit wird vor allem durch eine ausreichende Calciumaufnahme in der Kinder- und Jugendzeit bestimmt. Der Calcium-
bedarf hängt vom Alter und von der Lebenssituation ab.

250 mg Calcium (¼ Tagesbedarf) sind enthalten in:

| 2 dl Milch | 180 g Jogurt | 30 g Greyerzer | 250 g Broccoli |

| 200 g Lauch | 150 g Sesam | 500 g Vollkornbrot | 375 g Haferflocken |

Tagesbedarf an Calcium

Kinder (5- bis 10-jährig)	800 mg
Jugendliche (11- bis 24-jährig)	1200 mg
Erwachsene	800 mg
Schwangere und Stillende	1200 mg

Tagesbedarf von Calcium für Jugendliche

Ein Jogurt, 30 g Käse, eine Portion Broccoli und zwei Glas Milch entsprechen 1200 mg Calcium

Calciummangel

Wird in den ersten 30 Lebensjahren genügend Calcium aufgenommen, wachsen kompakte, harte Knochen. War die Calciumzufuhr in diesen Jahren ungenügend, kann im Alter Osteoporose (d. h. Knochenabbau mit Buckelbildung oder häufigen Knochenbrüchen) entstehen. Calciumzufuhr im Alter kann nur noch den Abbau verlangsamen, Knochen aber nicht mehr weiter aufbauen.

Sonnenlicht oder Vitamin D

Damit Calcium in den Körper aufgenommen werden kann, braucht es die Hilfe von Vitamin D oder von Sonnenlicht. Vitamin D ist in fetthaltigen tierischen Nahrungsmitteln enthalten oder wird in der Haut durch ultraviolette Strahlen des Sonnenlichtes gebildet. Tägliche Bewegung an frischer Luft wird nicht nur aus diesem Grund empfohlen. Fehlen sowohl Sonne als auch Vitamin D, wachsen weiche Knochen (Rachitis). Um dies zu verhindern, werden heute Säuglinge im ersten Lebensjahr mit zusätzlichem Vitamin D versorgt.

Protein (Eiweiss)

Eiweiss ist das wichtigste Baumaterial für den menschlichen Organismus und unentbehrlich für die Aufrechterhaltung der Lebensfunktionen. In jeder Zelle, in den Knochen und Muskeln, in allen inneren Organen und im Blut, überall kommen Proteine als Baustoffe vor. (Bekannte Proteine sind u. a. Hormone, Antikörper und Enzyme.)

Aufbau

Jedes Protein kann aus über 20 verschiedenen Aminosäuren aufgebaut sein und weist deshalb ein individuelles (arteigenes) Aminosäuremuster auf. Die Nahrungsproteine werden im Darm in ihre einzelnen Aminosäuren zerlegt und der Körper baut sich daraus die benötigten körpereigenen Proteine auf.

9 von den 20 Aminosäuren können vom Körper nicht selber auf- oder umgebaut werden. Sie müssen daher mit der Nahrung zugeführt werden, d. h., sie sind lebensnotwendig.

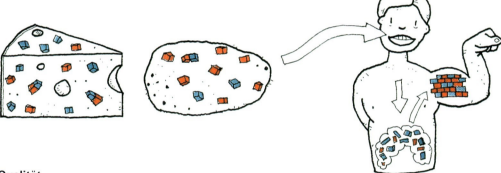

Qualität

In Nahrungsmitteln enthaltenes Protein gilt dann als hochwertig, wenn es ähnlich zusammengesetzt ist wie unser körpereigenes Protein. Dies trifft für alle tierischen Nahrungsmittel und Sojabohnen zu (blaue und rote Nahrungsmittelgruppen der Pyramide). In tierischem Eiweiss sind die erwähnten 9 essenziellen Aminosäuren, die unser Körper nicht selber herstellen kann, immer enthalten. Deshalb wird der Nahrungseffekt von pflanzlichem Eiweiss immer durch tierisches Eiweiss aufgewertet, beispielsweise im Birchermüesli, oder wenn wir Rösti mit Ei essen (S. 30).

    ■ **Täglich Milch, Jogurt und Käse zur Deckung des Calciumbedarfes.**
■ **Milch stillt den Durst und den Hunger.**
■ **Ideale Zwischenmahlzeit: Früchte, Brot und Milch.**

Fisch, Fleisch, Eier und Hülsenfrüchte

« Pflanzliche und tierische Baustoffe »

Alle Nahrungsmittel dieser Gruppe liefern hochwertiges Protein (Eiweiss). Dieses baut nicht nur Muskeln auf und gibt Kraft; es ist auch unentbehrlich für die Aufrechterhaltung aller Lebensfunktionen. Wir benötigen diese Grundsteine jeden Tag, da wir laufend unsere Körpersubstanz erneuern und neue Zellen aufbauen.

Fisch ist gesund und leicht verdaulich. Fettreiche Fische liefern viel wertvolles Fischöl, das den Blutcholesterinspiegel günstig beeinflussen und so vor Herzkrankheiten schützen kann. Meerfische enthalten zudem (maritimes) Jod.

Fleisch und Geflügel sind gute Lieferanten von Eisen, Zink und Vitamin B12. Eisen ist ein Hauptbestandteil unseres Blutes und deshalb mitverantwortlich für unsere Leistungsfähigkeit. Eisen aus tierischen Nahrungsmitteln wird vom Körper besser aufgenommen als pflanzliches Eisen.

Eier sind hochwertige Nahrungsmittel. Leider haben bestimmte Methoden der Hühnerhaltung und die Diskussion über das Cholesterin dem Ruf der Eier geschadet. Eier enthalten jedoch zahlreiche wertvolle Nährstoffe, die unser Körper benötigt.

Hülsenfrüchte (Soja, Erdnüsse und Bohnen) liefern preiswertes pflanzliches Eiweiss. Das Protein der Sojabohnen ist unter den pflanzlichen Nahrungsmitteln das wertvollste. Enthalten ist es in zahlreichen Produkten, etwa in Tofu, Sojamilch oder Miso. Hülsenfrüchte haben in der mexikanischen und asiatischen Küche Tradition.

Schon gewusst?

Vegetarismus

Es muss nicht immer Fleisch sein. Vegetarier und Vegetarierinnen verzichten aus verschiedenen Gründen (Ethik, Ökologie, Religion, Ökonomie) auf den Konsum von Fleisch. Es gibt verschiedene Arten der vegetarischen Ernährung:

– Vegane-/makrobiotische Ernährung (S. 421)
– Ovo-lacto-Vegetarische Ernährung (S.422)

Proteinbedarf

Hierzulande wird der Proteinbedarf meist mehr als gedeckt. In den Hungergebieten der Dritten Welt stellt der Proteinmangel ein schwerwiegendes Problem dar. In den Industrieländern werden pro Tag 0,8 Gramm pro Kilogramm Körpergewicht empfohlen.

■ Beachte: Auch Getreide enthalten ansehnliche Mengen Protein.

Die Tochter, die sich noch im Wachstum befindet, hat denselben Proteinbedarf wie ihre Mutter.

Bedarf erhöht bei:
– Wachstum
– Schwangerschaft und Stillzeit
– Krankheit und Rekonvaleszenz

12-jährig
35 kg

40-jährig
60 kg

Proteingehalt

Proteingehalt 3%

Proteingehalt 20 – 30%

Proteingehalt 15%

Proteingehalt 10 – 15%

Tofu/Bohnen
Trocken

Proteingehalt 10 – 15%

Proteingehalt 20 – 25%

Ergänzungswert

Sind in einem Nahrungsmittel nicht alle essenziellen Aminosäuren in genügender Menge enthalten, kann die gesundheitliche Wirkung eines Proteins (z. B. Mais) durch Kombination mit einem anderen Protein (z. B. Soja) gesteigert werden.

– Kombiniert man pflanzliches Eiweiss (Hülsenfrüchte, Getreide) mit Milch oder Eiern, so ergibt sich immer ein komplettes Aminosäuremuster, das alle neun essenziellen Aminosäuren aufweist.

– Die Kombination von Getreide- und Nussprotein ergänzt sich als einzige nicht. Beiden fehlt dieselbe essenzielle Aminosäure. (z. B. Nussbrot).

– Bei einem Tageskonsum mit mehreren proteinhaltigen Nahrungsmitteln ist die ergänzende Wirkung garantiert. Die Ergänzung muss nicht in derselben Mahlzeit, jedoch über den ganzen Tag verteilt, erreicht werden.

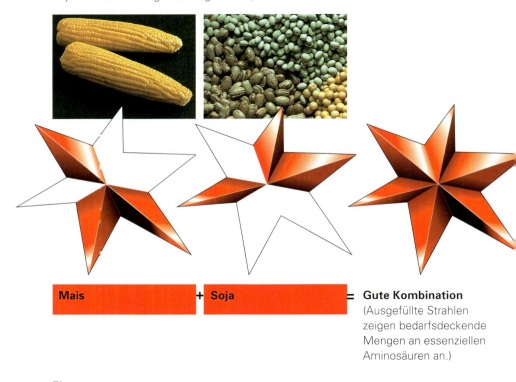

Mais   +   **Soja**   =   **Gute Kombination**
(Ausgefüllte Strahlen zeigen bedarfsdeckende Mengen an essenziellen Aminosäuren an.)

Eisen

Eisen ist Bestandteil des roten Blutfarbstoffes (Hämoglobin) und ist daher wesentlich am Energiestoffwechsel und Sauerstofftransport beteiligt. Bei Eisenmangel fühlt man sich deshalb müde und schwach.

Rotes Fleisch und insbesondere Leber enthalten viel Eisen. Dieses wird aus tierischen Nahrungsmitteln vom Körper besser verwertet als pflanzliches Eisen. Zudem verstärkt gleichzeitiger Konsum von Vitamin C die Eisenaufnahme. Für eine genügende Versorgung braucht es nicht jeden Tag rotes Fleisch. Eisen kann schädlich werden, wenn es sich im Körper anreichert.

So viel wie nötig, so wenig wie möglich

Dieses Prinzip des goldenen Mittelweges gilt nicht nur für Eisen, sondern hat für alle Ernährungsempfehlungen Gültigkeit. Sowohl ein Mangel als auch eine Überdosierung haben ihre schädlichen Auswirkungen. Bekannte Beispiele dafür sind Eisen und Vitamin A. Unser Körper hat zwar verschiedene Regulierungssysteme, diese sind aber nicht jeder übermässigen Zufuhr gewachsen. Deshalb ist ein massvoller Umgang mit lebensnotwendigen Nährstoffen wichtig.

Vitamin B12

Einzigartig am Vitamin B12 ist der Umstand, dass es nur in tierischen Nahrungsmitteln vorkommt. Strenge Vegetarier und Vegetarierinnen, die weder Milch oder Milchprodukte noch Eier konsumieren (veganische Ernährung), sind auf Spezialprodukte wie etwa angereicherte Soyamilch oder B12-haltige Hefe angewiesen. Wer zuwenig Vitamin B12 zu sich nimmt, spürt die Mangelerscheinungen nicht unmittelbar; diese treten oft erst nach mehreren Jahren auf.

Fett-Eiweiss-Verhältnis

Viele Nahrungsmittel der rot-blauen Gruppe enthalten nicht nur viel Eiweiss, sondern auch viel Fett (Fett-Eiweiss-Verhältnis >1). Fettreiches Fleisch. Wurstwaren und rahmhaltige Milchprodukte finden wir deshalb in der Nähe der gelben Pyramidenspitze.

Teilentrahmte und magere Milchprodukte, fettarmer Fisch, Hülsenfrüchte, mageres Fleisch und Geflügel ohne Haut sind die konzentrierteren Eiweissquellen. Sie enthalten pro 100 kcal/420 kJ mehr Protein als die fettreichen Nahrungsmittel in derselben Gruppe.

Fettreiche Nahrungsmittel   **Magere Nahrungsmittel**

■ **Vermehrt Hülsenfrüchte essen.**
■ **Das Fett-Eiweiss-Verhältnis sollte immer etwa 1:1 sein.**
■ **Vitamin C erleichtert die Eisenaufnahme.**

Öle und Fette

Warum wichtig?
- Hochkonzentrierte Energie
- Enthalten essenzielle Fettsäuren und fettlösliche Vitamine
- Geschmacks- und Aromaträger

« Öle und Fette sind geballte Energie »

Fette und Öle haben Doppelfunktion. Sie bilden eine Nahrungsmittelgruppe und sind gleichzeitig auch Hauptnährstoff. Butter, Pflanzenöle, Margarine und Bratfette bestehen zu 80–100% aus dem Nährstoff Fett. Und was ist mit unserem Körperfett?

Körperfett

Der Körper speichert seine Energiereserven in Form von Fett, damit sie wenig Platz benötigen. Je nach Angebot (Nahrung) und Bedarf (Aktivität) werden diese Depots auf- oder abgebaut. Körperfett ist zudem ein ausgezeichneter Wärmeisolator (Winterspeck) und polstert unsere Organe (Augen, Nieren).

Nahrungsfette

Nahrungsfette versorgen uns mit Energie, mit essenziellen Fettsäuren und mit fettlöslichen Vitaminen (A, D und E).
Die Festigkeit (Konsistenz) und der gesundheitliche Wert der Nahrungsfette kann sehr unterschiedlich sein. Abhängig sind diese von den Fettbausteinen, den Fettsäuren. Diese bestimmen die Konsistenz und die Bezeichnung der Fette sowie ihre Wirkung auf die Blutfettwerte wie zum Beispiel den Blutcholesterinspiegel (S. 399).

- Öle (meist pflanzlich) sind bei Zimmertemperatur flüssig.
- Fette (meist tierisch) sind bei gleicher Temperatur fest.
- Ausnahmen sind Kokosfett (pflanzlich) und Fischöl (tierisch)!

Schon gewusst?

(Essenzielle) Fettsäuren

Die essenziellen Fettsäuren (z.B. Linolsäure, Omega-3-Fettsäuren in Fischöl) sind für unseren Körper lebensnotwendig. Wenn wir davon zu wenig aufnehmen, entwickeln sich Mangelerscheinungen. Gemäss ihrer chemischen Struktur werden sie auch **mehrfach ungesättigte Fettsäuren (MUFS)** genannt. Sie sind wichtige Baustoffe für die Zellwände und haben einen günstigen (senkenden!) Einfluss auf den Blutcholesterinspiegel.

- **Einfach ungesättigte Fettsäuren** (z.B. Ölsäure in Olivenö) haben ebenfalls einen positiven Einfluss auf unsere Gesundheit.

- **Gesättigte Fettsäuren** sind das pure Gegenteil: Unser Körper braucht sie nicht, sie haben eine schlechte Wirkung auf unsere Blutfette, und sie können das Cholesterin im Blut erhöhen.

Mittelmeerküche

- **Die Bevölkerung ums Mittelmeer is(s)t gesünder!**

Sie essen mehr Gemüse, weniger rotes Fleisch und verwenden fast ausschliesslich Olivenöl. Diese Ernährungsweise gilt als optimal, da sie alle Anforderungen der Nahrungsmittelpyramide erfüllt.

Pflanzliche Öle den tierischen Fetten vorziehen

Der Fettkonsum sollte zu ⅔ aus pflanzlichen Quellen stammen, denn diese weisen einen grösseren Anteil an essenziellen Fettsäuren auf. Tierische Fette enthalten mehr gesättigte Fettsäuren und zusätzlich Cholesterin.

Fettsäurenverteilung einiger Öle und Fette

	Essenzielle Fettsäuren ☺	Gesättigte Fettsäuren ☹	Einfach ungesättigte Fettsäuren ☺
Rinderfett	3%	54%	43%
Milchfett	4%	60%	36%
Fischöl (Hering)	22%	22%	56%
Kokosfett	2%	92%	6%
Olivenöl	8%	19%	73%
Erdnussöl	29%	19%	52%
Rapsöl	34%	7%	59%
Sonnenblumenöl	63%	8%	29%
Distelöl (Saflor)	72%	10%	18%

Je flüssiger, desto hochwertiger, desto hitzeempfindlicher

Je höher der Anteil an mehrfach ungesättigten Fettsäuren, desto flüssiger ist ein Öl und bleibt es auch an einem kühlen Ort. Die Konsistenz eines Öls bei Zimmertemperatur ist Hinweis auf die gesundheitliche Qualität.
Sonnenblumen-, Distel- und Maiskeimöl enthalten mehr als 50% essenzielle Fettsäuren, sollten aber wegen ihrer Hitzeempfindlichkeit nur für die kalte Küche verwendet werden.

- Kalte Küche: Olivenöl, Sonnenblumenöl, Rapsöl und Distelöl.
- Dämpfen und dünsten: Olivenöl, Sonnenblumenöl, Rapsöl und Butter.
- Heiss anbraten: Erdnussöl, Bratbutter.

Bedarf oder Empfehlung?

- Tagesbedarf an essenziellen Fettsäuren: 7–12 Gramm (= 3% des Energiebedarfes).
- Empfehlung: 1 Gramm pro Kilogramm Körpergewicht pro Tag (= 50–80 g pro Tag bzw. 30% der Gesamtenergie).
  Unser Fettkonsum ist in der Regel zu hoch. Die versteckten Fette tragen erheblich dazu bei.

Versteckte Fette und Öle

Die sichtbaren Öle und Fette sind vergleichsweise harmlos. Man kennt sie, sieht sie und kann sie allenfalls meiden. Heimtückischer sind die versteckten Fette in Süsswaren (Biskuit, Riegel, Schokolade), Wurstwaren, Saucen und (Doppel-)Rahmprodukten.

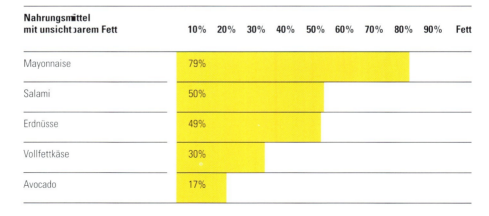

Nahrungsmittel mit unsichtbarem Fett	10%	20%	30%	40%	50%	60%	70%	80%	90%	Fett
Mayonnaise	79%									
Salami	50%									
Erdnüsse	49%									
Vollfettkäse	30%									
Avocado	17%									

Erhitzen und grillieren

Essenzielle Fettsäuren sind sehr hitzeempfindlich und entwickeln beim Erhitzen schnell Rauch. Rauchende Fette und Öle entsorgen, da sie gesundheitsschädigend sind.
Wenn beim Grillieren Fett von der Marinade oder vom Grillgut in die Glut tropft, entstehen krebserregende Giftstoffe (Benzpyrene). Deshalb gilt: Auffangschale oder Alufolie verwenden!

Zubereitung und verfeinern

Bei der Zubereitung werden gerne Fettstoffe zugegeben. Diese verstärken den Eigengeschmack der Speisen, erhöhen die Aufnahme der fettlöslichen Vitamine und verbessern das «Mundgefühl», d. h. die Schmelzigkeit der Speisen. Auf Fett sollten wir nicht ganz verzichten.
– Beim Kochen zu Hause kann man die Fettmenge und Fettqualität selbst bestimmen.
– Fettarme Zubereitungsarten wählen.
– Den Kochmethoden angepasste Fette und Öle verwenden.
– Frittieröl häufig wechseln (Geruchsprobe).

Fettgehalt verschiedener Kartoffelgerichte

Geschwellte Kartoffeln   **Ofenfrites**   **Pommes frites**

    ▪ **Ein Esslöffel hochwertiges Öl deckt den täglichen Bedarf an essenziellen Fettsäuren.**
▪ **Minderwertige, gehärtete Fette findet man oft in billigen, stark verarbeiteten Produkten.**
▪ **Halbfertigprodukte wie Pommes-frites oder Kroketten im Ofen backen, statt in Öl frittieren.**
▪ **Kaltgepresste Öle haben das gleiche Fettsäuremuster wie heissgepresste Öle; sie behalten aber ihr ursprüngliches Aroma.**

Süsses und Zucker

« Zum Geniessen und Feiern »

Zucker und Süssigkeiten sind beliebt. Wir verschenken Süsses, um Freude zu bereiten, wir gönnen uns selbst eine kleine Süssigkeit und geniessen hie und da ein Dessert. Süsses finden wir überall: am Kiosk, an den Kassen im Lebensmittelgeschäft und an unzähligen Automaten.

Genussmittel, aber kein Trostspender

Süssigkeiten dürfen und sollen genossen werden. Gelegentlich kann man sich auch damit verwöhnen. Zucker kann aber keine Probleme lösen oder langfristig Trost spenden.
Süsses kann bei Hunger kurzfristig Abhilfe schaffen. Die Energie wirkt schnell, jedoch nur kurz und löst (durch eine starke Insulinreaktion) oft ein neues, noch stärkeres Hungergefühl aus.

«Leere» Kalorien

In der Pyramide sind die Nahrungsmittel entsprechend ihres Gehaltes an Nährstoffen gruppiert. Zucker enthält ausser Energie keine wertvollen Inhaltsstoffe. Seine Energie liefert nur «leere Kalorien».
Auch die meisten Süssigkeiten liefern nur leere Energie. Beim Lesen der Zusammensetzung auf den Etiketten findet man mehrheitlich Angaben wie Glukose-Sirup, Dextrose, Bindemittel, gehärtete Fette u.a.m. Einige Hersteller versuchen durch Zusatz von Vitaminen, Milchbestandteilen oder Getreide vom tiefen Nährwert abzulenken.

Schon gewusst?

Zuckeralternativen

«Karies, Zuckerkrankheit, Dickmacher». Zucker hat vom gesundheitlichen Standpunkt aus keinen guten Ruf. Deshalb suchten die Nahrungsmittelproduzenten nach weniger schädlichen Möglichkeiten. Gefunden wurden:

- **Zuckeraustauschstoffe** (z. B. Sorbit). Diese in der Natur vorkommenden Stoffe haben den gleichen Kaloriengehalt wie Zucker, sind aber für Diabetiker geeignet. Sie greifen die Zähne weniger an und werden daher für zahnschonende Produkte verwendet. In grösseren Mengen genossen, können sie abführend wirken.

- **Süssstoffe** (z. B. Saccharin) sind industriell hergestellte Produkte mit einer viel stärkeren Süsskraft als Zucker. Sie liefern praktisch keine Energie und sind auch für Zuckerkranke (Diabetiker) geeignet.

Versteckter Zucker

Wie Fett erhöht auch Zucker den Genusswert vieler Speisen und Produkte. Zudem ist Zucker das billigste Nahrungsmittel und damit ein günstiger Füllstoff. In säurehaltigen Produkten wird der zum Teil sehr hohe Zuckergehalt meist unterschätzt (z. B. Limonaden und Cola-Getränke, Früchtejogurt, Milchmischgetränke, Ketchup und Müesliriegel).

100 g Zucker schnell erreicht:	
1 Fruchtjogurt	4 Stück Zucker
½ Liter Limonade	14 Stück Zucker
2 Reihen Schokolade	4 Stück Zucker
50 Gramm Müesli	4 Stück Zucker
	26 Stück Zucker = 100 Gramm

- **Brauner Zucker unterscheidet sich nur in Farbe und Geschmack vom weissen Zucker.**
- **Wer den Zucker selber beimischt (Jogurt, Müesli, Kakao), weiss wie viel er davon isst.**
- **Steter Zucker höhlt den Zahn.**

Dichte Daten für Denker

Die farbigen Grafiken veranschaulichen die Anteile der Hauptnährstoffe in den Nahrungsmittelgruppen.

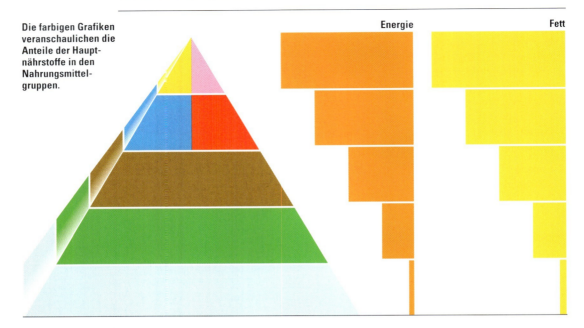

Energie

Fett

Nährwert von Hauptnährstoffen

Die Hauptnährstoffe (Kohlenhydrate, Eiweiss, Fett) sind nicht immer von gleich hoher Qualität. Der chemische Aufbau der einzelnen Bausteine (Zucker, Amino- und Fettsäuren) ist dafür verantwortlich, ob ein Nährstoff einen guten oder schlechten gesundheitlichen Wert hat.

Nährstoffdichte

Die Pyramide zeigt uns die mengenmässige Gewichtung der Nahrungsmittelgruppen, wir erkennen aber auch die kontinuierliche Änderung des Nährwertes von unten nach oben.

Weil die Ausdrücke «Nährstoff» und «Nährwert» keine eindeutige Aussage über die Qualität machen, braucht man den Begriff der Nährstoffdichte:

$$\text{Nährstoffdichte} = \frac{\text{Anteil wertsteigernder Inhaltsstoffe}^{*}}{\text{Energieeinheit (z. B. 100 kcal/420 kJ)}}$$

* Vitamine, Mineralstoffe, bioaktive Substanzen, essenzielle Amino- und Fettsäuren.

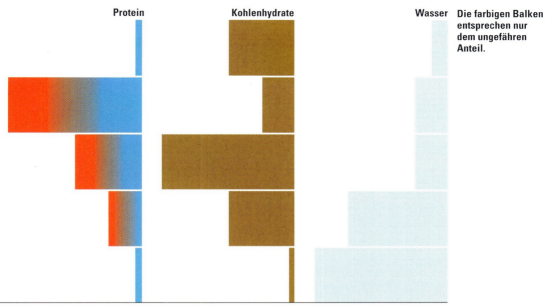

Protein   Kohlenhydrate   Wasser   **Die farbigen Balken
entsprechen nur
dem ungefähren
Anteil.**

Den höchsten gesundheitsfördernden Effekt hat das Nahrungsmittel, welches pro 100 kcal/420 kJ am meisten wertsteigernde Substanzen enthält. In der Pyramide bilden diese Nahrungsmittel den unteren Teil. Früchte und Gemüse haben pro 100 kcal/420 kJ den besten Wert. Die Nährstoffdichte nimmt zur Spitze der Pyramide hin ab.

20 × mehr Broccoli …

Nährstoffe	Broccoli	Milchschokolade
100 kcal /420 kJ	**430 g**	**20 g**
Fett	1 g	6 g
Protein	14 g	2 g
Calcium	456 mg	41 mg
Kalium	2020 mg	90 mg
Eisen	5 mg	0,4 mg
Folsäure	152 µg	2 µg
Vitamin C	500 mg	–

 Für die gleiche Energiemenge (z. B. 100 kcal) kann man z. B. 20 × mehr Broccoli essen als Schokolade, wobei Broccoli erst noch über eine viel höhere Nährstoffdichte verfügt als Schokolade.

Tabellen für tabellarische Talente

Vitamin	Wichtig für	Ergiebige Quellen	Tagesbedarf (RDA*)	Signale bei Mangel	Stabilität Empfindlich gegenüber:
fettlöslich					
A (Retinol)	Sehvorgang, Aufbau von Haut und Schleimhäuten, intaktes Immunsystem, Wachstum.	Leber und Leberwurst, Eigelb, Butter, Käse, gelboranges und grünes Obst und Gemüse (Karotten, Peperoni, Spinat, Grünkohl, Melone, Pfirsich, Aprikosen)	800–1000 µg (=2666–3333IE)	Nachtblindheit, Erblindung, schuppige, trockene Haut, Infektanfälligkeit, Wachstumsstörungen	Wärme, Licht, Luft (O2)
Beta-Carotin (Provitamin A)	Vorstufe von Vitamin A, natürliches Antioxidans (Zellschutz)		2–6 mg		Licht, Luft (O2)
D (Calciferol)	Knochen- und Zahnbildung durch Einbau von Calcium und Phosphor	Eigelb, Fisch (fett), Leber, Margarine, Butter	5–10 µg (=200–400 IE)	Entkalkung der Knochen, Knochenerweichung: Rachitis	Wärme, Licht, Luft (O2)
E (Tocoferol)	natürliches Antioxidans, schützt Zellen vor Zerstörung durch freie Radikale (aggressiver Sauerstoff)	pflanzliche Öle und Fette (z.B.Weizenkeim- und Sonnenblumenöl), Getreidekeime, Nüsse, Erdnüsse, Mandeln	8–10 mg (=12–15 IE)	keine spezifische Mangelkrankheit	Wärme, Licht, Luft (O2)
K (Phytomenadion)	Blutgerinnung, Knochenbildung	grünblättriges Gemüse (z.B. Kohl, Spinat, Kohlrabi, Kopfsalat, Sauerkraut), Leber, Fleisch, Ei	60–80 µg	erhöhte Blutungsneigung	Licht
wasserlöslich					
B1 (Thiamin)	Nerven, Kohlenhydratstoffwechsel	Schweinefleisch, Leber, Fisch, Kartoffeln, Sojabohnen, Vollkorn, Sonnenblumenkerne	1–1,5 mg	Leistungsabfall, Herzstörungen, Krämpfe, Nervenstörungen: Beri-Beri	Wärme, Luft (O2)
B2 (Riboflavin)	Verwertung von Fett, Eiweiss und Kohlenhydraten	Milch, Käse, Fleisch, Gemüse, Vollkorn, Hefe	1,2–1,7 mg	rissige Lippen und Mundwinkel, Blutarmut (Anämie)	Wärme, Licht
B6 (Pyridoxin)	Eiweissstoffwechsel, Nerven	Fleisch, Leber, Fisch, Vollkorn, Reis, Milch(produkte), Banane	1,5–2 mg	Haut- und Schleimhautentzündungen, gewisse Formen von Blutarmut (Anämie)	Wärme, Licht
B12 (Cobalamin)	Blutbildung (rote und weisse Blutkörperchen), Zellteilung	Lebensmittel tierischer Herkunft wie Fleisch, Leber, Fisch, Eigelb, Milch(produkte), Käse	2 µg	Blutarmut (perniziöse Anämie), Nervenschädigungen	Licht, Luft (O2)
Biotin	Haut, Haare und Nägel, beteiligt an Kohlehydrat- und Fettstoffwechsel	Eigelb, Leber, Niere, Linsen, Reis, Sojabohnen, Hefe	30–100 µg	Hautveränderungen, Haarausfall	Wärme
Folsäure (Folacin)	Blutbildung (rote und weisse Blutkörperchen), Zellteilung (Fötusentwicklung)	Gemüse (Spinat, Kohl, Bohnen, Salat), Milch, Orangensaft, Leber, Hefe	180–200 µg	Blutarmut (Anämie), Entwicklungsstörungen beim Föten (Missbildungen)	Wärme, Licht, Luft (O2)
Niacin (Nicotinamid)	Herzfunktion, zentrales Nervensystem (Hirn), Haut, Energiegewinnung	Fleisch, Fisch, Getreide, Gemüse, Hefe, Pilze, Erdnüsse	13–19 mg	Müdigkeit, Appetitverlust, Hautveränderungen: Pellagra («rauhe Haut»)	stabil
Pantothensäure	Steuerfunktion im Gesamtstoffwechsel, Aufbau der Haut, fördert Wundheilung	fast alle Lebensmittel (z.B. Fleisch, Gemüse, Milch, Früchte, Vollkorn, Pilze)	4–7 mg	schlechte Wundheilung, Müdigkeit, Kopfschmerzen	Wärme
C (Ascorbinsäure)	Immunsystem, Bildung von Bindegewebe und Knochen, verbessert Eisenaufnahme, natürliches Antioxidans	alle Früchte (Zitrusfrüchte, Kiwi, Erdbeeren) und Gemüse, Salat, Kartoffeln	60 mg	Infektanfälligkeit, Blutungen, schlechte Wundheilung, Leistungsabfall: Skorbut	Wärme, Licht, Luft (O2)

Quelle: vitamin INFO

Mineral-stoff	Wichtig für	Ergiebige Quellen	Tagesbedarf	Signale bei Mangel (RDA*)	Menge im Körper eines Erwachsenen
Calcium	Knochen- und Zahnbildung, Blutgerinnung, Neurotransmission	Milch, Käse, dunkelgrünes Gemüse, getrocknete Hülsenfrüchte	800–1200 mg	Gehemmtes Wachstum, Rachitis, Osteoporose, Krämpfe	1500 g
Phosphor	Knochen- und Zahnbildung, Säure-Base-Gleichgewicht.	Milch, Käse, Fleisch, Geflügel, Korn	800–1200 mg	Schwäche, Demineralisierung der Knochen, Calciumverlust	860 g
Kalium	Säure-Base-Gleichgewicht, Körperwasserhaushalt, Nervenfunktion	Fleisch, Milch, viele Obstsorten.	2000 mg	Muskelschwäche, Lähmung	180 g
Chlor	Bildung der Magensäure, Säure-Base-Gleichgewicht	Kochsalz	750 mg	Muskelkrämpfe, geistige Apathie, Appetitverlust	74 g
Natrium	Säure-Base-Gleichgewicht, Körperwasserhaushalt, Nervenfunktion	Kochsalz	500 mg	Muskelkrämpfe, geistige Apathie, Appetitverlust	64 g
Magnesium	Aktivierte Enzyme, Mitwirkung bei der Protein- und DNS-Synthese, ATP-Stoffwechsel	Vollkorn, grünes Blattgemüse	280–350 mg	Wachstumshemmung, Verhaltensstörungen, Schwäche, Krämpfe	25 g
Eisen	Bestandteil von Hämoglobin und Enzymen, die am Stoffwechsel beteiligt sind.	Mageres Fleisch, Eier, Hülsenfrüchte, Vollkorn, grünes Blattgemüse	10–15 mg	Eisenmangelanämie (Schwäche, reduzierte Widerstandskraft bei Infektionen)	3–5 g
Fluor	Kann bei der Erhaltung der Knochenstruktur von Bedeutung sein. Vorbeugung von Karies.	Tee, Algen, Meeresfrüchte, fluoridiertes Trinkwasser und/oder Kochsalz	1,5–4 mg	Grösere Häufigkeit des Zahnverfalls	2,6 g
Zink	Bestandteil vieler Enzyme, einschliesslich der an der DNS- und Proteinsyntese beteiligten.	Meeresfrüchte, Fleisch, Vollkorn, Eier, Hülsenfrüchte	12–15 mg	Wachstumshemmung, Hautläsionen, kleine Genitalorgane	2 g
Jod	Bestandteil des Schild-drüsenhormons	Meerfisch, Milchprodukte, Jodiertes Kochsalz	150 µg	Kropfbildung, Verzögertes Wachstum	20–50 µg
Selen	Antioxidans, mit Vitamin E gekoppelt	Meerfisch, Fleisch, Getreide (Gehalt abhängig vom Boden)	55–70 µg	Veranlagung zu Herzkrankheiten	20 µg

Mengenelemente (Calcium bis Magnesium) · *Spurenelemente* (Eisen bis Selen)

* RDA = Recommended Daily Allowances (täglich empfohlene Menge)

Quelle: «Mineralstoffe» Nestec AG

Fakultative Fakten für Zahlenfans

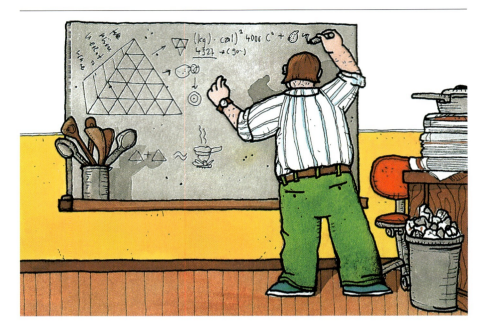

Die Pyramide spricht für sich, denn durch die bildliche Darstellung der einzelnen Nahrungsmittelgruppen ist es möglich, Empfehlungen zum Essen und Trinken abzugeben, ohne Zahlen oder Mengenangaben zu nennen.

Für begeisterte Rechner und Zahlenfans, die sich an genauen Zahlen orientieren wollen, seien sie hier dennoch aufgelistet. Zu berücksichtigen ist allerdings, dass die folgenden Angaben als «Faustregeln» zu verstehen sind.

Nährstoffempfehlungen (in Gramm pro Kilogramm Körpergewicht pro Tag)

Nährstoffe	Nicht weniger als	Empfohlen	Nicht mehr als
Eiweiss (Protein)	0,5 g/kg KG	**0,8 g/kg KG**	1 g/kg KG
Fett	1 EL hochw. Öl	**1,0 g/kg KG**	1 g/kg KG
Kohlenhydrate	4,0 g/kg KG	**4–8 g/kg KG**	100 g Zucker
Nahrungsfasern	–	**0,5 g/kg KG**	–
Wasser	–	**0,5 dl/kg KG**	–

Energieeinheiten

| Kilokalorien (kcal) | 1 kcal = 4,2 kJ |
| Kilojoules (kJ) | 1 kJ = 0,24 kcal |

| Gesamtenergiebedarf | = Grundumsatz | + | Leistungsumsatz |
| Leistungsumsatz | = Gesamtenergiebedarf | – | Grundumsatz |

Grundumsatz (GU)

| 1 kcal/kg KG/Std. | = 1 Kilokalorie pro Kilogramm Körpergewicht pro Stunde |
| 4,2 kJ/kg KG/Std. | = 4,2 Kilojoules pro Kilogramm Körpergewicht pro Stunde |

| Berechnung pro Tag: | GU = Körpergewicht .... (kg) × 24 = ... kcal |
| | GU = Körpergewicht .... (kg) × 100 = ... kJ |

Gesamtenergiebedarf (GEB)

Aktivität:	Energiebedarf pro kg KG pro Tag:	
leicht	35 kcal (150 kJ)	GEB = Körpergewicht .... (kg) × .... = ... kcal
mittel	42 kcal (180 kJ)	GEB = Körpergewicht .... (kg) × .... = ... kJ
schwer	50 kcal (210 kJ)	

Energiegehalt der Nährstoffe

1 g Kohlenhydrate	4 kcal (17 kJ)
1 g Eiweiss	4 kcal (17 kJ)
1 g Fett	9 kcal (39 kJ)
1 g Alkohol	7 kcal (30 kJ)

Fett enthält mehr als doppelt so viele Kilokalorien wie Kohlenhydrate und Eiweiss.
Beispiel: 1 Esslöffel Öl (15 g) enthält 135 kcal (567 kJ),
1 Esslöffel Zucker (15 g) enthält hingegen nur 60 kcal (252 kJ).

 Faustregel: Mengenmässige Hauptnährstoffverteilung:
Eiweiss : Fett : Kohlenhydrate = 1 : 1 : 5

Energie

Wie viel Energie steckt in unseren Lebensmitteln?

Wir können nur leistungsfähig sein, wenn wir unserem Körper Energie zuführen. Wir sind auf Nahrung als Energiequelle angewiesen. Den Energie- und Nährstoffgehalt von Lebensmitteln kann man in Nährwerttabellen nachschlagen oder auf der Verpackung nachlesen. Die drei Hauptnährstoffe Kohlenhydrate, Eiweiss und Fett sind unsere hauptsächlichen Energielieferanten. Der Energiegehalt von Alkohol wird häufig unterschätzt.

Energieeinheiten

Die Masseinheit der Nahrungsenergie ist Kilokalorien (kcal) bzw. Kilojoules (kJ). Die Energieangabe in Kilojoules hat sich trotz grossen Bemühungen der Wissenschaft nicht durchgesetzt. Der Umgang mit Kilokalorien scheint allgemein beliebter zu sein.

Kilokalorien (kcal)	**1 kcal = 4,2 kJ**
Kilojoules (kJ)	**1 kJ = 0,24 kcal**

Beispiel: 1 Apfel à 150 g liefert 75 kcal × 4,2 = 315 kJ

1 Dose Cola:
145 kcal/609 kJ

25 g Erdnüssli:
145 kcal/609 kJ

25 g Schokolade
145 kcal/609 kJ

Energiebedarf = Grundumsatz + Leistungsumsatz

Der Grundumsatz ist bekannt

Selbst bei völliger Ruhe verbrauchen wir Energie zur Aufrechterhaltung der Stoffwechselvorgänge, der Atmung, der Herzmuskelarbeit und Erhaltung der Körpertemperatur. Dieser Energiebedarf wird als Grundumsatz bezeichnet.

Der Grundumsatz bei
völliger Ruhe ist abhängig
von unserem Alter, vom Geschlecht
sowie von der Körperzusammensetzung
(je höher der Anteil Muskelmasse ist,
desto höher ist auch der Grundumsatz).

Der Leistungsumsatz ändert sich

Die Energiemenge, die ein Mensch neben dem Grundumsatz für körperliche Arbeit, Denken und Bewegung benötigt, bezeichnet man als Leistungsumsatz. Selbst die Verdauungsarbeit, das Drücken einer Computertaste und natürlich ein Sportwettkampf gehören dazu.

 Grundumsatz pro Tag : 24 kcal (100 kJ) pro Kilogramm Körpergewicht

Energiebilanz

Die Energiebilanz beschreibt das Gleichgewicht zwischen Energiezufuhr und Energieverbrauch. Wie beim Haushaltsbudget oder Wasserreservoir sollten sich Zufuhr und
Verbrauch die Waage halten, damit die Menge (hier unser Körpergewicht) konstant
bleibt.

■ **Die aufgenommene Energie muss gleich der verbrauchten Energie sein!**

Energiezufuhr	Energieverbrauch	Resultat

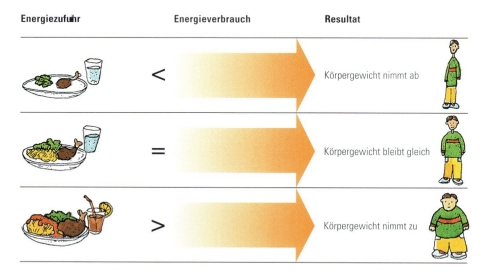

Körpergewicht nimmt ab

Körpergewicht bleibt gleich

Körpergewicht nimmt zu

Wollen wir unser Gewicht halten, so helfen die ausgeklügeltsten Diäten nichts, wenn
wir nicht diese einfache Regel beachten. Wer über längere Zeit mehr isst, als er
verbrauchen kann, nimmt zu. Wer weniger isst, als er verbraucht, nimmt ab.

Der Body-Mass-Index (BMI)

Wie beurteile ich mein Körpergewicht?

Der Body-Mass-Index ist ein gutes Instrument,
um das Körpergewicht zu beurteilen. Der BMI
bezieht sich vor allem auf die Körperfettmasse
und ist nur in geringem Ausmass von der Körpergrösse abhängig. Der BMI ist einfach zu bestimmen:

Wir brauchen ein Lineal, unser Körpergewicht und
unsere Körpergrösse. Und so wird's gemacht:

Man setzt das Lineal bei der rechten Skala genau auf die Höhe
des Körpergewichts und schiebt es auf der linken cm-Skala
auf die Höhe der Körpergrösse. Nun kann man auf der
mittleren Skala den entsprechenden Wert ablesen.

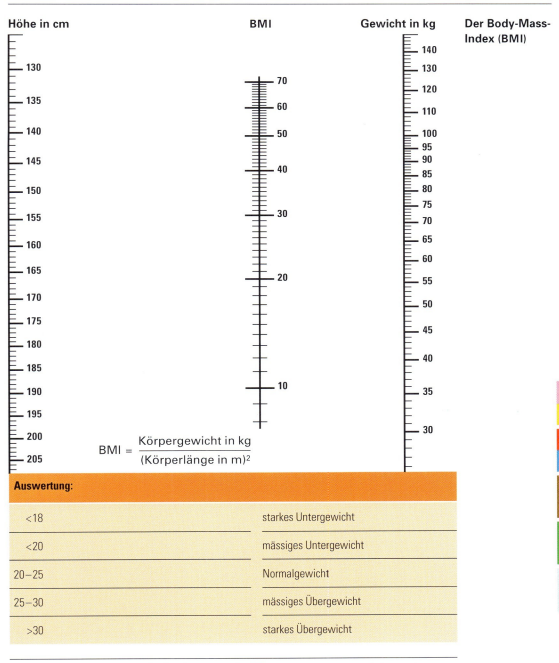

Höhe in cm	BMI	Gewicht in kg	Der Body-Mass-Index (BMI)

$$BMI = \frac{\text{Körpergewicht in kg}}{(\text{Körperlänge in m})^2}$$

Auswertung:

<18	starkes Untergewicht
<20	mässiges Untergewicht
20–25	Normalgewicht
25–30	mässiges Übergewicht
>30	starkes Übergewicht

Der Body-Mass-Index kann nur bei Personen angewendet werden, die sich nicht mehr im Wachstum befinden.
Diese BMI-Tabelle gilt bei ausgewachsenen Jugendlichen und erwachsenen Personen. Für Kinder müssen die BMI-Perzentilenkurven verwendet werden (Kinderarzt).

Nahrungsüberfluss und Hunger

Verschiedene Modelle und Berechnungen helfen uns, den theoretischen Energiebedarf unseres Körpers zu ermitteln und eine ausgeglichene Energiebilanz anzustreben. All diese Berechnungsmöglichkeiten wirken freilich etwas befremdend, wenn wir die weltweite Ernährungssituation betrachten: In vielen Regionen der Welt leiden die Menschen unter Hunger und Armut.

Unausgewogene Verteilung – Hunger

Dürre, Überschwemmungen, Heuschreckenplagen, aber auch das wirtschaftliche Ungleichgewicht zwischen reichen und armen Ländern, zu hohe Preise für Grundnahrungsmittel, Arbeitslosigkeit oder Landflucht – das sind nur einige der zahlreichen Gründe, weshalb heute ein grosser Teil der Weltbevölkerung Hunger leiden muss. Dieses Problem zu lösen, ist Aufgabe von Politikerinnen und Politikern, von Verantwortlichen der Wirtschaft nicht zuletzt. Wir selber können im Alltag jedoch insofern Solidarität beweisen, als wir uns um einen vernünftigen Umgang mit Nahrungsmitteln bemühen

Foto: Chr. Dual

Nahrungsüberfluss

Diese kritische Auseinandersetzung mit unserem Nahrungsangebot mag für jede einzelne Person andere Folgen haben. Die einen werden versuchen, sich selber zu versorgen und im völligen Kreislauf mit der Natur zu leben, andere achten strikt auf saisongerechten Einkauf von frischen unverpackten Nahrungsmitteln, andere essen keine tierischen Produkte. Es ist bestimmt schon viel wert, wenn man versucht, die Nahrungsmittel zu schätzen, sie zu geniessen und sie nicht achtlos verderben zu lassen.

Qual der Wahl

Wir alle haben schon beobachtet, dass wir an einem vielseitigen Buffet mehr essen, als wenn wir nur ein Gericht vor uns haben. Auch bei einem mehrgängigen Menü kann ein neuer Gang wiederum **Appetit** auslösen, obschon der **Hunger** schon gestillt ist. Es ist nicht einfach, sich in diesem Überfluss richtig zu verhalten.

Ökologie und Ökonomie

Die Argumente für oder gegen tierische und/oder pflanzliche Nahrungsmittel sind sehr vielfältig. Betrachten wir die Faktoren Umwelt und Wirtschaft. Hier zeigt sich, dass in Regionen, wo Ackerbau betrieben wird, mehr Leute ernährt und mit Protein versorgt werden können, als in Regionen, die nur Fleisch produzieren.
In der Schweiz sieht es anders aus. ⅓ unserer landwirtschaftlichen Nutzfläche sind Alpweiden. Diese können optimal mit Tierhaltung genutzt werden. Unsere Landwirtschaft versorgt uns somit mit **tierischen und pflanzlichen** Nahrungsmitteln.
In den Drittweltländern ist eine Versorgung mit tierischem Eiweiss über Kleintiere und Eier optimal, insbesondere, da in diesen Ländern die Erwachsenen häufig keine Milch vertragen.

Ackerbau statt Viehzucht liefert genügend Nahrung

Wenn das Land zum Ackerbau verwendet wird (Anbau von Kartoffeln, Sojabohnen, Weizen in Kombination mit Gemüse), lassen sich auf der gleichen Fläche fünf- bis zehnmal mehr Menschen ernähren als bei der Fleisch- und Milchwirtschaft.

Mit einem Hektar Kartoffeln können elf Menschen mit genügend Protein und 17 Menschen mit genügend Kalorien/Joules versorgt werden. Dagegen kann man mit der Viehzucht nur zweieinhalb Menschen proteinbezogen und zwei Menschen energiemässig ernähren.

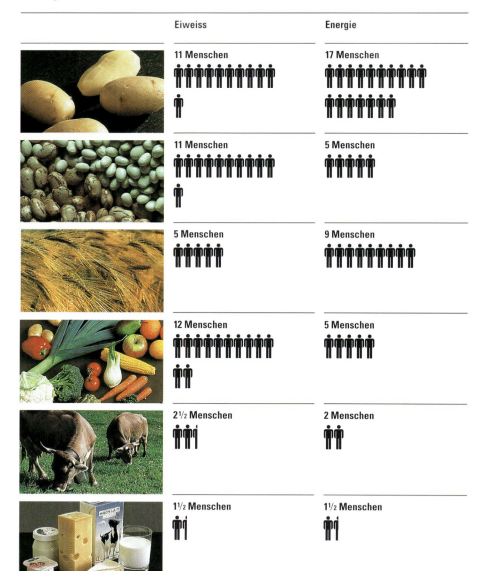

	Eiweiss	Energie
Kartoffeln	**11 Menschen**	**17 Menschen**
Sojabohnen	**11 Menschen**	**5 Menschen**
Weizen	**5 Menschen**	**9 Menschen**
Gemüse	**12 Menschen**	**5 Menschen**
Fleisch	**2½ Menschen**	**2 Menschen**
Milchprodukte	**1½ Menschen**	**1½ Menschen**

Quelle: FAO / Strahm; Peter Hammer Verlag

Ernährungswandel in der Geschichte

Früher hingen die Essgewohnheiten stark von den regionalen und wirtschaftlichen Umständen ab. Die Getreidebauern nahmen kaum Fett zu sich, während die Hirten in den Bergen dank übermässigem Fleisch- und Milchkonsum zu viel Fett zu sich nahmen.

Prozentuale Energieverteilung früher und heute

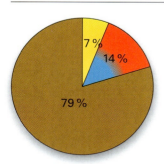

Das verzehrte eine durchschnittliche Getreidebauernfamilie aus dem Amt Nidau im Jahr 1760.

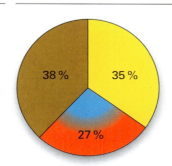

Speiseplan einer Hirtenfamilie aus dem Kanton Uri im 18. Jahrhundert.

Quelle: Life-Sciences

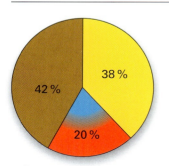

So setzt sich die Ernährung heute zusammen.

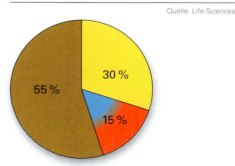

Das wäre der Idealzustand nach heutigen Erkenntnissen: weniger Fett und Eiweiss, mehr Kohlenhydrate.

Fette

Proteine

Kohlenhydrate

Obschon heute diese regionalen Unterschiede fast ganz verschwunden sind, sind unsere Essgewohnheiten noch verbesserungswürdig: Wir sollten unbedingt mehr Früchte, Gemüse und Vollkornprodukte zu uns nehmen.

■ **Hunderte von Millionen Menschen müssen Hunger leiden.**
■ **Überlegtes Einkaufen und Konsumieren sollte uns deshalb eine Verpflichtung sein.**

Vorbeugen ist besser als Heilen

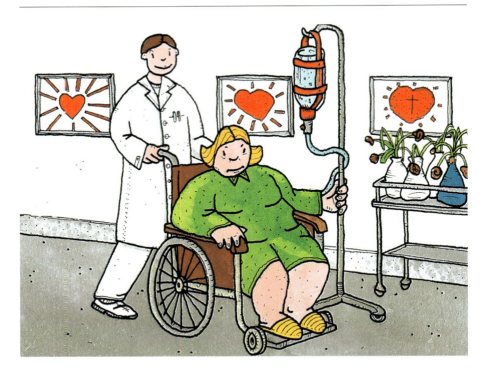

Der Mensch ist, was er isst

Ernährung, Wohlbefinden und Gesundheit stehen in engem Zusammenhang. Schlechte Essgewohnheiten können langfristig unserer Gesundheit schaden. Nahezu ein Drittel der explodierenden Krankheitskosten werden durch ernährungsbedingte Erkrankungen verursacht.

Solange keine gesundheitlichen Beschwerden spürbar werden, ist für viele Menschen die Motivation gering, das bisherige Essverhalten in Frage zu stellen. Obschon ihnen bekannt ist, was eine gesunde Ernährung beinhalten würde, können oder wollen sie von ihrem bisherigen Verhalten nicht abweichen.

Die eigenen Ernährungsgewohnheiten zu ändern, ist ein schwieriges Unterfangen. Schon kleine Schritte aber führen zum Erfolg. Statt nach einem Misserfolg aufzugeben, sollten wir den nächsten kleinen Schritt planen. Dabei darf das Ziel getrost etwas tiefer gesteckt werden als beim letzten – missglückten – Versuch.

■ Nur langsame Veränderungen sind langfristig erfolgreich.

Zivilisationskrankheiten

Von besonderer Bedeutung ist der Einfluss der Essgewohnheiten auf die Herz-Kreis-lauf-Krankheiten sowie die Krebserkrankungen. Diese beiden Erkrankungen sind die beiden häufigsten Todesursachen in der Schweiz.

■ **Herz-Kreislauf-Krankheiten:** Die auslösenden Faktoren sind Bewegungsmangel, Rauchen, Stress und Übergewicht. Entsprechend sollen leere Kalorien, fettreiche Speisen und insbesondere gesättigte Fettsäuren (S. 399) gemieden werden. Empfohlen sind Nahrungsmittel aus der unteren Pyramidenhälfte.

■ **Krebs:** Viele Untersuchungen haben gezeigt, dass Früchte, Gemüse und speziell deren Inhaltsstoffe (z. B. sekundäre Pflanzenstoffe) einen schützenden Effekt auf die Krebsentstehung haben. Auch hier ist falsche Ernährung nur einer von mehreren Risikofaktoren. Es steht z. B. eindeutig fest, dass Rauchen Krebs verursacht.

■ **Starkes Übergewicht (Adipositas):** Rund 25 % der Bevölkerung sind mässig über-gewichtig (BMI 25–30) und zusätzliche 5 % sind stark übergewichtig (BMI >30). Eine Situation, die vor allem die älteren Jahrgänge betrifft. Wer dem Körper mehr Nahrung zuführt, als er verbraucht (positive Energiebilanz, S. 412), begünstigt die Ent-stehung von Übergewicht.

Gewicht überprüfen

Regelmässig, aber nicht allzu häufig, das Gewicht kontrollieren, denn (über-)ge-wichtige Personen haben es im Leben schwerer. Zu viel Gewicht belastet den Körper und kann die Entstehung von Altersdiabetes, Bluthochdruck, Herzkrankheiten u.a.m. begünstigen. Der Bewegungsapparat wird abgenützt und das Risiko bei Operationen und Schwangerschaften erhöht. Aber auch starkes Untergewicht beeinträchtigt die Gesundheit. Durch das Körpergewicht kann man selbst entscheiden,
«wie man alt und wie alt man wird».

Das eine tun und das andere nicht lassen

Ausreichend Bewegung und gesundes Essen ergänzen sich in ihrer positiven Wirkung optimal. Beide begünstigen das Wohlbefinden und die Gesundheit von Körper und Geist. Ernährung und Bewegung fördern eine gesunde Körperzusammensetzung. Der Muskelanteil nimmt dabei zu und das Körperfett wird abgebaut. Dies erhöht den Energieverbrauch des Körpers und fördert die Leistungsfähigkeit.

 Für alle Zivilisationskrankheiten gelten dieselben Massnahmen: Zur Vorbeugung ist der Konsum von naturbelassenen Produkten aus den grünen und braunen Nahrungsmittelgruppen (Früchte, Gemüse und Vollkornprodukte) das beste Rezept.

Alternative Ernährungsformen

Zu den alternativen Ernährungsformen zählen die vegetarische Ernährung, die Vollwerternährung und die Bircher-Benner-Kost mit dem berühmten Birchermüesli, um nur die Bekanntesten zu erwähnen.

Warum sucht der Mensch immer wieder andere Ernährungsformen?

Alternative Ernährungsformen basieren vielfach auf folgenden drei Überlegungen:

■ **Der religiös oder ethische Aspekt** ist Teil einer Weltanschauung. So verzichten viele Menschen auf den Konsum von Fleisch, weil sie aufgrund ihrer Religion oder aufgrund eigener ethisch-moralischer Vorstellungen das Töten von Tieren ablehnen.

■ **Der ökonomisch-ökologische Aspekt** befasst sich mit Nahrungsüberfluss und Nahrungsmangel, weiter mit Energieverbrauch bei der Erzeugung von Lebensmitteln tierischer Herkunft und mit verschiedenen Anbauweisen.

■ **Der gesundheitliche Aspekt** spielt eine immer grössere Rolle. Aufgrund der immer häufiger auftretenden ernährungsbedingten Erkrankungen (wie z. B. starkes Übergewicht, Zuckerkrankheit, Herz-Kreislauf-Erkrankungen) und der allgemeinen Verunsicherung durch Sensationsmeldungen (Rückstände, Verunreinigungen, Zusatzstoffe, Gentechnologie) sucht der Mensch die sogenannte gesunde Ernährung mit Heilversprechen.

Viele alternative Ernährungsformen befürworten den reichlichen Verzehr von Früchten und Gemüsen, von Vollkornprodukten sowie die Einschränkung des Fleisch-, Salz-, Zucker- und Alkoholkonsum. So haben sie durchaus Gemeinsamkeiten mit der gesunden Mischkost der Nahrungspyramide.

Vegetarische Ernährung

Vegetarier und Vegetarierinnen essen nach dem ursprünglichen Prinzip des vegetarischen Gedankens keine Produkte vom toten Tier, also kein Fleisch, keine Fleischprodukte und keinen Fisch. Produkte vom lebenden Tier, wie Milchprodukte und Eier, werden jedoch gegessen.
Nicht alle Vegetarier ernähren sich nach diesem Prinzip. Man unterscheidet drei Formen der vegetarischen Ernährung.

Vegane Ernährung

Veganer und Veganerinnen ernähren sich ausschliesslich aus pflanzlichen Nahrungsmitteln und verzichten auf alle tierischen Produkte. Selbst Honig wird von vielen abgelehnt.

Beurteilung

Kritische Nährstoffversorgung: Eiweiss, Kalzium, Eisen, Jod und Vitamin B12. Bei übertriebenem Rohkostverzehr (Früchte, Gemüse, Sprossen) ergänzen sich die verschiedenen pflanzlichen Eiweisse nur ungenügend. Die Versorgung mit Eisen, Jod und Vitamin B12 ist durch den Verzicht auf Fleisch und Fisch unzureichend. Da Milchprodukte weggelassen werden, gibt es Engpässe in der Kalziumversorgung. Personen mit erhöhtem Nährstoffbedarf wie Kindern, Jugendlichen, Schwangeren und Stillenden ist von der veganen Kost abzuraten.

Lacto-vegetarische Ernährung

Lacto-Vegetarier und -Vegetarierinnen essen zusätzlich zu den pflanzlichen Produkten Milch und Milchprodukte.

Ovo-lacto-vegetarische Ernährung

Ovo-lacto-Vegetarier und -Vegetarierinnen essen zusätzlich zu den pflanzlichen Produkten Milch, Milchprodukte und Eier.

Beurteilung der (ovo)-lacto-vegetabilen Kost

Kritische Nährstoffversorgung: Die Eisen- und Jodversorgung muss durch Vollkornprodukte, Kohlgemüse sowie jodiertes Salz gesichert werden.
Durch den Verzicht auf Fleisch nehmen Vegetarier und Vegetarierinnen kleinere Mengen an tierischem Fett und Cholesterin auf, die bei zu hoher Zufuhr in Zusammenhang mit Herz-Kreislauf-Erkrankungen und Fettstoffwechselstörungen stehen. Die vorwiegende Ernährung mit pflanzlichen Lebenbensmitteln bringt mit wenig Energie viele Mineralstoffe, Vitamine und Nahrungsfasern.

Vollwerternährung

Die Vollwerternährung ist eine vorwiegend ovo-lacto-vegetabile Ernährung; dazu gehören Früchte, Gemüse, Kartoffeln, Hülsenfrüchte, Vollkornprodukte, Milch, Eier, kaltgepresste Öle und Nüsse. Der Fleischkonsum ist stark eingeschränkt. Empfohlen werden Fisch und gelegentlich Eier.

Alle Lebensmittel sollen so wenig wie möglich verarbeitet werden. (Bircher-Benner, Kollath «Lasst die Nahrung so natürlich wie möglich»). Ein Nahrungsmittel wird auch nach seiner Herkunft, Lagerung, Verarbeitung und Zubereitung beurteilt. Es spielen also auch soziale und ökologische Aspekte eine grosse Rolle.

Dem Reinwert der Nahrung wird gosse Beachtung geschenkt. Zur Verringerung der Aufnahme von Rückständen (z. B. Tierarzneimittel, Pestizide), Verunreinigungen (z. B. Nitrat, Schwermetall) , Zusatzstoffen (z. B. Konservierungsmittel), werden Lebensmittel aus kontrolliert-biologischer Landwirtschaft empfohlen.

Beurteilung der Vollwerternährung

Die Aussage «so natürlich wie möglich» übersieht die Tatsache, dass die Stärkeverdauung im Magen-Darm-Trakt erst möglich wird, wenn gewisse Nahrungsmittel, z. B. Kartoffeln vorher erhitzt worden sind. Die natürlich enthaltenen Gifte in Hülsenfrüchten können nur durch Kochen unschädlich gemacht werden. Verarbeitung oder Erhitzung von Lebensmitteln bedeutet nicht immer einen Qualitätsverlust.

Bei sorgfältiger Auswahl aus allen Nahrungsmittelgruppen ist eine gesunde Ernährung gewährleistet.

Wertstufen der Vollwerternährung

Diese Stufen der Vollwerternährung basieren auf der Tatsache, dass durch Verarbeitung die Nahrungsmittel in ihrer Nährstoffdichte vermindert werden.

Wertstufe	Verarbeitungsgrad	Mengenempfehlung	Beispiele
1 Sehr empfehlenswert	Nicht/gering verarbeitete Lebensmittel (v. a. unerhitzt)	Etwa die Hälfte der Nahrungsmenge	Frische Früchte Gekeimtes Getreide Vorzugsmilch
2 Sehr empfehlenswert	Verarbeitete Lebensmittel (v. a. erhitzt)	Etwa die Hälfte der Nahrungsmenge	Erhitzte Früchte Vollkornbrot Pasteurisierte Milch
3 Weniger empfehlenswert	Stark verarbeitete Lebensmittel (v. a. konserviert)	Nur selten verzehren	Fruchtkonserven Weissbrot UHT-Milch
4 Nicht empfehlenswert	Übertrieben verarbeitete Lebensmittel und Isolate	Möglichst vermeiden	Vitaminpräparate Getreidestärke Kondensmilch

Quelle: Männle, v. Koerber, Leitzmann, 1993

- **Der gösste Teil der Vegetarier und Vegetarierinnen ernährt sich ovo-lacto-vegetabil.**
- **Genügend Bewegung, frische Luft und der Verzicht auf Nikotin und Alkohol gehören ebenfalls zu einer vegetarischen Lebensweise.**

Sinn und Unsinn von Diäten

Körpergewicht wird vermarktet

Mit dem angeblichen Schönheitsideal lässt sich heute viel Geld verdienen. Deshalb gibt es mehrere Industriezweige, welche unaufhörlich neue Diäten, Produkte und Methoden mit den immer gleichen Versprechungen wie «In kürzester Zeit so und so viele Kilogramm abnehmen» auf den Markt bringen. Dabei ist es schwierig, in diesem grossen Angebot seriöse von gesundheitsgefährdenden Angeboten zu unterscheiden.

Diäten unter der Lupe

Empfehlenswerte Schlankheitskuren sind nicht einseitig, sondern nährstoffmässig ausgewogen und schenken den Verhaltensänderungen genügend Beachtung. In ihrer Anpreisung sind sie meist bescheiden und weisen auf Schwierigkeiten und lange Dauer hin, welche erfolgreiches Abnehmen immer mit sich bringen.

Wann ist eine Diät angezeigt?

Das auf der Waage gewogene Körpergewicht ist nicht allein entscheidend für unsere Gesundheit. Ebenso wichtig ist es, dass wir uns in unserem Körper wohl fühlen. Allerdings kann eine deutliche Unter- oder Überschreitung des normalen Gewichtsbereiches ungesund sein. Bewegungsmangel oder Suchtverhalten kann die Situation zusätzlich verschärfen. (BMI S. 412)

Seltener Erfolg und falsche Schuldzuweisung

Wenn es eine mühelose und erfolgreiche Methode zur Gewichtsregulierung geben würde, müssten nicht immer wieder neue erfunden werden. Aber eine solche Wunderdiät gibt es nicht. Praktisch alle Diäten bewirken in den ersten Tagen einen erfassbaren Gewichtsverlust. Bei äusserst einseitigen Diäten aber lässt die Willenskraft meist nach kurzer Zeit nach. Enttäuscht über den Misserfolg, sucht man den Fehler fälschlicherweise bei sich, da die Diät ja den versprochenen Erfolg für kurze Zeit gebracht hat. Wer nicht aufpasst, gerät in einen zermürbenden Teufelskreis.

Unechte Gewichtsverluste

Nicht jeder Gewichtsverlust auf der Waage zeigt Abbau von Körperfett an. Mode- und Blitzdiäten profitieren von den «unechten» Gewichtsverlusten (z. B. Wasserausscheidung):

■ **Abbau der Glykogenreserven**
Beim Verbrennen dieser Reserven werden 1–2 Liter Wasser frei. Glykogen ist die kurzfristige Energiereserve von ca. 2000 kcal/8,4 MJ in Leber und Muskeln, die bei negativer Energiebilanz als erstes aufgebraucht wird. Glykogen ist immer an Wasser gebunden.

■ **Reduzierte Salzaufnahme**
Salz bindet Wasser und hält dieses im Körper zurück. Wer weniger isst, nimmt auch weniger Salz zu sich: Folglich wird Wasser ausgeschieden. Viele Blitzkuren sind deshalb extrem salzarm und empfehlen Früchte oder ungesalzenen Reis.

■ **Abbau von Muskeleiweiss**
Einseitige, eiweissarme Methoden greifen die körpereigenen Proteinreserven (z. B. Muskeln) an. Vermehrte körperliche Bewegung und genügend Eiweiss können diesem Abbau entgegenwirken.

Jojo-Effekt

Bei gedrosselter Energiezufuhr wechselt der Stoffwechsel auf sein «Energiesparprogramm». Wird nach einer Diät wieder normal gegessen, wechselt der Organismus nicht so schnell, spart weiterhin Energie, und das Körpergewicht nimmt wieder zu (Zufuhr > Verbrauch, S. 412). Dieses Auf und Ab des Körpergewichtes ist der Jojo-Effekt. Er ist für Körper und Seele eine unnötige Belastung.

Wer erfolgreich abnehmen will, soll seine Ernährung weiterhin vielseitig gestalten («Energiereduzierte Mischkost»), energiearme Frischprodukte essen und den Energieverbrauch durch vermehrte körperliche Bewegung steigern.

Essen: Wann, wie und wo?

Den ganzen Tag in Schwung

Ein ausgiebiges, vielseitiges Frühstück wirkt wie ein Sprungbrett in den Tag. Die Energiespeicher (Glykogen) in Leber und Muskeln wurden über Nacht aufgebraucht und benötigen Nachschub. Ein reichhaltiges Frühstück mit Flocken, Früchten, Jogurt und/oder Käse sättigt länger als Weissbrot mit Konfitüre.

▨ Wer am Morgen keine feste Nahrung verträgt, soll sich ein ausgiebiges Znünibrot vorbereiten.

Bilanz am Abend

Das Abendessen bietet eine letzte Gelegenheit, die Unterlassungen des Tages auszugleichen. Man zieht Bilanz und gestaltet die letzte Mahlzeit so, dass die Portionenaufteilung zwischen den einzelnen Nahrungsmittelgruppen in etwa der Pyramide entspricht.

Häufiger, aber weniger essen

Wer den ganzen Tag fit bleiben will, nimmt mehrere, jedoch kleinere Mahlzeiten zu sich. Das Verdauungssystem wird dadurch weniger belastet, und die geistige und körperliche Leistungsfähigkeit bleibt konstant.

Schnellimbiss/Fastfood

Fastfood ist oft nicht so schlecht wie sein Ruf. Die Burgers mit Fleisch, Poulet, Fisch oder die Vegi-Burger bilden eine gute Grundlage für ein ausgewogenes Essen. Weniger gesund sind meistens die Beilagen wie fettige Pommes frites, süsse Limonaden und mastige Saucen. Werden diese Beilagen aber durch einen Salat und einen Fruchtsaft/Frucht ersetzt und steckt der Burger gar in einem Vollkornbrötchen, ist an einer solchen Mahlzeit nichts auszusetzen. Das Drumherum bestimmt im Wesentlichen den gesundheitlichen Effekt. Schwieriger ist es an Orten, wo nur Grillwürste oder Frittiertes, aber keine Früchte und Gemüse angeboten werden.

Sport und Training

Wer regelmässig Sport betreibt, hat einen höheren Gesamtenergiebedarf (S. 409). Einerseits erhöht das körperliche Training (zu Lasten der Fettmasse) die Muskelmasse. Diese wird stark durchblutet, ist stoffwechselaktiv und erhöht dadurch den Grundumsatz an Energie. Andererseits ist entsprechend der Aktivität der Leistungsumsatz vergrössert.
Dieser zusätzliche Energiebedarf wird vorteilhaft über einen vermehrten Konsum von kohlenhydratreichen Produkten aus der braunen und grünen Gruppe gedeckt, da sich deren Energie einfach dosieren lässt (z. B. Bananen, Spaghetti, Risotto).

Mensa, Kantine, Restaurant

Die Gemeinschaftsverpflegung hat ihre grosse Verantwortung erkannt. Heute werden oft leichte Gerichte angeboten, und die Portionengrösse kann je nach Appetit selbst bestimmt werden. Vegetarische Menüs oder Salatteller stehen meistens auch zur Auswahl. Salate werden allerdings erst zusammen mit Brot zu einer ausgewogenen Mahlzeit.
Wer sich hie und da zu Schnitzel/Pommes frites oder Bratwurst mit Rösti hinreissen lässt, muss sich keine Gewissensbisse machen. Denn wer sich des Nährwertes seiner Mahlzeiten bewusst ist, hat den ersten Schritt zu einer gesunden Ernährung bereits getan.

- ▨ **Zwischenmahlzeiten (er)halten uns leistungsfähig:**
  «Flüssige Nahrung» wie Milch oder Fruchtsäfte stillen den Durst und den Hunger.
- ▨ **Fehlt bei einer Mahlzeit Rohkost – zwischendurch ein Rüebli oder einen Apfel essen.**
- ▨ **Auch beim Auswärtsessen gelten die Mengenempfehlungen der Nahrungsmittelpyramide (S. 374).**

Trends von Teens und Twens

Zurück zur Basis, zurück zu Frischprodukten

Wenn wir unsere Nahrung vermehrt selber zubereiten, werden alle Ernährungsempfehlungen berücksichtigt. Wer mit frischen Grundnahrungsmitteln kocht, kennt deshalb die Herkunft und den Frischezustand der Zutaten und kann die Menge von Öl, Fett, Zucker oder Salz selber bestimmen.

Selbst kocht die Frau und/oder der Mann

Beim Kochen mit unverarbeiteten Zutaten brauchen wir keine Lupe fürs Lesen der Deklarationen. Wer sein Fruchtjogurt oder Birchermüesli selbst mit frischen Früchten und Zucker zubereitet, ist bereits informiert.
Andererseits weiss man nie genau, wie es schmecken wird. Der Geschmack und die Festigkeit (Konsistenz) der selbst gemachten Speisen variieren mit der Saison, mit dem Kühlschrankinhalt und mit der Laune und der Kreativität des Koches und der Köchin. Der Trend, selber zu kochen, sorgt für Überraschungen.

Rundum fit

Nicht alle Trends sind langlebig. Einer aber hält seit Jahren an: **Fit sein ist in.**
Fitness ist die Kombination von Wohlbefinden durch gesunde, genussvolle Nahrung
und körperlichem Training. «Essen und trimmen, beides muss stimmen.»
Und auch die alten Römer wussten schon, dass Glück und Zufriedenheit durch
einen gesunden Körper gefördert werden können (mens sana in corpore sano).

Kilometer zählen statt Kalorien

Wer sich genügend bewegt, braucht keine Kalorien zu zählen. Es genügt, sich so häufig
oder so intensiv zu bewegen, dass die Energiebilanz im Gleichgewicht bleibt!

Trends

Meistens reiten wir gleichzeitig auf mehreren Trendwellen und ändern deshalb dau-
ernd unser Verhalten. Manche essen gerne vorwiegend stil- und genussvoll, andere
nehmen Rücksicht auf Tierhaltung und Umwelt, und für Sportbegeisterte können
innovative Industrieprodukte zur Leistungssteigerung momentan das Essverhalten
beeinflussen.

Fit und gesund:
- Energie durch
  Kohlenhydrate
- Sporttraining im Freien
- Stressabbau

Öko, Natur, Bio:
- Naturgerechter Anbau
- Tiergerechte Haltung
- Umweltfreundliche
  Verpackungen

Stil und Genuss:
- Das Auge isst mit
- Qualität statt Quantität
- Genuss bringt Freude

- **Wer fit bleiben möchte, zählt Kilometer statt Kalorien.**
- **Beim Selberkochen kann man Rücksicht nehmen
  auf die eigene Gesundheit und Umwelt.**
- **Mit Freude und mit Freunden essen.**

Intensive Infos für Interessierte

Die Natur verwöhnt uns mit einer grossen Auswahl an Lebensmitteln, die eine hohe Nährstoffdichte aufweisen, insbesondere wenn diese Produkte naturbelassen (unverarbeitet) konsumiert werden. Verständlicherweise versucht die Industrie, diese Eigenschaften gezielt zu nutzen und die Nährstoffdichte noch zusätzlich zu erhöhen.

Massgeschneiderte Nahrungsmittel

Bis jetzt hat man die bei der Verarbeitung verloren gegangenen Stoffe wieder zugeführt (z. B. Vitaminierung von Magermilch und Weissmehl, nahrungsfaserangereicherte Biskuits), oder man hatte versucht, minderwertige Produkte aufzubessern (Bonbons mit Vitamin C, süsse Frühstückscerealien mit Spurenelementen).

«Functional Food»

Heute werden neuartigen Nahrungsmitteln (Functional Food) spezielle Kombinationen von wertsteigernden Inhaltsstoffen (Vitamine, Mineralstoffe, bioaktive Substanzen) zugesetzt, um ihnen eine ganz bestimmte Funktion zuzuordnen: z. B.
– Fruchtsäfte mit antioxidativen Vitaminen (z. B. Vitamin C als Radikalfänger) zur Krebsverhütung.
– Getreideflocken mit Kalzium zur Vorbeugung der Osteoporose.
– Milchprodukte mit ausgewählten Milchsäurebakterien zur Stärkung der körpereigenen Abwehr.

Gesundes gesünder machen

Ziel der «Functional Food» ist es, die Nährstoffdichte zusätzlich zu erhöhen, um so gezielt auf einzelne Körperfunktionen einwirken zu können. Die gesundheitliche Wirkung dieser Produkte übersteigt deren traditionellen Nährwert. Diese Nahrungsmittel beginnen Arzneimittelfunktionen zu übernehmen. Deshalb werden sie auch «Nutraceuticals» (d. h. pharmazeutische Nahrungsmittel) genannt.

Nahrungsmittel unter der Lupe

Auf den Etiketten verpackter Nahrungsmittel stehen viele Informationen. Wir finden z. B. Angaben über den Hersteller, den Preis, das Gewicht und die Haltbarkeit des Produktes. Die für die Ernährung entscheidenden Informationen stehen unter «Zutaten» und «Energiewert».

Ist Glace ein Milchprodukt?

Diese Frage können wir mit den beiden Angaben der Nährwertbezeichnung beantworten:

Zutaten: Hier werden in mengenmässig absteigender Reihenfolge alle Zutaten aufgezählt. Es müssen auch alle Zusatzstoffe mit der Kurzbezeichnung (E-Nummer) aufgeführt werden, so dass z. B. Veganer, Veganerinnen oder Allergiker, Allergikerinnen entsprechende Produkte meiden können.

Energiewert:
Dieser wird meist in Form einer Tabelle dargestellt (**100 g enthalten ...**). Er enthält Angaben über:

– Energie
– Eiweiss
– Kohlenhydrate
– Fett

oder in der ausführlicheren Variante: Energie, Eiweiss, Kohlenhydrate, Zucker, Fett, gesättigte Fettsäuren, Nahrungsfasern (Ballaststoffe) und Natrium.

Ein Hauptbestandteil dieser Glace ist «Pflanzenfett gehärtet»; deshalb ist sie kein reines Milchprodukt.

 Wer die Nährwertbezeichnung genau studiert, erfährt vieles über das «Innenleben» eines Nahrungsmittels.

Essen und Trinken bringen Genuss

Das Nahrungsmittelangebot aus der Pyramide ermöglicht unzählige Genüsse und Schlemmereien. Vielleicht braucht es zu Beginn eine Umgewöhnung, doch mit der Zeit wird der reduzierte Konsum aus der Pyramidenspitze unseren Genuss steigern. Schokolade, Fleischstücke, Doppelrahmkäse und Biskuits schmecken bestimmt besser, wenn sie nicht jeden Tag gegessen werden.

Wer alle Tage Kuchen isst;
Pasteten und Kapaunen;
der weiss ja nicht, wann Sonntag ist,
hat immer schlechte Launen.

Erich Kästner

Man kann auch versuchen, vermehrt auf seinen Körper zu hören und ihn so instinktiv richtig zu ernähren. In vielen Fällen sind Gelüste und Abneigungen auch Botschaften aus dem Stoffwechsel, die eine Unverträglichkeit oder einen Mangel an bestimmten Inhaltsstoffen signalisieren. Es lohnt sich, solche Botschaften wahrzunehmen und wieder zu lernen, auf den eigenen Körper zu hören.

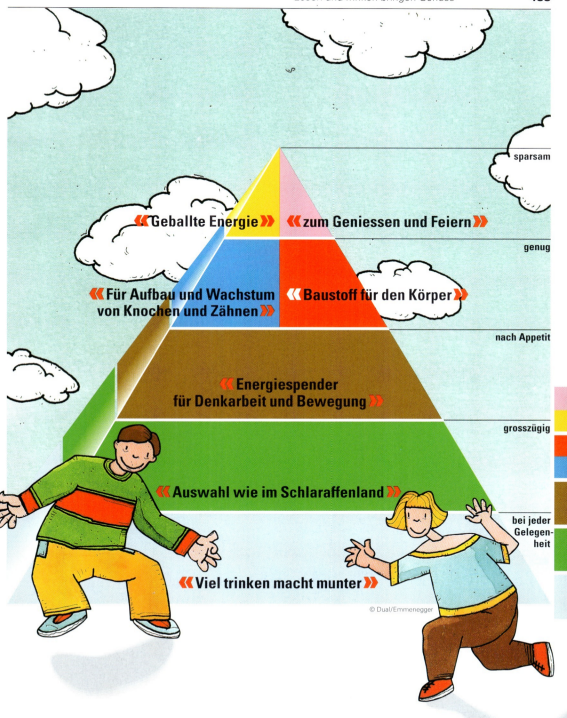

«Geballte Energie» **«zum Geniessen und Feiern»**

sparsam

«Für Aufbau und Wachstum von Knochen und Zähnen» **«Baustoff für den Körper»**

genug

nach Appetit

«Energiespender für Denkarbeit und Bewegung»

grosszügig

«Auswahl wie im Schlaraffenland»

bei jeder Gelegenheit

«Viel trinken macht munter»

© Dual/Emmenegger

« essen und trinken bringen Genuss »

Glossar

Hinweis: *Kursiv gedruckte Begriffe* werden unter dem entsprechenden Stichwort erläutert.

Allergie Krankmachende Überempfindlichkeit. Durch den Kontakt mit Allergenen wird das körpereigene Abwehrsystem gestört. Symptome können Atemnot, Schnupfen, Hautausschläge oder Magen-Darm-Störungen sein.
– **Nahrungsmittelallergien** machen etwa 10 % aller Allergien aus. Am häufigsten sind Allergien auf Rohgemüse, Kuhmilch, Hühnerei, Fisch, Obst und Erdnüsse.

Aminosäuren sind die Bausteine von Protein (*Eiweiss*). Von den ca. 20 Aminosäuren sind 9 *essenziell*, d. h. lebensnotwendig.
– **Aminosäuremuster** Dieses ist für jedes *Protein* einzigartig. Je grösser die Übereinstimmung des Aminosäuremusters zwischen einem Nahrungsprotein und dem körpereigenem Protein, desto höher ist dessen Qualität.

Antioxidantien Stoffe, die unerwünschte oxidative (durch den Luftsauerstoff bewirkte) Veränderungen in Lebensmitteln verhüten. Natürliche Antioxidantien verhindern z. B. das Ranzigwerden von Ölen (Vitamin E) oder das Braunwerden von Obstprodukten (Vitamin C).

Beta-Carotin Ein natürlicher, gelb-roter Farbstoff in pflanzlichen Lebensmitteln (z. B. Füebli, Tomaten). Beta-Carotin wird im Körper mit Hilfe von Fett zu Vitamin A aufgebaut.

Bioaktive Substanzen Dazu zählt man *Nahrungsfasern, sekundäre Pflanzenstoffe* und Substanzen in fermentierten Lebensmitteln. Bioaktive Substanzen sind *Inhaltsstoffe* von Nahrungsmitteln, die aber keine *Nährstoffe* sind. Sie liefern keine *Energie* und sind nicht *essenziell*. Sie wirken vielmehr wie Arzneimittel (z. B. Coffein in Kaffee, Milchsäurebakterien in fermentierten Milchprodukten).

Blutcholesterinspiegel Ein erhöhter Blutcholesterinspiegel ist ein Risikofaktor für *Herz-Kreislauf-Krankheiten*. Er ist abhängig vom Erbgut sowie von Alter, Geschlecht, Bewegung und Ernährungsgewohnheiten.

Blutfette (Lipoproteine) Im Blut vorhandenes Gemisch aus *Cholesterin*, freien *Fettsäuren*, Phosphatiden und *Fetten* (Triglyceriden). Die Zusammensetzung und die Konzentration der Blutfette sind abhängig von der Nahrung und vom Fettstoffwechsel. Entsprechend unterschiedlich ist auch die Beurteilung des Gesundheitsrisikos.

Bluthochdruck ist eine sehr häufige Krankheit. In der Schweiz sind ca. 15 % der Erwachsenen davon betroffen. Bluthochdruck ist ein Risikofaktor für alle *Herz-Kreislauf-Krankheiten*. Therapiemöglichkeiten sind Gewichtsabnahme, Salzreduktion, Stressabbau oder Behandlung mit Medikamenten.

Blutzuckerspiegel Gehalt der Glucose (Traubenzucker) im Blutserum. Der Blutzuckerspiegel wird durch Insulin und andere *Hormone* stabil (konstant) gehalten. Dies ist für die Ernährung der einzelnen Gewebe und insbesondere des Gehirns von Bedeutung. Ein zu tiefer Blutzuckerspiegel macht hungrig, müde oder nervös.

Bodymassindex (BMI) (Körpermassenindex) Aussagekräftiges Mass zur Beurteilung des Körpergewichtes.

Cholesterin Fettähnlicher Stoff, der ausschliesslich in tierischen Nahrungsmitteln vorhanden ist. Im menschlichen Körper entsteht Cholesterin als lebenswichtiges Stoffwechselprodukt. Funktionen: Aufbau von Zellwänden sowie Grundstoff für die Bildung von Gallensäuren, *Hormonen* und Vitamin D. (Gesamtmenge im Körper ca. 100 Gramm.)

Eiweiss siehe Protein
Energie Fähigkeit des Organismus, Arbeit zu leisten. *Nährstoffe* aus denen Energie freigesetzt wird, sind *Kohlenhydrate*, *Fette* und *Proteine*.

– **Energiebilanz** Verhältnis von Energiezufuhr und -verbrauch. Sie ist aus-
geglichen, wenn die aufgenommene
Energie der verbrauchten Energie
entspricht.
– **Energiedichte** Energiegehalt eines
Nahrungsmittels pro Gewichtseinheit
z. B. Kcal/kJ pro 100 g. *Fett* hat die
höhere Energiedichte als *Kohlenhydrate* und *Proteine*.
Ergänzungswert Nahrungsproteine
können sich gegenseitig ergänzen,
weil sie unterschiedliche *Aminosäuremuster* haben. Kombinationen
mit tierischem *Protein* haben immer
eine ergänzende Wirkung.
essenziell (lebensnotwendig) Bezeichnung für Substanzen, die für den
Körper unentbehrlich sind, von ihm
selbst aber nicht aufgebaut werden
können. Sie müssen über die Nahrung
zugeführt werden, um gesundheitliche
Störungen zu vermeiden. Essenziell
sind: 9 verschiedene *Aminosäuren,*
mehrfach ungesättigte *Fettsäuren*,
Vitamine, *Mineralstoffe* und *Spurenelemente.*
Ethik Lehre des sittlichen und morali-
schen Handelns des Menschen.

Fastfood (engl.) Schnell zubereitetes,
vereinheitlichtes, oft vorfabriziertes
Essen. Die Zubereitung und der Ver-
zehr sind meist öffentlich; das Essen
reduziert sich auf den Vorgang der
Nahrungsaufnahme; meistens wird
Wegwerfgeschirr verwendet.
Fett *Hauptnährstoff* mit der höchsten
Energiedichte. Fettreiche Nahrungsmittel finden wir in der Spitze der
Pyramide. Der gesundheitliche Wert
und die Konsistenz (Festigkeit) sind
abhängig vom Anteil der einzelnen
Fettsäuren. Öle sind meist pflanzlicher
Herkunft und hochwertiger als Fette.
Fettsäuren sind die Bausteine der *Fette.*
Drei verschiedene Arten werden
unterschieden:
– **essenzielle Fettsäuren** (z. B. Linol- und
Linolensäure) werden entsprechend
ihrem chemischen Aufbau auch **mehrfach ungesättigte Fettsäuren** (MUFS)
genannt. Sie fördern die Gesundheit

und senken den Blutcholesterinspiegel.
Der Tagesbedarf ist mit ca. 10 Gramm
(1 Esslöffel) gedeckt. Ein Drittel der
konsumierten Fettmenge sollte aus
essenziellen Fettsäuren (in pflanzlichen Ölen und Fischöl!) bestehen.
– **einfach ungesättigte Fettsäuren**
(z. B. Ölsäure im Olivenöl) fördern
ebenfalls die Gesundheit. Ihr Anteil am
Fettkonsum darf bis zu 50% betragen.
– **gesättigte Fettsäuren** sind hoch
erhitzbar und in vielen beliebten
Nahrungsmitteln (Frittiertem, Gebäck,
Fleisch, Milchprodukten) versteckt.
Sie haben eine schlechte Wirkung auf
die Gesundheit und sollten deshalb
möglichst gemieden werden.
Fischöl (Tran) hat einen hohen Anteil an
mehrfach ungesättigten *Fettsäuren*,
die den *Blutcholesterinspiegel* günstig
beeinflussen. Aus diesem Grund wird
empfohlen, mindestens zweimal pro
Woche Fisch zu konsumieren.
Functional Food (Massgeschneiderte
Nahrungsmittel) Durch Zusatz von
wertsteigernden Inhaltsstoffen werden Produkten gezielte Funktionen
zugeordnet. (z. B. Bonbons mit
Vitaminen, Jogurt mit Milchsäurebakterien)

Glycogen (Tierische Stärke) Vielfachzucker, der in der Leber aufgebaut
und gespeichert wird. Kurzfristige
Energiereserve des Organismus
(ca. 2000 kcal/8400 kJ), die durch Koh-
lenhydratkonsum gesteigert werden
kann. (Wichtig bei Ausdauersportarten!)
Grundumsatz (Ruheumsatz) Energiemenge, die zur Aufrechterhaltung des
Stoffwechsels und der Körperwärme
benötigt wird.

Hauptnährstoffe Energieliefernde
Grundbestandteile von Nahrungsmit-
teln (*Protein, Kohlenhydrate* und *Fett*).
Herz-Kreislauf-Krankheiten z. B. Herz-
infarkt und Schlaganfall. Diese Zivilisa-
tionskrankheiten sind die häufigste
Todesursache in der Schweiz. Risiko-
faktoren für die HKK sind falsche
Ernährung, Bewegungsmangel,
Rauchen, Stress und Übergewicht.

Hormone *Proteine*, die als Signalstoffe Stoffwechselvorgänge auslösen und steuern: z. B. wird der *Blutzuckerspiegel* durch die Hormone Insulin und Glukagon konstant gehalten. Hormone werden in Drüsen (z. B. Schilddrüse und Bauchspeicheldrüse) gebildet.

Hypo(glycämie) (Hungerast) Niedriger Blutzuckerwert. Tritt bei körperlicher Belastung ohne ausreichende Nahrungszufuhr auf. Trauben- oder Würfelzucker helfen schnell!

Immunsystem Körpereigenes «Abwehr- und Verteidigungssystem» gegen artfremde Substanzen. Zur Bildung von Antikörpern werden *Proteine* benötigt. Einseitige und mangelhafte Ernährung vermindert die Abwehr und erhöht die Infektanfälligkeit.

Inhaltsstoffe siehe Nährstoffe

Kapaun Junger Hahn, der (v. a. im Mittelalter) kastriert und gemästet wurde Kapaune wiegen 2,5–3,5 kg und sind für ihr besonders zartes, saftiges Fleisch bekannt.

Kohlenhydrate Diese werden in Pflanzen gebildet (Photosynthese). Sie sind Brennstoffe und liefern dem Körper *Energie*. Etwa 60 % der täglichen Energiezufuhr sollte aus Kohlenhydraten bestehen. *Nahrungsfasern* sind entsprechend ihrem chemischen Aufbau ebenfalls Kohlenhydrate, sind aber unverdaulich.

Leistungsumsatz (Arbeitsumsatz) Energiemenge, die über den *Grundumsatz* hinaus für zusätzliche Arbeit / Bewegung benötigt wird. Mit jeder Muskeltätigkeit, aber auch durch konzentrierte geistige Leistung, kommt es zu einer Steigerung des Leistungsumsatzes.

Mikrowellen Die Nahrungsmittel werden durch Reibungswärme (elektromagnetische Wellen) von innen her erhitzt.

Mineralstoffe Anorganische Elemente im Gestein (z. B. Calcium, Magnesium). Mineralstoffe sind wasserlöslich und daher in allen Lebewesen enthalten. Sie sind für den Körper lebensnotwendig und werden in Mengen von Gramm und Milligramm benötigt.

Nährstoffe (Inhaltsstoffe) Grundbestandteile von Nahrungsmitteln, die für den *Stoffwechsel* notwendig und für den Körper verwertbar sind (*Protein, Fett, Kohlenhydrate, Vitamine, Mineralstoffe, Nahrungsfasern, sekundäre Pflanzenstoffe*).

Nährstoffdichte Verhältnis einzelner oder mehrerer *Inhaltsstoffe* zum Energiegehalt eines Nahrungsmittels (z. B. Gramm/100 kcal).

Nahrungsfasern können nicht verdaut werden und wirken gerade dadurch verdauungsfördernd. Sie liefern keine *Energie* und sind hauptsächlich in Vollkornprodukten, Gemüsen und Früchten enthalten.

Nährwert Gehalt an *Nährstoffen* in einem Nahrungsmittel

Öle siehe Fette

Ökologie Lehre von den Beziehungen der Lebewesen zu ihrer Umwelt.
– **ökologisch** Produkte und Verhaltensweisen, die als gesundheits-, umwelt- und sozialverträglich gelten.

Ökonomie Lehre von der Wirtschaft, Wirtschaftlichkeit und sparsamen Lebensführung.

Proteine (Eiweisse) sind die in den Zellen am häufigsten vorkommenden Stoffe. Sie sind lebensnotwendig und werden vom Körper jeden Tag in grossen Mengen umgesetzt.

Radikale Chemische, sehr reaktionsfreudige Verbindungen bzw. Atome.

Sekundäre Pflanzenstoffe sind sehr verschiedenartige Stoffe, die ausschliesslich von Pflanzen gebildet werden. Dazu zählen Farb-, Duft- und Bitterstoffe. Es gibt etwa 5000–10000 verschiedene Stoffe, die nicht lebensnotwendig sind, aber schützende und gesundheitsfördernde Eigenschaften besitzen.

Solanin Giftiger Stoff, der in grünen Kartoffeln, Kartoffelkeimen und grünen Tomaten enthalten ist. Solanin wird während des Kochens nur zum Teil zerstört.

Spurenelemente Anorganische Elemente im Gestein (z. B. Eisen, Jod). Sie sind wasserlöslich und daher in allen Lebewesen enthalten. Ihre Konzentration im Körper ist sehr gering und sie werden nur in Spuren (Milli-, Mikrogramm) benötigt.

Stoffwechsel Gesamtheit aller physiologischen und biochemischen Vorgänge im Körper: Aufnahme der Nahrung und ihrer *Inhaltsstoffe* sowie deren Umwandlung und Aufbau in körpereigene Substanzen. Die Zellen sind das eigentliche Zentrum des Stoffwechsels.

Zivilisationskrankheiten Gesundheitsstörungen, die durch ungesunde Lebensgewohnheiten ausgelöst werden (z. B. Fehlernährung, Bewegungsmangel, Alkohol- und Tabakkonsum).

Zuckerkrankheit Erworbene oder chronische Störung des *Blutzuckerstoffwechsels*. Bei Zuckerkranken produziert die Bauspeicheldrüse das *Hormon* Insulin nicht oder nur in zu geringer Menge.

Sachwortregister

Sachwörter in *kursiv*
sind dem Kapitel
«essen und trinken»
entnommen

A

Aargauer Rüeblitorte 273
Abkürzungen 17
Alkohol 409, 410, 423
Älplermagronen 213
Alternative Ernährungsformen
420
Aminosäuren/Aminosäure-
muster 393, 396, 404
Ananaspoulet,
   Chinesisches 115
Angebrühter Tee 334
Angerührter Teig 53
Anisbrötli 285
Aniskräbeli 285
Anrichten 22
Antioxidantien 382
Apérogebäck, Blätterteig 293
Äpfel im Schlafrock 292
Äpfel, Gefüllte 310
Äpfel, Omeletten 219
Apfel-Minze-Getränk,
   Gespritztes 334
Apfelcreme, Rohe 302
Apfelcreme, Rohe,
   mit Glace 302
Apfelgelee 355
Apfeljalousien 291
Apfelkuchen 256
Apfelkuchen,
   Gedeckter 259
Apfelküchlein 231
Apfelmus 309
Apfelsaftcreme 323
Apfelsalat 302
Apfelschaum 309
Apfelstrudel 228
Apfelwähe 256
Aprikosen eiskalt 310
Aprikosen, Tiefkühlen 362
Aprikosenjalousien 291
Aprikosenkonfitüre 353
Aprikosenkuchen 256
Aprikosenstrudel 229
Aprikosenwähe 256
Arbeits- und Zeitplanung 28, 29
Artischocken 180
Auberginen 170
Auberginen, Gefüllte 182
Ausbackteig 53, 231

B

Backcreme, Mokka 275
Backcreme, Schokolade 275
Backcreme, Vanille 275
Backen ohne Füllung 249
Backformen vorbereiten 263
Backprobe 263

Ballaststoffe/Nahrungsfasern
386, 387, 389, 408, 422, 431
Bami goreng 114
Bananenschiffli 304
Basler Mehlsuppe 69
Bauernbrot 232
Baumnusscake 267
Béchamelsauce 80
Beeren, Tiefkühlen 362
Beerenkuchen 257
Beerenrahmcreme 318
Beerensauce 303
Beerentörtchen 257
Berner Rösti 192
Berner Zungenwurst 87
Beta-Carotin 380, 382, 406
Bienenstich 245
Bioaktive Substanzen 372, 404
Birchermüesli 304
Birnen Belle Hélène 328
Birnen, Gefüllte 306
Birnen, Karamell 307
Birnen, Schokolade 305
Biskuit, Helles 270
Biskuit, Schokolade 271
Biskuitroulade mit Früchten
   269
Biskuitroulade mit Konfitüre
   269
Biskuitroulade, Schokolade
   270
Biskuitteig 57
Biskuittorte mit Beeren 271
Blätterteig verarbeiten 290
Blätterteig,
   Pikantes Kleingebäck 293
Blattsalate 159
Blattspinat 171
Blind backen 249
Blumenkohl 180
Blumenkohl
   auf dem Siebeinsatz 179
Blumenkohlsalat 161
Blutcholesterinspiegel 394,
398
Bluthochdruck 384, 419
Blutwurst 87
BMI 412, 419
Body-Mass-Index (BMI) 412,
419
Bohnen 174
Bohnensalat 161
Bohnensalat, Roter 149
Bolognese, Sauce 81
Bouillon mit Croûtons 64
Bouillon mit Flädli 64
Bouillon mit Gemüse-
   julienne 64

Bouillon mit Teigwaren 64
Bouillon, Gemüse 64
Bouillonreis 204
Bowle, Frucht 336
Braten 106
Braten à la minute 47
Braten mit Jus auf dem Herd
   49
Braten mit Jus im Ofen 50
Braten mit Sauce 48
Bratkartoffeln 193
Brätkügeli an weisser Sauce
   89
Bratwürste 98
Bratwürste mit Sauce 98
Broccoli auf dem Siebeinsatz
   179
Brownies 282
Brühteig 58, 289
Brüsseler 179
Brüsselersalat 159
Bündner Gerstensuppe 70

C

Calcium 379, 390, 391, 407,
421, 430
Carbonara, Spaghetti 211
Champignonsalat 162
Champignonsalat
   mit Früchten 162
Champignonsalat
   mit Schinken 162
Champignonsauce 80
Chicken Curry 116
Chicorée 179
Chicoréesalat 159
Chili con carne 110
Chili con verdura 150
Chinakohlsalat 159
Chinesisches Ananaspoulet
   115
Chinesisches Rindfleisch mit
   Gemüse 102
Chnöiblätz 230
Cholesterin 394, 399, 422
Christstollen 242
Cicorinosalat 159
Cordon bleu 92
Coupe Dänemark 328
Coupe Pêche Melba 327
Coupe Poire Belle Hélène 328
Coupe Romanoff 328
Cremen 315–324
Cremesuppe 68
Currygeschnetzeltes 101
Currymayonnaise 77
Curryrisotto 207
Currysauce 80

D

Dämpfen 380, 385
Dämpfen auf dem
    Siebeinsatz 42
Dämpfen im eigenen Saft 43
Dämpfen mit Zugabe von
    Flüssigkeit 44
Dampfkochtopf 59
Dampfkochtopf 380
Dampfnudeln 244
Das Auge isst mit 22
Datteln, Gefüllte 341
Diät 424, 425
Die idealste Zubereitungsart
    31
Die Kunst des Würzens 33–38
Dinkel-Gemüse-Gratin 208
Distelöl 399, 400
Dörrbohnen 174
Dörren 364
Dörrfruchtsalat 308
Duchesse, Pommes 195
Dünsten 45

E

Eichblattsalat 159
Eier 123–133
Eier 394–397
Eier an Sauce, Gekochte 126
Eier auf Toast, Pochierte 128
Eier auf Toast, Verlorene 128
Eier Florentiner Art,
    Pochierte 128
Eier Florentiner Art,
    Verlorene 128
Eier im Töpfchen 129
Eier, Gefüllte 127
Eier, Gekochte 126
Eier, Harte 126
Eier, Pochierte 128
Eier, Verlorene 128
Eier, Wachsweiche 126
Eier, Weiche 126
Eieromelette 130
Eieromelette mit Schinken
    und Kräutern 130
Eieromelette, Gefüllte 131
Eiersalat 126
Einfach ungesättigte
    Fettsäuren 399
Eingerührte Sauce 79
Einkaufen mit Köpfchen 20
Einkochen mit Zucker 352
Einlaufsuppe 65
Eisbergsalat 159
Eisen 383, 394, 396, 407,
    421, 422
Eistee 333

Eiweiss/Protein 372,
    393–395, 404, 408–410,
    416, 421
Endiviensalat 159
Energie 387, 402, 404,
    410–413, 416
Energiebausteine 388
Energiebedarf 411
Energiebilanz 412
Energiedichte 372
Energieeinheit 404, 409, 410
Erbsensuppe 148
Erdbeerschnitten 309
Ergänzungswert 396, 421
Ernährungsformen,
    Alternative 420
«essen und trinken» 365–433
Essenzielle Fettsäuren
    398–400
Essig-Öl-Salatsauce 156, 157

F

Faltschachtel 344
Färben, Ostereier 132
Fasnachtsküchlein 230
Fastfood 427
Fenchel 175
Fenchelsalat 161
Fett 372, 398–401, 404,
    408–410, 428
Fett-Eiweiss-Verhältnis 397
Fette, Versteckte 377, 400
Fettlösliche Vitamine 381,
    398, 406
Fettsäuren 398–400, 404, 419
Fisch 119–122
Fisch 394–397
Fische, Gebratene 122
Fischfilets auf Lauchbett 120
Fischfilets Grenobler Art 122
Fischfilets
    mit Champignonsauce 120
Fischfilets mit Curry 120
Fischfilets Müllerinnen-Art
    122
Fischfilets, Gebratene 122
Fischfilets, Gedämpfte 120
Fischfilets, Panierte 121
Fischöl 394, 398, 399
Fischröllchen, Gefüllte 121
Fischsud 119
Fleisch 83–111
Fleisch 377, 394–399
Fleisch-Käse-Salat 139
Fleischkuchen 254
Fleischlose Menüs 30
Fleischvögel 99
Florentiner 343

Fluor 383, 384, 407
Flüssige Nahrung 378, 427
Forellen blau 119
Förmchen belegen 249
Fotzelschnitten 224
Frankfurterli 87
Französische Omelette 130
Französische Omelette mit
    Schinken und Kräutern 130
Französische Omelette,
    Gefüllte 131
Französische Salatsauce 156,
    158
Frappee 332
Freiburger Kartoffeln 199
Frittieren 51
Fruchtbowle 336
Früchte 299–313
Früchte 380–385, 419
Früchte mit Streusel 311
Früchte, Heiss Einfüllen 360
Früchte, Saisontabelle 24
Früchte, Sterilisieren 358
Früchte, Tiefkühlen 362
Früchtebrot 234
Fruchtglace 327
Fruchtjogurt 143
Fruchtjogurtcreme 304
Fruchtkompott 307
Fruchtkuchen 255
Fruchtquarkcreme 304
Fruchtquarktorte 262
Fruchtsalat 302
Fruchtsauce 307
Fruchtwähe 255
Functional Food 430, 431

G

Gebäck 225–298
Gebrannte Creme 322
Gebratene Fische 122
Gebratene Fischfilets 122
Gebratene Kastanien 200
Gebratene Marroni 200
Gebratenes Poulet 117
Gedämpfte Fischfilets 120
Gedämpfte Kartoffeln 191
Gedämpfte Pilze 172
Gedämpfte Tomaten 169
Gedeckter Apfelkuchen 259
Gedünstete Sauce 80
Geflügel 112–118
Geflügel
    an Kräuterrahmsauce 112
Geflügel an Senfrahmsauce
    113
Geflügel
    an Zitronenrahmsauce 113

Geflügel, Tranchieren 117
Geflügelsalat 112
Geflügelvoressen, Weisses 88
Gefüllte Äpfel 310
Gefüllte Auberginen 182
Gefüllte Birnen 306
Gefüllte Datteln 341
Gefüllte Eier 127
Gefüllte Fischröllchen 121
Gefüllte französische
    Omelette 131
Gefüllte Gemüse 182
Gefüllte Gurken 182
Gefüllte Kalbsbrust 107
Gefüllte Omeletten 219
Gefüllte Peperoni 184
Gefüllte Tomaten 184
Gefüllte Zucchetti 182
Gefüllter Kohlrabi 183
Gefüllter Lattich 183
Gefüllter Rübkohl 183
Gefüllter Weisskabis 183
Gefüllter Wirz 183
Gekochte Eier 126
Gekochte Eier an Sauce 126
Gekochte Zitronencreme 324
Gekochter Tee 334
Gelatine auflösen 320
Gelee 354, 355
Gemüse 165–184
Gemüse 380–385, 419
Gemüse Mailänder Art 181
Gemüse polnische Art 181
Gemüse, Gefüllte 182
Gemüse, Gratinierte 182
Gemüse, Saisontabelle 25
Gemüse, Tiefkühlen 363
Gemüse-Kartoffel-Küchlein 197
Gemüsebouillon 64
Gemüsekrapfen 295
Gemüsekuchen 252
Gemüserisotto 207
Gemüsestrudel 229
Gemüsesuppe 66
Gemüsewähe 252
Genuss 402, 403, 432, 433
Genussmittel 402
Geriebener Teig 55
Gerstensuppe, Bündner 70
Gerührter Teig 56, 57
*Gesamtenergiebedarf (GEB)
    409*
Gesättigte Fettsäuren 399, 419
Geschenke aus der Küche
    337–346
Geschenksäcklein 345
Geschnetzelte Leber 96
Geschnetzeltes 100

Geschnetzeltes mit Curry 101
Geschnetzeltes Rindfleisch
    Tessiner Art 101
Gespritztes
    Apfel-Minze-Getränk 334
Gesulzte Orangencreme 318
Gesulzte Zitronencreme 319
Getränke 329–336
Getränke 378, 379
Getreide 201–224
Getreidebacklinge 209
Getreidegratin 208
Getreidekörner zubereiten
    204
*Getreideprodukte 376,
    386–389*
Gewichte, Masse 17
Gewürze 36, 37
Gewusst was 21
Gewusst wie 13–15
Glacen 325–328
Glasieren, Torten 274
Glasierte Kastanien 200
Glasur 239
Gleichschwer 265
Gleichschwer mit Früchten
    265
Gleichschwer mit Mandeln
    266
Glykogen 425
Gnocchi alla romana 222
Gnocchi piemontese 196
Götterspeise 323
Gratin dauphinois 198
Gratinierte Gemüse 182
Gratinierte Kutteln
    an Tomatensauce 90
Gratinierte Sojabohnen 151
Griessbrei 221
Griessköpfchen 221
Griessschnitten 222
Griessschnitten, Süsse 222
Griesssuppe mit Lauch 68
Griesstaler 222
Griesstaler, Süsse 222
Grillieren 401
Grittibänz 237
Grundsätze der Menüplanung
    19–31
Grundumsatz (GU) 409, 411
Gschwellti 188
Guetzli 277–288
Gulasch 108
Gulasch, Szegediner 108
Gulaschsuppe 72
Gurken 170
Gurken, Gefüllte 182
Gurkensalat 162

H
Hackbraten 105
Hackfleisch 102
Hackplätzli 97
Haferbrei 220
Haferflockensuppe 68
Hagebuttendrink 335
Halbäpfel 305
Halbäpfel mit Preiselbeeren
    306
Hamburger 97
Harte Eier 126
Haselnussstängeli 280
Haselnusstorte 272
*Hauptnährstoffe 372, 398,
    404, 410*
Hauscake 264
Hausgemachte Nudeln 214
Hawaii, Toast 140
Hefenussgipfel 242
Hefeschnecken 241
Hefeteig 54
Hefeteig, Süsser 238
Heiss Einfüllen von Früchten
    360
Helles Biskuit 270
*Herzkrankheiten/
    Herz-Kreislauf-Krankheiten
    419, 420, 422*
Herzoginkartoffeln 195
Hirsesuppe 68
Hirsotto 207
Hollandaise, Sauce 82
Holunderblütenküchlein 231
Holunderblütensirup 357
Honiglebkuchen 286
Hörnliauflauf 212
Hörnlisalat 210
Hülsenfrüchte 145–152
Hülsenfrüchte 394–397
Hülsenfrüchte zubereiten 148
Hunger 388, 414
Hygiene in der Küche 10

I
Inhaltsübersicht 5
Irish Stew 110
Italienische Salatsauce 156, 158
Italienischer Schmorbraten 104

J
Jod 383, 384, 394, 407, 421, 422
Jogurt 143
Jogurtcreme, Frucht 304
Jogurtköpfli 319
Jogurt-Salatsauce 156, 157
Johannisbeerkuchen,
    Meringuierter 258

Jojo-Effekt 425
Joules/Kalorien 380, 409, 410,
　　429

K
Kabissalat 159
Kaffee 333
Kaffee-Nuss-Guetzli 286
Kakao 332
Kalbfleisch, Geschnetzeltes
　　100
Kalbsbraten 106
Kalbsbratwurst 98
Kalbsbratwurst mit Sauce 98
Kalbsbrust, Gefüllte 107
Kalbsbrustschnitten 103
Kalbshaxen 103
Kalbsplätzli an Senfrahmsauce
　　113
Kalbsplätzli nature 91
Kalbsplätzli, Panierte 92
Kalbsragout 100
Kalbsvoressen 100
Kalbsvoressen, Weisses 88
Kalium 384, 407
Kalorien/Joules 380, 409, 410,
　　429
Kaninchenragout 100
Kaninchenvoressen 100
Kapernsauce 80
Karamell 342
Karamellbirnen 307
Karamellcreme 322
Karamellisierte Kastanien 200
Karamellköpfli 324
Kardinalsäpfel 306
Kartoffel-Gemüse-Küchlein
　　197
Kartoffel-Reibeküchlein 193
Kartoffelgerichte, Fettgehalt
　　401
Kartoffelgratin dauphinois 198
Kartoffelgratin Savoyer Art 198
Kartoffelgratin Savoyer Art mit
　　Lauch 198
Kartoffeln 185–199
Kartoffeln 386, 387
Kartoffeln, Duchesse 195
Kartoffeln, Freiburger 199
Kartoffeln, Gedämpfte 191
Kartoffeln,
　　Gnocchi piemontese 196
Kartoffeln, Herzogin 195
Kartoffelsalat 189
Kartoffelschnee 189
Kartoffelstock 190
Kartoffelsuppe 66
Käse 135–143

Käse-Fleisch-Salat 139
Käse-Speck-Kartoffeln 188
Käseauflauf 142
Käsekuchen 250
Käseküchlein 250
Käseomeletten 219
Käseplatte 138
Käseprussiens 293
Käsesalat 139
Käsesauce 80
Käseschnitten 139
Käsesoufflé 142
Käsetaschen 296
Käsewähe 250
Kastanien, Gebratene 200
Kastanien, Glasierte 200
Kastanien, Karamellisierte 200
Kefen 174
Kichererbsensalat 149
Kilojoules 380, 409, 410, 429
Kilokalorien 380, 409, 410, 429
Kirschen, Tiefkühlen 362
Kirschenauflauf 313
Kirschenkuchen 256
Kirschentschu 313
Kirschenwähe 256
Kleine Geschenke
　　aus der Küche 337–346
Kleingebäck aus Blätterteig,
　　Pikantes 293
Kleingebäck verarbeiten 277
Kluger Rat – Vorrat 26
Knoblauchbrot 224
Knopfbrot 237
Knöpfli 215
Knöpfliteig 53
Kochsalz/Salz 384, 425, 428
Kohlenhydrate 372, 386–389,
　　404, 408–410
Kohlrabi 177
Kohlrabi, Gefüllter 183
Kohlrabisalat 160
Kokosfett 398, 399
Konfitüre 352, 353
Konservieren 347–364
Kopfsalat 159
Korinthenplätzchen 280
Kornotto 207
Körperfett 398
Körpergewicht 412, 424
Kotelett 91
Krachmandeln 343
Krachsalat 159
Kräuter 34, 35
Kräuter-Schinken, Omeletten
　　219
Kräuterbrot 224
Kräuterbutter 78

Kräutercremesuppe 69
Kräuteressig 346
Kräuterkartoffeln 191
Kräuteröl 346
Kräuterquarksauce 76
Kräutersauce 80
Krautstiele 179
Krebs 382, 419
Kressesalat 159
Kuchenblech belegen 249
Küchenfachausdrücke – eine
　　Auswahl 11, 12
Kuchenteig 247
Kümmelkartoffeln 194
Kunst des Würzens 33
Kürbis 177
Kürbissuppe 66
Kurzbraten 47
Kutteln an Tomatensauce,
　　Gratinierte 90

L
Lammbraten 106
Lammragout 100
Lammvoressen 100
Lasagne al forno 215
Lattich 171
Lattich, Gefüllter 183
Lattughinosalat 159
Lauch 178
Lauchkartoffeln 191
Leber, Geschnetzelte 96
Leberwurst 87
Lebkuchen, Honig 286
Leere Kalorien/Joules 402, 419
Leistungsumsatz 411
Linsen mit Speck 152
Linsensalat 149
Linzertorte 266
Lollosalat 159
Lothringer Speckkuchen 251

M
Magnesium 379, 384, 407
Maikäfer, Marzipan 342
Mailänderli 279
Mailänderrisotto 207
Maisgratin 223
Maiskolben 223
Maispizza 223
Maisschnitten 223
Maistaler 223
Makkaroni bolognese 210
Makrönli 287
Mandelroches 341
Mandelsablés 283
Mangold 171
Marmorcake 265

Marroni, Gebratene 200
Marzipan-Maikäfer 342
Masse, Gewichte 17
Mayonnaise 77
Mayonnaise Aurora 77
Mehlsuppe, Basler 69
Mehrfach ungesättigte
    Fettsäuren 399
Mengen pro Person 18
Mengenelemente 383
Menüplanung, Grundsätze
    19–31
Menüs ohne Fleisch 30
Meringuage 258
Meringuierter Johannisbeer-
    kuchen 258
Mikados 283
Mikrowellen 380
Milch 390–393
Milchmischgetränk 332
Milchprodukte 390
Milchreis 220
Milchshake 332
Mineralstoffe 372, 383, 385,
    386, 407, 422
Mineralwasser 379
Minestrone 71
Mischgemüse 181
Mischsalat 163
Miso 394
Mittelmeerküche 399
Mokka-Backcreme 275
Mokkacreme 322
Mokkaglace 325
Mokkaglasur 274
Mokkajogurt 143
Mokkawürfel 340
Mornay, Sauce 80
Mürbeteig 248
Müüslichüechli 231

N
Nährstoffbedarf 421
Nährstoffdichte 385, 404, 405,
    430
Nährstoffe 372
Nährstoffempfehlungen 408
Nahrungsfasern/Ballaststoffe
    386, 387, 389, 408, 422, 431
Nahrungsfett 398
Nahrungsmittelgruppen 371
Nahrungsmittelpyramide 21
Nahrungsmittelpyramide
    370–377, 404, 433
Nahrungsüberfluss 414
Nährwert 372, 373, 404
Nährwertbezeichnung 431
Napoletana, Sauce 81

Nasi Goreng 114
Natrium 384, 407, 431
Nektarinenmousse 303
Netzbraten 105
Niçoise, Salade 164
Nideltörtchen 256
Nidelwähe 256
Nidelzältli 342
Nidlechueche 256
Nidletäfeli 342
Normalgewicht 413
Nudeln alla panna 211
Nudeln, Hausgemachte 214
Nudelteig 53
Nussbrot 233
Nusscreme 322
Nussfüllung 238
Nussgipfel, Hefe 242
Nüsslisalat 159
Nusszwieback 343

O
Ofenguck 190
Ofenkartoffeln 194
Ofenküchlein 289
Ofenküchlein mit Früchten
    290
Ofenküchlein mit pikanter
    Quarkfüllung 290
Ofenküchlein mit Rahm-
    füllung 289
Ofenküchlein mit Schinken-
    rahmfüllung 290
Ökologie 380, 395, 415
Ökonomie 395, 415
Öle 398–401
Olivenöl 399, 400
Omelette nach Bauernart 131
Omelette, Französische 130
Omelette, Französische,
    Gefüllte 131
Omelette, Französische, mit
    Schinken und Kräutern 130
Omeletten 218
Omeletten mit Äpfeln 219
Omeletten mit Käse 219
Omeletten mit Schinken und
    Kräutern 219
Omeletten, Gefüllte 219
Omelettenteig 53
Orangenäpfel 311
Orangencreme, Gesulzte 318
Orangenplätzchen 279
Ossibuchi 103
Osteoporose 392, 430
Ostereier färben 132
Ostereier verzieren 133
Osterfladen 261

Osterkuchen 261
Ostertörtchen 261
Oxidativer Stress 382

P
Paella 111
Panierte Fischfilets 121
Panierte Plätzli 92
Pastetli mit Brätkügeli 89
Pastetli mit Pilzen 173
Pastinaken 177
Pêche Melba 327
Peperonata 169
Peperoni, Gefüllte 184
Petersilienkartoffeln 188
Petit soleil 335
Pfarrhaustorte, Zürcher 260
Pflanzenstoffe, Sekundäre
    380, 382, 419
Piccata 93
Pikantes Kleingebäck aus
    Blätterteig 293
Pilaw 109
Pilzcremesuppe 69
Pilze 172
Pilze, Gedämpfte 172
Pilzkuchen 251
Pilzpastetli 173
Pilzrisotto 207
Pilzschnitten 173
Pilzwähe 251
Pizokel 217
Pizza 235
Plätzli im Teig 297
Plätzli nature 91
Plätzli, Panierte 92
Plumcake 264
Pochierte Eier 128
Pochierte Eier auf Toast 128
Pochierte Eier Florentiner Art
    128
Poire Belle Hélène 328
Polenta 223
Pommes Duchesse 195
Pommes frites 195
Pommes frites im Ofen 195
Portionen 375, 390
Pot au feu 87
Poulet auf Gemüsebett im
    Römertopf 118
Poulet, Chinesisches 115
Poulet, Gebratenes 117
Poulet, Tranchieren 117
Pouletbrüstchen an Senfrahm-
    sauce 113
Pouletbrüstchen an Zitronen-
    sauce 113
Pouletbrüstchen nature 91

Pouletbrüstchen, Panierte 92
Pouletfleisch an Kräuterrahm-
 sauce 112
Pouletsalat 112
Pralinecreme 322
Protein/Eiweiss 372,
 393–395, 404, 408–410,
 416, 421
Prussiens 293
Puderzuckerglasur 239
Punsch 335
Pyramide 21
Pyramide 370–377, 404, 433

Q
Quarkauflauf mit Äpfeln 312
Quarkcreme, Frucht 304
Quarksauce 76
Quarksauce Tataren-Art 76
Quarktorte mit Früchten 262
Quiche Lorraine 251
Quittengelee 355

R
Raclettekartoffeln 188
Ragout 100
Rahm-Salatsauce 156, 157
Rahmpralinen 340
Rahmschnitzel 94
Ramequin 141
Ramequin mit Schinken und
 Tomaten 141
Randensalat 160
Rapsöl 399, 400
Ratatouille 168
Reis 204
Reisköpfchen 220
Reissalat 206
Reste – was nun 27
Rettichsalat 160
Rezeptdarstellung 16
Rhabarber mit Streusel 311
Rhabarberkuchen 256
Rhabarberschnitten 308
Rhabarberwähe 256
Rindfleisch mit Gemüse,
 Chinesisches 102
Rindfleisch, Geschnetzeltes
 100
Rindfleisch, Geschnetzeltes,
 Tessiner Art 101
Rindfleischvögel 99
Rindsbraten 106
Rindsplätzli im Saft Zigeuner-
 art 90
Rindsragout 100
Rindsvoressen 100
Risotto 206

Risotto con funghi 207
Risotto milanese 207
Risotto, Curry 207
Risotto, Gemüse 207
Risotto, Tomaten 207
Riz Casimir 205
Rohe Apfelcreme 302
Rohe Apfelcreme mit Glace
 302
Rohkost 40
Rohkost 385, 421, 427
Römertopf 60
Römertopf, Poulet 118
Rosenkohl 177
Rosenkuchen 240
Rösten 46
Rösti 192
Rösti, Berner 192
Roter Bohnensalat 149
Rotkabis 176
Rotkraut 176
Roulade mit Früchten 269
Roulade mit Konfitüre 269
Roulade, Schokolade 270
Rübkohl 177
Rübkohl, Gefüllter 183
Rübkohlsalat 160
Ruchbrot 232
Rüebli 177
Rüeblisalat 160
Rüeblitorte, Aargauer 273
Rührei 130
Rührei mit Käse 130
Rührei mit Kräutern 130
Rührei mit Schinken 130
Russenzopf 240

S
Sablés 283
Safranrisotto 207
Saftplätzli, Zigeunerart 90
Saisonnahrungsmittel 23
Saisontabelle, Früchte 24
Saisontabelle, Gemüse 25
Salade niçoise 164
Salate 153–164
Salate aus Knollengemüse 160
Salate aus Wurzelgemüse 160
Salatgarnituren 163
Salatplatte 163
Salatsaucen 156–158
Salatteller 163
Salbeiküchlein 231
Saltimbocca 93
Salz/Kochsalz 384, 425, 428
Salzkartoffeln 189
Salzkartoffeln auf dem
 Siebeinsatz 190

Sättigungsgefühl 388
Sauce bolognese 81
Sauce carbonara 211
Sauce, Eingerührte 79
Sauce, Gedünstete 80
Sauce hollandaise 82
Sauce Mornay 80
Sauce napoletana 81
Sauce panna 211
Sauce pesto 212
Sauce, Weisse 79
Saucen 73–82
Saucenkartoffeln 191
Saucisson 87
Sauerkraut 176
Sauermilch 391
Schalenkartoffeln 188
Schenkeli 288
Schinken-Kräuter, Omeletten
 219
Schinkengipfeli 294
Schlagrahmfüllung 275
Schlankheitskuren 424, 425
Schlosskartoffeln 194
Schmorbraten, Italienischer 104
Schnittsalat 159
Schokolade-Backcreme 275
Schokoladebirnen 305
Schokoladebiskuit 271
Schokoladecake 268
Schokoladecreme 322
Schokoladeglace 325
Schokoladeglasur 275
Schokoladeherzen 287
Schokoladejogurt 143
Schokoladeknusperli 341
Schokoladekugeln 282
Schokolademilch 332
Schokolademousse 318
Schokoladeroulade 270
Schokoladesablés 283
Schokoladetorte 268
Schokoladetrüffeln 340
Schüblig 87
Schwabenbrötli 281
Schwarztee 333
Schwarzwurzeln 180
Schweinefleisch,
 Geschnetzeltes 100
Schweinsbraten 106
Schweinsbratwurst 98
Schweinsbratwurst mit
 Sauce 98
Schweinshaxen 103
Schweinskotelett 91
Schweinsplätzli im Saft,
 Zigeunerart 90
Schweinsplätzli nature 91

Schweinsplätzli, Panierte 92
Schweinsragout 100
Schweinssteak 91
Schweinsvoressen 100
Schweinswürstchen 87
Schwimmend backen 51
*Sekundäre Pflanzenstoffe
380, 382, 419*
Selleriesalat 160
Shake, Milch 332
Sieden 41
Siedfleisch mit Gemüse 86
Signete 16
Sirup 356, 357
Sojabohnen, Gratinierte 151
Sonnenblumenöl 399, 400
Spaghetti al pesto 212
Spaghetti alla carbonara 211
Spaghetti alla panna 211
Spaghetti bolognese 210
Spaghetti napoletana 210
Spargelcremesuppe 69
Spargeln 180
Spätzli 215
Spätzliteig 53
Speck-Käse-Kartoffeln 188
Speckbrot 233
Speckkuchen, Lothringer 251
Spiessli 94
Spinat 171
Spinatkuchen 253
Spinatsalat 159
Spinatwähe 253
Spitzbuben 284
Springform belegen 249
Spritzglasur 276
Spritztüte 276
Spurenelemente 383, 407
Stärke 386–388
Steak, Schweins 91
Stecchini alla ticinese 93
Sterilisieren im Backofen 359
Sterilisieren im Wasserbad
359
Sterilisieren von Früchten 358
Stollen 242
Streusel 245
Streuselkuchen 245
Strudelteig 53, 228
Stufato 104
Sud 87
Suppen 61–72
Süsse Griessschnitten 222
Süsse Griesstaler 222
Süsser Hefeteig 238
Süssmostcreme 323
Süssstoffe 403
Szegediner Gulasch 108

T
Tatarensauce 77
Tee, Angebrühter 334
Tee, Gekochter 334
Teige 52–58
Teigwaren 210
Teigwaren, Auflauf 212
Teigwaren, Hausgemachte
214
Teigwaren, Salat 210
Tendrons 103
Tiefkühlen 361–363
Tiefkühlen von Aprikosen 362
Tiefkühlen von Beeren 362
Tiefkühlen von Früchten 362
Tiefkühlen von Gemüse 363
Tiefkühlen von Kirschen 362
Tiefkühlen von Zwetschgen
362
Tirolercake 264
Toast Hawaii 140
Toast Pomodoro 140
Toast Williams 141
Tofu 376, 394
Tomaten, Gedämpfte 169
Tomaten, Gefüllte 184
Tomatengemüse 170
Tomatenrisotto 207
Tomatensalat 162
Tomatensauce 81
Tomatensuppe 67
Torten glasieren 274
Tortilla 131
Tranchieren 117
Traubensaftcreme 323
Trends 428, 429
Trockenreis 204
Trutenschnitzel nature 91
Trutenschnitzel, Panierte 92
Tutti frutti 323

U
Übergewicht 413, 419, 420
Untergewicht 413, 419

V
Vanille-Backcreme 275
Vanillecreme 321
Vanilleglace 325
Vanillesauce 322
Veganer 421
*Vegetarier/Vegetarismus/
Vegetarisch 376, 395, 421*
Verlorene Eier 128
Verlorene Eier auf Toast 128
Verlorene Eier Florentiner Art
128
Verzieren, Ostereier 133

Vinaigrette 76
Vitamin A 382, 406
Vitamin B12 394, 397, 406, 421
Vitamin C 382, 396, 406
Vitamin D 392, 406
Vitamin E 382, 406
*Vitamine 372, 381, 382, 385,
386, 406, 422*
*Vitamine, Fettlösliche 381, 398,
406*
*Vitamine, Wasserlösliche 381,
406*
Vollkornbrot 233
Vollkornguetzli 281
Vollkornprodukte 419, 421
Vollwerternährung 423
Vollwertig 386, 388
Voressen 100
Vorrat 26

W
Wachsweiche Eier 126
Wähenblech belegen 249
Wähenteig 246
Waldorfsalat 164
Wasser 378, 379, 408
*Wasserlösliche Vitamine 381,
406*
Weiche Eier 126
Weihnachtsstollen 242
Weisse Glasur 274
Weisse Sauce 79
Weisses Geflügelvoressen 88
Weisses Kalbsvoressen 88
Weisskabis 175
Weisskabis, Gefüllter 183
Wickelkuchen 238
Wienerli 87
Wienerschnitzel 92
Williams, Toast 141
Wirz 175
Wirz, Gefüllter 183
Wissenswertes am Anfang
7–18
Würstchen im Blätterteig 298
Würste 87
Würzen 33–38
Würzmischungen 38

Z
Zeit- und Arbeitsplanung 28, 29
Zimtglace 325
Zimtsterne 288
Zitronencreme, Gekochte 324
Zitronencreme, Gesulzte 319
Zivilisationskrankheiten 419
Zopf 236
Zopf aus einem Strang 237

Zubereitungsart, Die idealste 31

Zubereitungsarten 39–51

Zucchetti 170

Zucchetti, Gefüllte 182

Zucchettisalat 162

Zucker 387–389, 402, 403, 428

Zucker, Versteckter 377, 389

Zuckeraustauschstoffe 403

Zuckerhutsalat 159

Zungenwurst, Berner 87

Zuppa Pavese 65

Zürcher Pfarrhaustorte 260

Zwetschgen, Tiefkühlen 362

Zwetschgenauflauf 312

Zwetschgenjalousien 291

Zwetschgenkonfitüre 353

Zwetschgenkuchen 256

Zwetschgenstrudel 229

Zwetschgenwähe 256

Zwiebelkuchen 253

Zwiebelschwitze 184

Zwiebelwähe 253